宁夏地方史话丛书

红寺堡史话

总主编 张 廉
主 编 陈永康

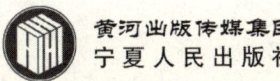
黄河出版传媒集团
宁夏人民出版社

图书在版编目(CIP)数据

红寺堡史话 / 陈永康主编. — 银川：宁夏人民出版社，
2017.12

（宁夏地方史话丛书 / 张廉主编）

ISBN 978-7-227-06797-9

Ⅰ.①红 … Ⅱ.①陈 … Ⅲ.①区（城市）—地方史—吴
忠②红寺堡区 Ⅳ.①K294.34

中国版本图书馆 CIP 数据核字(2017)第 312237 号

红寺堡史话

（宁夏地方史话丛书）

陈永康　主编

责任编辑　白　雪　周淑芸

责任校对　陈　晶

封面设计　香　榆

责任印制　肖　艳

黄河出版传媒集团
宁夏人民出版社　出版发行

出　版　人　王杨宝

地　　　址　宁夏银川市北京东路 139 号出版大厦(750001)

网　　　址　http://www.nxpph.com　　　http://www.yrpubm.com

网上书店　http://shop126547358.taobao.com　http://www.hh-book.com

电子信箱　nxrmcbs@126.com　　　renminshe@yrpubm.com

邮购电话　0951-5019391　5052104

经　　　销　全国新华书店

印刷装订　宁夏精捷彩色印务有限公司

印刷委托号　（宁)0007508

开本　720mm×980mm　　1/16

印张　16.5　　　字数 250 千字

版次　2017 年 12 月第 1 版

印次　2017 年 12 月第 1 次印刷

书号　ISBN 978-7-227-06797-9

定价　52.00 元

前　言

　　宁夏历史悠久,文化灿烂,是中华文明的发祥地之一。有史以来,北方游牧民族与中原农耕民族在这里繁衍生息、相互交融、相互渗透,形成了多种文化形态并存的局面,积淀了独特的地域和民族文化资源。丰富璀璨的宁夏历史文化遗存,既蕴含了物换星移、兵戎玉帛的沧桑往事,也呈现出厚重丰富、独具特色的文化内涵。

　　宁夏回族自治区党委、政府高度重视文化的大发展、大繁荣,十分重视历史典籍的编纂出版工作。广大史学工作者依托宁夏丰富的历史文化资源,辛勤耕耘,忘我奉献,编辑出版了一大批反映宁夏历史文化的研究成果,为宁夏历史文化的开发和利用展现了新的窗口,对人们了解宁夏、认识宁夏发挥了重要的作用。新时期,继续深入挖掘宁夏历史文化资源,推出大批适合时代要求、人民群众需要的研究成果,不仅是宁夏广大史学工作者的重要使命和历史任务,也是建设和谐富裕新宁夏、与全国同步进入全面小康社会的迫切要求。《宁夏地方史话丛书》编纂工作的启动,正是适应这一发展要求应运而生的产物。

　　《宁夏地方史话丛书》旨在以宁夏多元文化为主线,分门别类,按照地域和行业来分类,以重大历史事件来陈述,打造一整套宁夏地方历史文化的集大成之作。这套丛书不仅展现了宁夏历史文化的不同侧面,而且系统介绍宁夏历史发展进程,是彰显宁夏历史文化特色、打造宁夏历史文化品牌、促进宁夏历史文化发展的优秀成果。

红寺堡史话

新中国地方志编纂工作开展以来，宁夏各地地方志、年鉴、地情资料丛书的大量出版，积累了丰富的地方历史文化资料，培养了一批文字功底强、业务能力精的史志专家队伍。各级领导对地方史志工作也给予了大力支持，创造了良好的发展环境，为打造品质一流、特色浓厚的《宁夏地方史话丛书》奠定了坚实的基础。通过《宁夏地方史话丛书》，人们可以感受宁夏历史文化的苍凉厚重，领略宁夏历史文化的奇特魅力。

《宁夏地方史话丛书》编辑部

序

中共吴忠市红寺堡区委书记　丁建成

吴忠市红寺堡区区长　谭兴玲

　　《红寺堡史话》出版了，这是一件意义深远的大事，可喜可贺！

　　纵观红寺堡的历史，可以说就是一部移民开发建设史。春秋战国时期，朐衍民族在这里定居，过着游牧、狩猎生活。秦将蒙恬北击匈奴，收河南，迁发数10万人修筑长城，红寺堡也在其中。汉代，这里曾安置匈奴、西羌降民，内迁边民。盛唐时期，徙置于红寺堡的吐谷浑部，为民族融合作出了重要贡献。明朝在红寺堡的两次规模较大的移民，朱元璋将这里作为安置归附土达族的重要地区之一，庆王朱栴在韦州生活长达9年，红寺堡迁入大量的江淮人。清朝末期，吏治腐败，战事频繁，人口减少，红寺堡也逐渐荒废。除各种志书记载外，红柳沟边墙、红寺堡旧城、明王陵和遍布红寺堡境内的烽火墩等旧址、遗址，以及庆王朱栴的诗篇都佐证了红寺堡地区曾为历史上多民族迁居的事实。

　　世纪之交的红寺堡，是全国最大的单体异地生态扶贫移民安置区。1995年，国务院立项建设宁夏扶贫扬黄工程（"1236"工程），红寺堡是主战场。开发建设中，在党中央、国务院的关怀下，在自治区党委、政府的坚强领导下，红寺堡历届党（工）委、政府（管委会）全面贯彻落实国家"八七"和自治区"双百"扶贫攻坚计划，按照"边开发、边搬迁、边建设、边发展"的要求和"搬得来、稳得住、管得好、逐步能致富"的目标，以项目建设为抓手，以移民搬迁安置为重点，以生产发展、社会管

理为核心,有效促进移民生产、生活永续和谐发展。截至 2016 年年底,累计开发水浇地 70 余万亩,搬迁安置宁南山区贫困群众 23.3 万人,形成了 2 镇、3 乡、1 个街道办事处、65 个行政村、5 个城镇社区的建制规模。广大移民群众经过 18 年的负重拼搏,在"白草飞沙,飞鸿过断"的荒漠上,创造了"旱塬流碧玉,荒漠崛新城"的人间奇迹,呈现出社会事业蓬勃发展、人民生活欣欣向荣的局面。

知古鉴今,继往开来。红寺堡区将高举中国特色社会主义伟大旗帜,紧紧围绕"五位一体"总体布局和"四个全面"战略布局,深入践行"五大发展理念",深入推进自治区第十二次党代会确定的"三大战略""五个扎实推进",坚持以"脱贫攻坚、增收富民"总揽经济社会发展全局,强力推进新型工业化、农业现代化、服务业多元化"三化进程",坚决打赢脱贫攻坚、产业提档升级、社会综合治理、美丽红寺堡建设"四场硬战",统筹推进政治、经济、社会、文化和党的建设,全力打造生态移民样板区、贺兰山东麓葡萄产业明星区、高效节水示范区、慈善产业发展先行区,奋力谱写"五个红寺堡"建设新篇章。

古之源,今之流。《红寺堡史话》是全方位介绍红寺堡历史、讲述红寺堡开发建设的通俗读物,史料充实,略古详今,立意新颖,图文并茂,具有鲜明的地方特色。我们相信,一部史话在手,必将进一步激发广大移民群众"共产党好,黄河水甜"的共同心声,必将对人们走进红寺堡、认识红寺堡发挥重要作用,必将对红寺堡的经济发展和社会进步起到积极的推动作用。

欣值《红寺堡史话》付梓之际,我们衷心感谢给予《红寺堡史话》悉心指导的自治区方志办领导、专家和各界同仁,感谢为《红寺堡史话》付出艰辛劳动的各位编辑。

是为序。

目 录 MULU

目 录 MULU

红寺堡史话

002

历史足音留余韵
红寺移民创伟业

　　宁夏,历来是中国西北边陲重镇,是中原文化与草原游牧文化的交会处。农牧皆宜的自然环境和战争频繁的政治环境,使宁夏在整个中国历史的进程中的政治、军事地位显得尤为重要。宁夏的移民开发历史非常悠久。早在春秋战国时期先民们不断开发这块土地。秦汉时期,为了巩固关中、防御匈奴、开拓边疆,宁夏地区便开始了第一次大规模的移民。千余年来的移民、屯垦、戍边深刻影响了宁夏历史发展及文化演变。据史料记载,西戎、匈奴、羌族、鲜卑、突厥、党项等众多的古代民族曾在宁夏生息繁衍过,在几千年的历史发展过程中,是各族劳动人民一起用自己的勤劳双手共同建设宁夏这片富饶美丽的地方。

　　红寺堡位于宁夏中部,外来移民在开发建设红寺堡的过程中同样立下了不可磨灭的历史功劳。

　　春秋时期,宁夏境内西戎部族分为义渠、乌氏和朐衍三支,其中义渠最强大,居今宁夏固原和甘肃庆阳一带,乌氏与义渠相邻,居六盘山麓,朐衍则居于宁夏北部河东地区(含今红寺堡地区)。西戎主要以游牧、狩猎为业,农业经济尚未发展,各部族都善武惯战。

　　战国初期,宁夏境内乌氏和义渠等部族隶属秦国。秦昭王时(前306年—前251年),秦发兵伐义渠,迫使义渠等部族北迁,并逐渐与匈奴(当时称为"胡")融合。

　　公元前221年,秦始皇统一六国,建立起中国历史上第一个封建王朝。秦将全国划为36郡,宁夏属北地郡。《史记》记载,北地等郡畜牧业发达。公元前214

年，秦始皇派大将蒙恬率领 30 万大军，北击匈奴，占领河套南北，3 年后又迁 3 万户居民到"新秦中"一带。又自榆中（今甘肃兰州市）起沿黄河北上，直至内蒙古阴山，一路设置了 36 个县，在今宁夏吴忠（含红寺堡地区）、陶乐境内设置"神泉障"和"浑怀障"两个军事要塞，还迁发士卒和罪徒数十万人，修筑长城（今红寺堡大河乡还有长城遗址）。随着农业界限的北移，实行兴修水利、屯垦种植的政策，使宁夏地区人口大幅增加。几年后，秦王朝土崩瓦解，"徙谪戍边者皆复出"。匈奴人随即南下，重新占领了这一带。秦末河套南北的这次人口大迁徙和大更替，是宁夏中北部在封建社会历史上的第一次人口大起大落。

公元前 206 年，刘邦建立汉朝，将全国分为 103 郡，宁夏地区分属当时的安定郡（含红寺堡地区）和北地郡。西汉初年，经济凋零，人口锐减，是刘氏政权面临的严重问题。因此，整理户籍、发展人口成为稳定封建秩序、恢复社会经济、巩固国家政权的主要措施之一。御史大夫晁错总结了秦代徙谪戍边者"有万死之害而忘铢两之报""功未立而天下乱"的历史教训，建议组织边疆军屯。汉武帝在位的 50 多年间（前 140 年—前 87 年），是宁夏北部的经济由游牧业发展为灌溉农业的重要时期，也是历史上宁夏人口第一次转向稳定发展和汉民族成为宁夏人口重要组成部分的主要时期。

汉武帝时，开始在边郡安置匈奴降民。汉代，在宁夏地区属国中，最为著名的为安定郡三水县之属国，其长官称属国都尉，称安定属国都尉。按《辞源》（1984 年版）对"三水"县的注解："因县界内有罗山谷三泉并流，故名。"三水县城，即今同心县韦州平原的红城水古城。三水县域，推测包括今同心、盐池、红寺堡等部分地区。《汉书·地理志》称："三水，属国都尉治，有盐官。"即指管理今盐池县惠安堡等地盐池，有产盐之利。《水经注·卷二》《后汉书·卢芳传》《后汉书·张奂传》等均有关于三水县故城、安定属国都尉之叙述，表明红寺堡地区安置有匈奴、西羌降民。

西汉末年，王莽篡权，建立新朝，复古改制，挑起了对匈奴的战争，破坏了与边疆少数民族的良好关系，加深了社会动乱，红寺堡乃至宁夏地区良好的农业发展环境遭到破坏。

东汉时期，是宁夏人口大变动时期，南部有隗嚣、北部有卢芳（时居三水县，含红寺堡地区）这两支叛乱军队的骚扰。东汉后期又有历时 60 多年（107—169 年）的三次西北羌人大起义。宁夏是东羌人聚居地之一。三次起义先后遭受血腥镇压,本地居民大量逃亡。"数年之间,北边虚空,野有暴骨矣!"起义中,皇甫规曾招抚羌人20万,但后来段颎竟屠杀羌人数万。官府为了对付羌人起义,多次强制边民内迁,红寺堡平原成为搬迁地之一。

盛唐时代,国力强盛,加之气候温暖,宁夏北部大兴屯田,内地军卒、移民进入宁夏。另一方面,少数民族纷纷内附,如突厥、铁勒、党项、昭武九姓、吐蕃等内附部族,居于宁夏地区甚多。其中徙置于红寺堡地区的吐谷浑部,也为促进民族融合、开发红寺堡及周边地区经济发展作出重要贡献。

西夏时期,宁夏地区北中部作为西夏的核心地区,得到进一步开发。以韦州城为中心的红韦平原是西夏的军镇要地。

明朝时,早在洪武初年,在韦州设立"群牧千户所",这是宁夏"两镇""五卫""七所""八十六屯堡"中重要的一所。明朝初年,由于与元朝残余势力斗争的需要,明廷一度将宁夏民众迁往外地,使宁夏变成了"空城"。但到洪武九年(1376年),还是出于战争的需要,明廷又将移出之民移入原地,并"迁五方之人以实之"。明代,宁夏镇与延绥、甘肃三镇和固原总制府形成掎角之势,作为防范残元势力南下的一道的重要军事防线,红寺堡及周边地区为藩王牧地,且为"套虏举众寇固原,往返必经之地"。(《嘉靖宁夏新志》)在此驻军防守,对于阻止残元势力南下侵掠固原及其以南地区有着重要的防御作用。明正统年间,宁夏战事频繁,红寺堡及周边地区在蒙古势力的侵扰之下,军屯渐趋衰落。明廷为巩固边防,积极招募和迁徙民户屯田,以补军屯之不足。所以,景泰、正德年间,韦州、红寺堡地区的民屯规模逐渐扩大。明政府大力支持民屯,"请令各屯原额地土有抛荒及空闲者,无论土豪官民军余尽力开耕垦,永不起科"。到了明万历后期,大批的军屯已转化为民屯。明庆王朱栴居韦州时,红寺堡及周边地区军政位置更加重要。

红寺堡在明朝时有两次规模较大的移民。

明初,有相当数量逃往境外的元蒙古族官民,由于汉文化的熏陶,已经不习惯漠北居无定所的游牧生活了,决定接受更朝换代的残酷现实,归顺明朝。于是,从明洪武初年到宣德年间,大量的外逃蒙古人纷纷拖家带口,甚至整部落地赶着牛羊等牲畜陆续返回内地。朱元璋对此是欢迎的,他认为:"人性皆可为善,用夏变夷,古之道也。今所获故元并降人宜内徙,使之服我中国圣人之教,渐摩理义,以革其故俗。"这些内附的蒙古人也被称为"土达",而包括吴忠、韦州、红寺堡、固原在内的宁夏及周边地区,就成了安置"归附土达"的重要地区。

明洪武二十六年(1393年),15岁的庆王朱栴从南京西来,先到封地庆阳,然后,自庆阳徙居韦州,在红寺堡东南韦州修建庆王府,明初的韦州、红寺堡一带"地土高凉,人少病疾,地宜畜牧"。当时随从庆王到韦州的护卫接近2000人。据《明实录》卷二三五记载:"洪武初,置中护卫,扈从庆王……护卫一千七百人屯田。"这些人与朱栴都是江淮人氏,若是再加上韦州群牧千户所的1120名军士,则仅韦州一地就有江淮人氏近3000人。朱栴在此生活了长达9年的时间。

红寺堡及周边地区的官府屯垦在庆王府建成后也取得了极大的发展。据《明史·食货志》载:"太祖赐……亲王庄田千顷。"庆王府的庄田、牧场、园林,在明初即已遍布固原、同心城、韦州、红寺堡、中卫、鸣沙、盐池、灵武、吴忠、银川等地。《平远县志》载:"预旺、夹道、可可水三堡,皆明韩藩牧地。韦州、同心城,皆明庆藩牧地。毛居土井、白马城,皆明肃藩牧地。"明正统二年(1437),宁夏总兵官史昭曾上奏皇帝告庆王"尽占灵州草场放牧孳畜",皇帝也因此致书朱栴,说甘肃总兵官奏缺马,闻你府中马多,可选取两三千或四五千匹,给他们军骑操练,即"遣人赍价奉酬""足感盛德之助也"。(《明实录》)

从洪武初至永乐年间,由于连年的屯垦开发,包括韦州、红寺堡在内的地区,已是一派富饶景象,军屯收获的粮食已完全满足军用所需。但大规模的开发、滥垦滥牧却导致了生态失衡的进一步加剧。据《明实录》《读史方舆纪要》记载,今罗山脚下,包括红寺堡开发区东南部、明代红寺堡(旧寺堡子)地区,自古就是水草丰美的地区,罗山更是草木繁茂、山泉众多,正德初年修建红寺堡城之前,这里仍然是生态环境良好的草原地区。明代后期,随着无序开发、气候变化等众多原因。红寺堡的生态环境日渐遭到破坏。

清初,由于连年战争,宁夏很多地方出现了"一望极目,田地荒凉;四顾郊原,社灶烟冷"的景象。因此,清廷要求官吏督垦荒地,发展生产,实行"有田功者升,无田功者黜"的奖罚制度。原朱明宗藩官僚随着明朝的灭亡失去了勋戚的地位,原来属于他们的许多屯田大都回到当地农民或兵丁的手中。此时,红寺堡及周边地区的开发规模超过前代。河川、谷道、盆地、山坡、草场、林地被不断开垦。清朝末期,吏治腐败和民族压迫,终于导致西北回族多次揭竿而起。在持续十余年之久的起义过程中,西北地区人口急剧减少。据《朔方道志》载,同治兵燹后,宁夏"孑遗幸存者,往往数十里村落寥寥,人烟绝无"。明清宁夏修的著名堡寨,如红山堡、磁窑堡、红寺堡等,都在"同治之变"时遭到巨大破坏,后逐渐荒废。

清朝灭亡,民国建立,但中国半殖民半封建社会的基本性质没有改变。民国时期政局依旧动荡,包括西北地区仍处在社会动荡、自然灾害之中。1929年1月1日,宁夏正式建省,从1933年初起,马鸿逵以宁夏省政府主席、国民党宁夏省党部主任、十五路军总指挥等职,统治宁夏长达17年。1945年后,马鸿逵将银南9县划为银南专区,并设立专署,红寺堡地区先后分属镇戎、金积、中宁等县。在此期间,中国工农红军西征,在今红寺堡地区活动达半年之久,成为红寺堡地区的红色记忆。1947年8月上旬起,回汉支队坚持在盐环同地区坚持游击战争。1949年9月15日,红寺堡地区全境获得解放。

1950年之后,今新庄集乡为同心县7个区的第三区驻地,辖吴家堡、新庄集、徐冰水、马断头、耍艺山等5个乡。1958年10月,人民公社化,今新庄集乡被组建为7个人民公社之一的金铜人民公社。1961年9月,金铜公社更名为新庄集公社。1992年8月,新庄集乡为同心县6镇11乡中的一乡。1999年,新庄集乡由同心县划入红寺堡开发区。

今天的红寺堡区行政区域是由同心县原新庄集乡、韦州镇北部、石炭沟乡,中宁县东部、吴忠市利通区、盐池县西部等地经多次划归而成。

1998年9月5日,经自治区党委第三十五次常委会议研究决定,成立中共红寺堡开发区工委、管委会,行使县级党委、政府的职能,实行一套人员,两块牌子。1999年1月30日,中共红寺堡开发区工作委员会与红寺堡开发区管理委员会挂牌仪式在红寺堡开发区双井乡举行。

2001年12月7日,经自治区人民政府第八十次常务会议讨论决定,批准成立了红寺堡开发区红寺堡镇、沙泉乡、买河乡、大河乡、白墩乡。2002年1月,根据自治区党委办公厅、人民政府办公厅的文件精神,红寺堡开发区成立工委职能部门6个、管委会职能部门14个,形成了红寺堡、大河、沙泉、买河、白墩、新庄集、红崖和石炭沟共8个乡镇79个行政村的行政管辖规模。10月25日,宁夏回族自治区党委、政府(宁政发〔2002〕93号)决定,红寺堡开发区划归吴忠市管辖,作为吴忠市管辖的县(市、区)之一,并明确工委、管委会继续行使县级职能。

2004年7月30日,自治区人民政府第三次调整红寺堡开发区行政区划,同

意以盐兴公路北约 3.5 公里处的山脊线为界,将同心县韦州镇巴庄村北部 27 平方公里的区域划归红寺堡开发区管辖;同意将盐池县惠安堡镇的小泉、乱山子、牛记圈、林小庄 4 个自然村共计 114 户 382 人,约 76.5 平方公里的区域划归红寺堡开发区管辖,两处区域共计 103.5 平方公里。至此,红寺堡开发区行政区划面积达 1999.12 平方公里。

2005 年,红寺堡开发区 83 个行政村合并为 42 个行政村。10 月,根据《自治区党委、人民政府关于红寺堡扶贫开发区发展思路及管理体制的意见》(宁党发〔2003〕36 号),对红寺堡开发区工委、管委会的机构设置进行了调整,将工委原来的 6 个机构、管委会的 14 个机构综合设置为 15 个,合署办公机构 3 个,挂牌机构 15 个。12 月,自治区编办批准增设科级事业机构 11 个。

2007 年,红寺堡开发区对行政村做了大范围调整,形成了 2 乡、2 镇、40 个行政村、2 个居委会建制。

2009 年 9 月 20 日,国务院下发国函〔2009〕122 号文件《国务院关于同意宁夏回族自治区设立吴忠市红寺堡区的批复》,同意宁夏回族自治区人民政府《关于设立吴忠市红寺堡区的请示》(宁政发〔2009〕90 号),同意设立吴忠市红寺堡区,以吴忠市红寺堡镇、太阳山镇、大河乡、南川乡行政区域为红寺堡区行政区域,红寺堡区人民政府驻红寺堡镇。10 月 28 日,红寺堡区举行了设立暨红寺堡开发区成立 10 周年庆祝大会。此时,红寺堡总面积达到 1999.12 平方公里,辖 2 镇 2 乡 47 个行政村,2 个城镇社区。

2010 年,宁夏再次调整红寺堡区与相邻县区的行政区划,通过划归,红寺堡行政区域总面积达到了 2767 平方公里。

2011年11月,自治区批复(宁政函〔2011〕186号):设立新民街道办事处,与红寺堡镇合署办公,一套人马,两块牌子(新民街道办事处揭牌仪式于2014年3月18日举行)。将太阳山镇西部地域(柳泉、沙泉、甜水河等11村)划出,设立柳泉乡(柳泉乡挂牌仪式于2014年2月14日举行),驻柳泉村,太阳山镇辖买河、周新、巴庄等9村;将南川乡更名为新庄集乡(新庄集乡于1999年由同心县划归红寺堡开发区管辖,2001年更名为白墩乡,2005年又更名为南川乡。2011年,经自治区人民政府批准南川乡名称又恢复为新庄集乡,乡政府驻地白墩村。2014年1月23日,新庄集乡举行了挂牌仪式)。

　　截至2016年底,红寺堡区行政区域面积为2767平方公里,辖2镇3乡(红

绿洲新城

寺堡镇、太阳山镇、新庄集乡、大河乡、柳泉乡)、1 个街道办事处(新民街道办事处)、5 个城镇社区(创业、振兴、东方、鹏胜、罗山社区)、64 个行政村。

红寺堡自 1998 开发建设 19 年间,全面完成开发水浇地 50 万亩、搬迁安置南部山区 8 县移民 23 万人的历史任务。作为一项把解决贫困问题与土地整治、资源开发、生态建设、环境保护有机结合起来的系统工程,红寺堡,一部移民史、创业史和奋斗史,向世人全面展示了一个"国家扶持、政策推动、社会参与"的移民开发的成功典范。

红寺堡移民由搬迁之初的人均 GDP 500 余元增到 2016 年的 8500 元,已彻底摆脱了贫穷的困扰,在小康生活的大道上一路稳步前行。回首走过的惊心动魄的创业历程,展望明天的似锦前程,红寺堡人民深切感受到党的温暖、祖国的伟大和日子的甜美。红寺堡 20 多万移民群众一个共同的心声:共产党好,黄河水甜!

在西部大开发的洪流中,红寺堡成为国家和自治区"八七""双百"扶贫攻坚工程的主战场,经过 19 年的开发,已经建起了气势恢宏的扬黄灌溉工程,神奇般地长起一座现代化城市,荒漠奇迹般地变成了秀美绿洲,"黄河善谷"已悄然形成。一个适宜居住、充满大爱、美丽和谐、富裕开放的新型城乡共同体犹如一颗璀璨的明珠在宁夏中部崛起,23 万移民共同见证了这个辉煌成就!

安定属国移民地
匈奴归附家园新

匈奴是中国北方的一个古老民族。《史记·匈奴列传》记载："匈奴,其先夏后氏之苗裔,曰淳维(獯鬻、熏育)。居于北边,随草畜牧而移。"谓之"随世易名,因地殊号",商朝时的鬼方、混夷、獯鬻,周朝时的猃狁,春秋时的戎、狄,战国时的胡,都是后世所谓的匈奴。

战国后期,匈奴进入奴隶社会,最高首领为单于,匈奴尚武并善骑射,长于野战。加之匈奴习俗"父死,妻其后母;兄弟死,皆娶其妻妻之",族内无孤寡,人口增长快,中原地区进入混乱时,匈奴趁机南下,掠夺人畜、财物,边境不宁。

秦始皇统一六国后,建立中央集权的秦帝国。公元前 214 年,派蒙恬率 30 万大军北逐戎狄,击溃盘踞在河套地区的戎狄各族,收复黄河以南广大地区,今红寺堡又重新回归秦国版图。但是到了秦末,由于农民起义,秦国无暇顾及北部,匈奴又趁机掠取黄河以南地区,并给后来的汉朝带来了很大的麻烦。汉初,自高祖刘邦平城被围事件发生后,由于实力不济,加上有诸多内政事务亟待处理,只能对匈奴采取和亲政策,出嫁公主,赠送丝绸、粮食等物品,与其约为兄弟,以缓解其的袭扰。在军事上,则主要采取消极防御的方针,尽量避免与匈奴进行决战。然而"和亲"政策并不能遏制匈奴的袭扰活动,汉朝的边患依旧相当严重。同时,"和亲"政策也为汉王朝整顿内政、恢复经济、发展生产、增强实力提供了必要的条件。文景时期,推行黄老"无为而治"的统治政策,使凋敝的社会经济较快地得到恢复,整个国家呈现出一片富庶丰足的景象,如此雄厚的物质基础,为日后汉武帝的战争动员创造了有利条件。另外,文、景两帝在位时,即已注意军队,尤其

是骑兵的建设,西汉的军事力量也有所增强了。当时的情况是:匈奴右部以五原、狼山、贺兰山、焉耆山、祁连山为繁衍生息之地。驻祁连山地区的匈奴部落,浑邪王占据今酒泉地区,休屠王占据今武威地区,浑邪王和休屠王所部活动频繁,并有南连西羌的动向。匈奴若南连西羌,则成为汉廷西北大患。汉廷若得其地,则西北巩固,同时又掌握了通往西域的通道(河西走廊)。

就在这样的有利形势下,汉武帝刘彻登基当了皇帝。他凭借前辈所创造的物质基础,积极从事反击匈奴的战争准备。在军事上健全军制,加强骑兵部队的建设,选拔擅长指挥骑兵作战的年轻将领,修筑军事要塞。在政治上加强中央集权,在经济上征收商人车船税,实行盐铁官营政策,以增加战争物资储备等等。经过苦心经营,全面造就了战略反击匈奴的军事、经济、政治条件,于是汉武帝揭开了大规模战争的帷幕。

汉武帝反击匈奴之战,始于元光六年(前129年),共历时34年之久,其中又以取得漠北决战胜利为标志,划分为前后两个阶段,而以第一个阶段为主体。在这一时期,汉军曾对匈奴展开三次重大反击作战(也有人称之为"五大战役"),并取得决定性的胜利,这就从根本上解决了匈奴的南下骚扰问题。这三次战略反击,分别是河南、漠南之战,河西之战,漠北之战。

元朔二年(前127年),车骑将军卫青率军击败河套以南的楼烦、白羊王部。汉朝收复河套黄河以南地区,建设朔方,并修复秦时的长城。特别值得一提的是河西之战。元狩二年(前121年)夏,汉武帝派骠骑将军霍去病与合骑侯公孙敖率数万骑,兵分两路出击匈奴。霍去病为右路,由北地郡出发;公孙敖为左路,从陇西(今甘肃临洮)出发,以祁连山为会师地。汉军此次作战,是继霍去病第一次在河西走廊发动战争后的又一次远征,两次战争相距不到半年。第二年五月,霍去病亲自率军从北地郡向西北出发,沿路渡黄河北上,采取大迂回包抄匈奴的策略,越过卑移山(今贺兰山)向西北挺进,绕道居延海,行军1000余公里,歼灭祁连山的匈奴。在今黑河(弱水上游)流域同浑邪王、休屠王的军队展开激战,取得了决定性胜利,擒获匈奴单桓、酋涂、呼于耆、遬濮、稽且5王和王母单于阏氏、王子59人,相国、当户、都尉等63人,俘2500余人,歼3万余人。汉军控制了河西走廊后,在原浑邪王、休屠王驻地设置武威、酒泉两郡。匈奴单于怪罪浑邪王、休屠王作战不力,准备以议事为理由招来杀掉。元狩二年秋,浑、休二王害怕,密

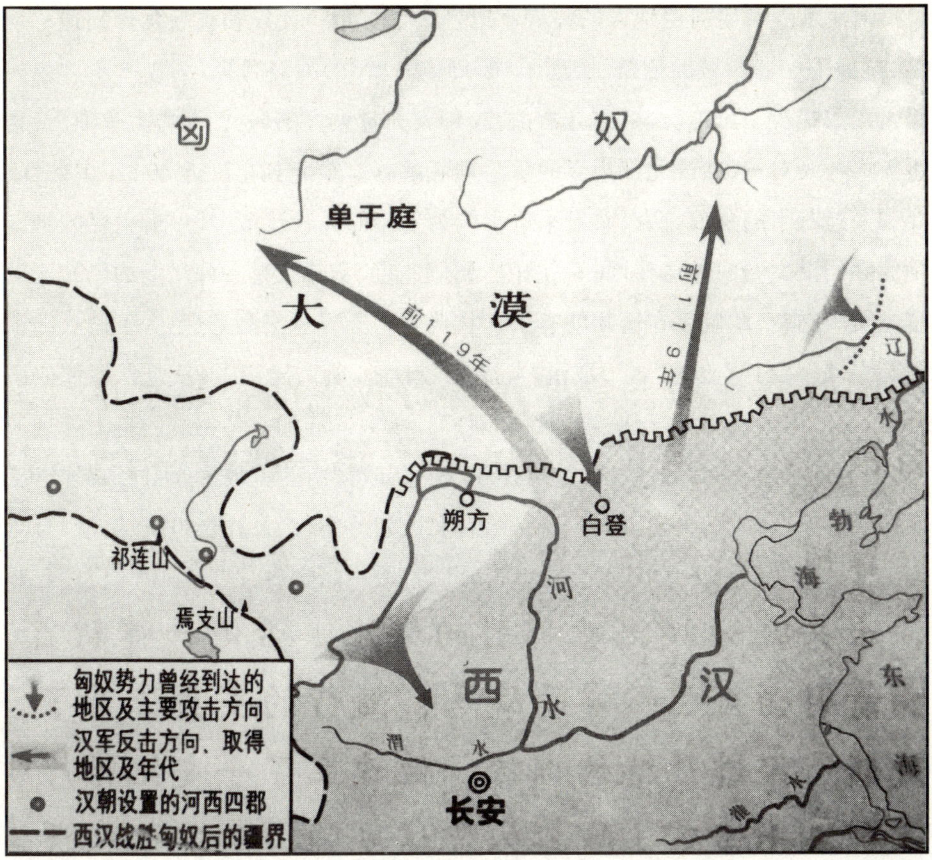
匈
奴
单于庭
大
漠
前119年
前119年
辽
水
勃
海
朔方
白登
河
祁连山
焉支山
西
水
汉
渭
水
长安
东
海
匈奴势力曾经到达的地区及主要攻击方向
汉军反击方向、取得地区及年代
汉朝设置的河西四郡
西汉战胜匈奴后的疆界

西汉与匈奴的战争

谋降汉，于是派人与汉军联络。霍去病率军前往河西接应匈奴降汉部众。此时，休屠王突然反悔，浑邪王率兵将其杀死，并收编了休屠王的军队。霍去病到姑臧（今甘肃武威）后，协同浑邪王斩杀不愿降服而煽动哗变的出逃者。匈奴降兵近十万人。

霍去病又协同浑邪王率众东渡黄河到长安，受到汉武帝隆重接待。浑邪王被封为漯阴侯，其他重要官员数人，也被封为侯爵。元狩二年，汉廷在北地、朔方、陇西、上郡、云中黄河以南地区设 5 个属国，所降匈奴分别安置在五属国，并任命都尉统一统领。

河西之战，给河西地区的匈奴军以歼灭性打击，使汉朝统治延伸到这一地区，打通了汉通西域的道路，实现了"断匈奴右臂"的战略目标，为进一步大规模反击匈奴提供了可能。经过这几次战役，匈奴力量大大削弱，已无力大举南下，再也无力与汉对抗，西汉北部边界的危险彻底解除。至此到东汉近400年中，对收降和南迁归附的匈奴，两汉政府采取了较为妥善的安置政策，其中最主要的措施是为他们设立专门的居住区——属国。属国制度，实际上是一种早期的民族区域自治实验制度。此制度在秦朝就有了，叫"典邦国"。汉承秦制，只是为了避汉高祖刘邦之讳，将"邦"改为"属"，成了"典属国"制度。所谓属国者，就是保存匈奴国号及习俗，但他们隶属汉朝。这是汉朝对归顺少数民族的一种特殊的自治管理形式，即划定一个特殊的行政区，让居住在这一行政区内的少数民族自己管理自己的行政事务，其生产生活方式、文化、语言和民族习俗，以及社会组织、吏治、官号等都保持不变。但是，朝廷要在这一行政区特派一名官员——属国都尉，进行监管，并且属国在政治上必须服从中央的大政方针，在军事上还须听从中央的统一调遣，担任征战的军事任务。所以，属国的少数民族在建设边疆、保卫边疆方面，同样发挥了积极作用，同汉族人民一起作出了自己的贡献。汉武帝共设置了陇西、北地、上郡、朔方、云中等5个属国来安置归降的匈奴，派汉官为属国都尉来管理。朝廷往往任命熟悉边政和少数民族情况的官员担任典属国主管官员，所属官员有属国都尉和译令等。例如汉朝曾任命苏武领导典属国衙门，因为他曾被匈奴扣留长达19年之久，又娶匈奴女为妻，长期生活在匈奴汗国中，了解他们的社会组织、政治结构、生产情况、生活习惯和风俗、语言。

汉代的"安定属国"，其实就是早期的北地属国，因其办公地点在三水县，又叫三水属国。汉三水县辖今红寺堡地区。它的主要任务是安置右匈奴浑邪部和休屠部内附民众之一部。秦统一全国后，分全国为36郡，北地郡为其一。汉武帝元狩二年（前121年）安置匈奴的属国之一设在今红寺堡地区的大罗山脚下，因其地望属北地郡管辖，故称北地属国。安置投降的匈奴浑邪王残部在北地郡三水县，位于大罗山东侧脚下（今下马关镇北红城水上垣村古城），与红寺堡地区仅仅一山之隔。汉朝在三水县城设北地郡属国都尉，负责安置匈奴投降者，以便保存原部落习俗，从事生产和游牧。在汉武帝统治的半个多世纪，三水县城成为安定郡属国的政治、军事、经济、文化中心，汉武帝六次巡视安定，有的文章称其巡视过三水县。西汉时期,在加强筑城的同时,"开河渠、设屯田",红寺堡地区发展进入繁荣时期。汉武帝元鼎三年(前114年),因屯田事业迅速发展,人口大量增加,汉廷将北地郡划为北地、安定两郡,三水县改隶安定郡。从此,三水县又成为安定属国都尉治地。原北地属国也划归安定郡管辖,所以又改称安定属国。归降的匈奴浑邪王部落被安置在今罗山脚下红寺堡周边地区,他们逐步有了安定的生活,在与汉族长期相处中,促进了中华多元一体格局的形成,保证了汉朝北部边境的安宁,使汉匈双方社会经济都得到发展,为后来的民族融合奠定了基础,揭开了汉匈民族关系史上新的一页。安定属国也是他们安定生活的乐园,同时也是红寺堡地区历史上第一次有关移民的详细记载。

卢芳叛据三水县
称帝终成南柯梦

卢芳,安定三水县人,家住左谷中。汉时的"安定三水",即今罗山脚下的红寺堡地区(县治在今红城水)。

卢芳所居的三水县,是两汉安置归附的匈奴人的属国故地。这里的居民大多数是匈奴人,卢芳本人也是匈奴人。但在王莽篡权后,人人都怀念汉朝。在这种背景下,卢芳也编造身世,诈称自己是汉武帝的曾孙刘文伯。据他说,在当年汉匈和亲、友好的时期,汉室皇帝与匈奴单于盟誓结为兄弟,汉武帝迎娶匈奴谷蠡浑邪王的姐姐为妃后,生了3个儿子。后来遭遇"江充之乱",长子被诛,母妃坐死。次子名叫次卿,逃到长陵(今陕西咸阳东北)。三子名叫回卿,逃往三水县境内的匈奴属国,得到母舅族的保护。再后来大将军霍光平定了内乱,恭迎次卿、回卿返京,但被回卿拒绝了,他仍愿意长期生活在三水左谷的母舅家中。回卿所生的儿子叫刘文伯,即卢芳本人。这是一个编造出来的故事。卢芳散布这个谎言的目的就是要把自己装扮成为既是汉武帝的嫡曾孙,又是匈奴王室的亲外曾孙。这个离奇的故事在北地、安定等郡和北方各少数民族间不胫而走,广为流传,边民和匈奴部落都信以为真。新莽末年,在赤眉、绿林等农民起义军沉重打击下,王莽政权摇摇欲坠。这时西汉宗室、旧臣和各种政治势力都乘机而起,相继拥兵,称雄一方,各有所谋,企图称王称帝。野心勃勃的卢芳打着"皇族"和恢复汉室的旗号,号召三水地区的少数民族属国羌、胡各部落一起举兵讨伐王莽伪政权,并割据安定地区。当时有汉宗室淮阳王刘玄率先攻占京都长安,称帝并改元为更始元年(23年),封卢芳为骑都尉,命令他镇抚西陲。更始三年(25年),刘玄又被打进长安城的赤眉农民军绞死，更始政权失败。"更始"皇帝刘玄失败后，在天下无主、群龙无首的混乱局面下，三水地区的番汉首领们经过会商，"以芳刘氏子孙，宜承宗庙，乃共立芳为上将、西平王"。卢芳从此由地方割据发展为参加争夺中央政权斗争的首领。卢芳为了壮大实力，派使者联络边外的羌人与匈奴各部族，选送美女给这些部族汗王，并美其名曰"和亲"。被蒙蔽的匈奴单于在接见他的使者时说：匈奴本与汉世代结为兄弟。后来匈奴中道衰落，呼韩邪单于归汉，向汉朝称臣。今汉朝也中道衰亡，刘氏来归顺我，也应当拥立他，并像至亲侍奉我。于是派句林王率数千骑兵把卢芳与他的哥哥卢禽、弟弟卢程接到匈奴境内称帝。

当初，五原人李兴、隋昱，朔方人田飒，代郡人石鲔、闵堪等，各自起兵并自称将军。汉光武帝（刘秀）建武四年（28年），匈奴单于派无楼且渠王进入五原塞，用和亲的方式笼络李兴等人，并告诉他们，单于的意思是要让卢芳返回汉地称帝，希望得到支持。建武五年（29年），李兴、闵堪等人带着军队直接到匈奴单于庭迎接卢芳，与卢芳的部属一起进入了五原塞，在九原县（今内蒙古五原县）建"都"，正式建立起割据小朝廷，占据了五原、朔方、云中、定襄、雁门5郡，任命了官员守令，与匈奴互相勾结，侵扰北方各郡，百姓苦不堪言。

卢芳表面上是继承了汉室帝位，实际上是充当了匈奴单于的儿皇帝。他称帝后做的第一件事就是将他的弟弟卢程任为中郎将，令其率领一支匈奴兵进入安定（今宁夏中南部），帮助匈奴贵族霸占汉朝的北方疆土，为匈奴各部充当看门犬，并时时准备引导匈奴部南侵，夺取刘氏的中央政权。

建武六年（30年），因为内部矛盾激化，卢芳身边的干将们起内讧，先是卢芳的"将军"贾览率匈奴兵击杀"代郡太守刘兴"，后卢芳又找借口诛杀了他的"五原太守"李兴兄弟，而"朔方太守"田飒、"云中太守"桥扈看到此种情景内心感到非常恐惧，害怕自己成为卢芳的下一个诛杀目标，于是连人带城投降了汉光武帝刘秀，刘秀仍任命他们为朔方和云中太守，镇守原地。后刘秀派大司马吴汉、骠骑大将军杜茂多次攻击卢芳，但都失败了。建武十二年（36年），卢芳与贾览共同攻打云中，久攻不下。卢芳的另一员大将隋昱留守九原，想乘机胁迫卢芳投降刘秀。卢芳自知有生力量都靠不住，亲信离心离德，在此情况下，无可奈何带着亲随及十余骑，再次逃亡到匈奴境内。而其余的大批人马全都归属了隋昱。隋昱便派程恂为使者，到东汉首都，向刘秀表明了归顺的意愿。刘秀封隋昱为五原太守，封他为

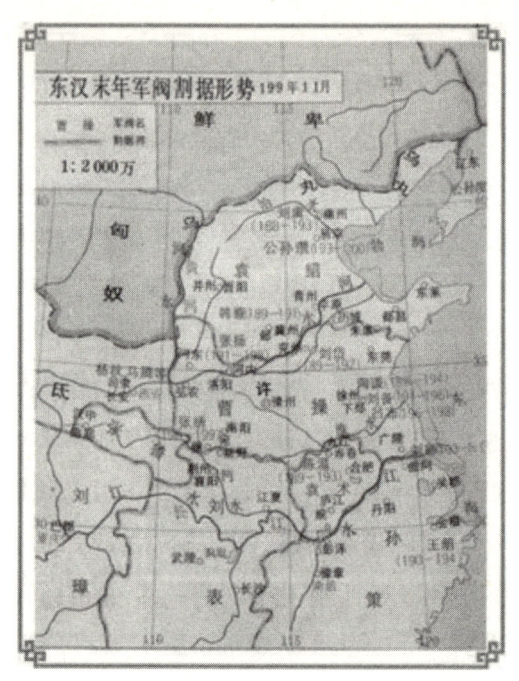

东汉末年军阀割据形势

"镌胡侯",将隋昱的弟弟隋宪封为"武进侯"。

建武十六年(40年),卢芳再次侵入高柳(今大同县许堡,一说今山西阳高)建立伪政权。但是,这时卢芳的骗局早已被识破,而且北方人民向往和平,反对战争,都不愿意跟他搞分裂、打内战。在走投无路的情况下,第二年他不得不与闵堪、闵林兄弟一起向汉光武帝刘秀上书,认罪投降。汉光武帝刘秀既往不咎,不记旧恶,立卢芳为代王,任闵堪为代相、闵林为代太傅,并赠绸缎两万匹,让他们去向匈奴表达和好的愿望。

卢芳等在奏疏上说:"我过去谬托先帝后裔,被遗弃在边陲。当时之所以这样做,是因为汉室江山遭王莽废绝,这是子孙共忧、天下共诛的大罪啊,所以就西连羌戎,北怀匈奴。匈奴单于不忘汉室的旧德,支持我建立政权,那个时候到处都有起事造反的人。我不敢有什么非分之想,只希望敬奉和承续汉家宗庙,兴立汉家江山,所以才长时间僭越皇帝号位十多年,真是罪该万死。陛下圣德高明,亲自率领众多有能力有德行的贤臣猛将,征服天下,而且也惠及边陲少数民族。您又念在我归附的分上,赦免我等的罪责,施以仁恩,封为代王,命我守御北部边防。这样重大的责任,我无以报答,只有努力与匈奴搞好关系,使北疆安定,不辜负您的恩德。现谨将'天子'玉玺奉上,效忠皇上。"

汉光武帝刘秀看了卢芳的奏表以后,下诏允许他在第二年正月回京觐见。但是,卢芳却在冬天就擅自拥兵入朝,当南行到昌平(今北京昌平东南)时,被朝廷及时发现,并立即派使臣进行阻止,重申前诏。他不得不原途返回,可能是心中有鬼,所以这时非常忧恐。经过一番激烈的思想斗争,卢芳又下决心再次叛汉。而他所发动攻打边郡的战斗,因不得人心而均告失败。最后在将亡兵散、众叛亲离的情况之下,还是在匈奴的保护下,与妻儿又第三次逃入匈奴境内,在大漠中度过十余年残生,病死于异乡。

卢芳从编造汉室子嗣到造反再到最后逃亡匈奴境内死亡,他的称帝梦也随之破灭,但对当时时局有过很大的影响。

诺曷钵迎娶公主
吐谷浑世享安乐

吐谷浑,是中国西北古民族名,原为人名,是辽东西鲜卑慕容氏单于慕容涉归之庶长子。4世纪初,慕容涉归死,其嫡子慕容廆继任单于,与慕容吐谷浑不和,吐谷浑率部西迁上陇,到达甘、青地区,与氏、羌杂居,以此为据点,遂成强部。吐谷浑死后,孙子叶延在沙州(今青海贵南县一带)建立木克川总部,以祖父吐谷浑为其族名,从此,吐谷浑由人名转为姓氏和族名。

吐谷浑居住和活动的地方,气候寒冷,适宜种大麦、蔓菁等,出产良马、牦牛及铜、铁、朱砂之类。区域内有沙漠数百里。

吐谷浑占据与活动的地方——河湟地区与河西走廊,正好是中原王朝与西域交往的交通要道。当时的吐谷浑王伏允对中原王朝(隋)很不友好,经常劫掠商旅行人、侵犯边塞。隋炀帝曾亲率数十万大军征讨,伏允大败而逃,到党项避难。隋炀帝立伏允子慕容顺为王,令其统率吐谷浑余众。但在隋大业末年(618年),因中原爆发农民起义,伏允乘机又收复了河湟和河西走廊,对中原王朝又构成严重威胁。唐灭隋后,慕容顺率部来归,从江都到了长安。伏允也曾与唐朝友好了几年。唐太宗即位后,伏允又故伎重演,屡次犯边,先进犯鄯州(今青海乐都),又抢掠岷州(今甘肃岷县),紧接着进犯凉州(今甘肃武威)。虽然每次都被唐军击退,但就是屡败屡犯。这时,伏允年老已不能理政,大权落入国相天柱王之手。天柱王又扣留了唐朝的鸿胪丞(专管少数民族事务的官员)赵德楷,故意挑衅唐朝的权威。

贞观九年(635年),唐太宗诏名将李靖、侯君集、李道宗、李道彦、李大亮、高甑生等率重兵征讨伏允。当年夏四月,李道宗在库山(今青海湖东南)将伏允击败,俘斩400余人。伏允放火烧荒,企图将唐军引入荒无人烟且无水草的大碛内,以拖垮唐军。李道宗向李靖建议:"柏海(今青海鄂陵湖或札陵湖)接近黄河的源头,从来无人到过那里。伏允向西逃去,不知在哪儿。现因马无草、人缺粮,不宜深入大碛。不如驻军鄯州,等马壮以后再想办法打击他们。"侯君集不同意,他说:"不是这样。以前段志弦(唐朝将领)就曾驻扎鄯州,被吐谷浑兵经常围城,他们完好无损时,君臣一心,很难对付。现在吐谷浑大败,没有侦察哨兵,君臣相失,这正是我们取胜的好机会。柏海虽远,可一鼓作气而到。"李靖采纳了侯君集的建议,将部队一分为二:李靖、李大亮、薛万均一路向北,从右追击;侯君集、李道宗一路向南,从左追击。李靖一路在曼都山(今青海共和西南一带)、牛心堆(今青海西宁西南)、赤水源(今青海兴海东南)等地斩杀吐谷浑名王及从众500余级,俘获吐谷浑高昌王慕容孝隽,收杂畜数万。侯君集一路在汉哭山(今青海鄂拉山)、乌海(今青海兴海县东南的苦海,另说为青海托索湖)等地也俘获吐谷浑名王梁屈葱。李靖还在赤海附近大破吐谷浑相国天柱王等,收杂畜20万。李大亮俘吐谷浑名王20人、杂畜5万,并且到达了且末(今新疆且末县)之西。伏允见势不妙,拟通过大漠西遁于阗。薛万均率轻骑穷追不舍,在大漠深处,将伏允余党击破。大漠缺水,唐军将士全"刺马血而饮之"。侯君集、李道宗也从南路深入乌海,"行空荒二千里,盛夏降霜,乏水草,士糜冰,马秣雪",走了两个多月,"次星宿川,达柏海上,望积石山(又名阿尼玛卿或玛卿岗日),览观河源",而后又与另一支唐军会于大非川(今青海共和西南切吉旷原)、破逻真谷。伏允的儿子慕容顺早就对其父的内政、外交政策不满,这时见时机已到,便杀了国相天柱王,率众降唐。伏允害怕了,自引千余骑遁入荒碛中,但后来一点检,追随其后的不过一百骑。伏允见众叛亲离,便自缢而亡。慕容顺虽是伏允长子,但从小留在长安充当质子,而且又是"隋氏之甥,志怀明悟,长自中土,幸慕华风,爰见时机,深识逆顺"。所以即位以后,采取了与其父截然不同的政策,与唐朝通好。唐太宗便封其为"西平郡王,仍授趉胡吕乌甘豆可汗"、青海国王,食邑一万户。但是,因为慕容顺从小离开本土,久质于隋,对本国情况不太熟悉,一些伏允旧党常常借机作乱,虽有唐太宗派大将李大亮镇援,终被叛臣所杀。于是,慕容顺的儿子、燕王慕容诺曷钵继承了吐谷浑王位。当时,诺曷钵年龄尚小,吐谷浑大臣乘机争权,国中大乱。

　　为了帮助年轻的诺曷钵稳定局势,唐太宗令大将侯君集率兵救援,并遣淮阳

诺曷钵迎娶公主
吐谷浑世享安乐

慕容吐谷浑

慕容诺曷钵

王李道明亲自持节册封诺曷钵为河源郡王，授乌地也拔勒豆可汗，"赐以鼓纛"，诺曷钵十分感激。为了进一步提高自己的权威，唐太宗贞观十年（636年）腊月，诺曷钵亲赴唐都长安晋谒唐太宗，并请求婚娶唐朝公主为妻，同唐王室修世代甥舅之好。唐太宗李世民答应了诺曷钵之请。贞观十三年（639年）冬，诺曷钵到长安迎娶公主。翌年二月，唐太宗派遣左骁卫将军、淮阳王李道明护送18岁的弘化公主往吐谷浑与诺曷钵完婚，并陪送了大量珍贵妆奁。

弘化公主是唐高祖李渊弟弟的女儿、唐太宗李世民的亲族妹，是唐朝所有和亲公主中与皇帝血缘最亲近、地位最高的一位。

弘化公主和亲后，吐谷浑和唐朝的关系更进一步密切了，而这却引起了吐谷浑国内不少大臣的不满。贞观十五年（641年），吐谷浑丞相宣王和他的两个弟弟密谋在祭山活动中，劫持诺曷钵和弘化公主投奔吐蕃。弘化公主得知这个消息后并没有惊慌，她飞身上马，和诺曷钵一起带着少量亲兵，连夜向鄯城（西宁）奔去，鄯州刺史杜凤举和威信王迎接了他，并合兵袭击叛相宣王，杀其兄弟三人，这次平叛成功，可以说机智果敢的弘化公主厥功甚伟。同时她将这一情况报告了唐太宗。唐太宗命民部尚书唐俭持节抚慰。贞观二十三年（649年），唐太宗李世民去世，将诺曷钵的图像刻于石头之上，列于昭陵之下，对诺曷钵来说这是极高的荣誉。

弘化公主

弘化公主石雕

永徽元年（650年），唐高宗李治嗣位，拜诺曷钵为驸马都尉，赐物40段，诺曷钵派使者向唐朝贡献名马若干。高宗问马的种性，使者说："是我们国内最好的马。"高宗说："良马人人所爱。"下诏将马还给吐谷浑。

永徽三年（652年），弘化公主上表请求入朝归宁，高宗李治派骁骑卫大将军鲜于匡济迎接，弘化成为唐代远嫁边疆民族15位公主中唯一回过娘家省亲的公主。同年十一月，诺曷钵与弘化公主至长安，拜见高宗，为其长子苏度模末请婚。唐高宗以宗室女金城公主嫁之，并封苏度模末为左领军卫大将军。苏度模末逝世后，弘化公主又带领次子闼卢模末来唐朝请婚，高宗又以宗室女金明公主嫁之。武则天称帝时赐姓武，改封西平大长公主（西境太平之意）。

历史是公正的，弘化公主也没有辜负历史的重托，一个柔弱女子，抵过了千军万马威武之师。她的出嫁，尽管没有从根本上解决民族和解问题，但在一定程度上求得了和平，唐王朝与吐谷浑由曾经厮杀变为握手言和，大唐、吐谷浑出现了20多年少有的和平局面。弘化公主的外嫁和亲，是唐将公主嫁于外蕃的开端，是中华民族团结史上的一件大事，此后，唐、吐谷浑用和睦相处代替了战火硝烟，千百万生命得以延续，谱写了中华民族团结史上可歌可泣的事迹。嫁于诺曷钵的弘化公主将中原先进的文化、生产工具，以及工匠、籽种等带到了高原边陲，为繁荣和发展边陲少数民族的经济、文化作出了巨大贡献，为两个民族之间的友谊和国家的统一架起了一座亮丽的彩桥，把汉族人民和吐谷浑人民友好关系的纽带

紧紧地联结在一起。唐、吐谷浑和亲后，丝绸之路甘青段的畅通与安全得到了有效的保障。"前车辙开路，后车不沾泥。"弘化公主也为后来文成公主开启了"和亲"之路。

这之后，吐蕃嫉妒吐谷浑与唐朝的密切关系，常常与吐谷浑互相攻伐，并派人向唐朝陈情请兵救援，高宗都没有答应。吐蕃大怒，认为唐朝偏向吐谷浑。这时吐谷浑有个叫索和贵的大臣投奔了吐蕃，并指引吐蕃出兵攻击吐谷浑的防御弱点，在黄河边上打败了吐谷浑的防卫部队。诺曷钵与弘化公主引数千帐随众逃到凉州。高宗派左武卫大将军苏定方为安集大使，平息两国怨斗。这样，吐谷浑的大片土地遂被吐蕃占有。

诺曷钵带着亲信数千帐要求内属。乾封初（666年），高宗想将吐谷浑安置在凉州南山，但群臣意见不统一，高宗有点作难。咸亨元年（670年），唐高宗派右威卫大将军薛仁贵统兵5万征讨吐蕃，准备把诺曷钵安置回原来的地方。可惜因薛仁贵副将郭待封贻误军机而大败于大非川。于是，吐蕃尽并吐谷浑之地。咸亨三年（672年），将诺曷钵迁至浩亹水南。诺曷钵以吐蕃势盛不能安居，提出内迁。唐高宗便诏命左武卫大将军苏定方为安置大使，迁其部众于灵州（今宁夏吴忠）之地，在今红寺堡南罗山脚下的红城水置安乐州，以诺曷钵为刺史，"欲其安且乐也"。吐谷浑诺曷钵部在安乐州先后共生活了6世126年。

1974年，在下马关赵家庙发掘一座被盗掘过的唐墓，清理出了一方十分珍贵的墓志。据墓志载，此墓主是吐谷浑诺曷钵曾孙慕容威。该墓志铭详细记载了自诺曷钵以下至慕容威共五世袭封历史，即诺曷钵，弘化公主嫁于他，拜驸马都尉，封河源郡王，食三千户，又晋封为青海国王，食邑一万户，垂拱四年（688年）卒；其子慕容忠，袭封为青海国王，拜右武卫大将军，封成王；其孙慕容宣，封辅国王，圣历（698年）初拜左领卫大将军；其曾孙，即墓志铭传主慕容威拜左武卫郎将，迁左领军卫大将军，仍充长乐州游弈副史，至德元年（756年）慕容威卒；玄长孙慕容全袭封左领军卫大将军，玄次孙慕容亿拜信王，玄季孙造种未仕。这是吐谷浑贵族慕容一支在安乐州的世袭历史。

安乐州在哪里呢？就在今红寺堡区罗山脚下的红城水，其辖境约为今宁夏河东同心、红寺堡、盐池部分地区。此后，唐朝又在这里设长乐州，意思是让内迁的吐谷浑诺曷钵部永久安居乐业。

武则天垂拱四年(688年),诺曷钵因病去世,其子慕容忠继位。诺曷钵病逝的第10年,即武则天圣历元年(698年)五月初三,弘化公主也病逝于安乐州,享年76岁。弘化公主去世后,其灵柩于次年(699年)三月运抵凉州,三月十八日葬于青嘴喇嘛湾。弘化公主18岁与诺曷钵结婚,在吐谷浑待了整整58年,其中在罗山地区的安乐州居住了26年。

慕容威,又称慕容神威。慕容神威在世时,任长乐州游弈副使。乾元元年(758年)去世,葬于长乐州南之原,即今下马关赵家庙。

长乐州慕容氏自咸亨三年诺曷钵率残部入灵州境置安乐州任刺史起至慕容复死后"停袭",共袭封6世,历经至少126年。一个多世纪,他们在这里劳动生产,繁衍生息,对民族的进步、经济的发展、文化的交流都产生了深远的历史影响。

后吐蕃占领灵州后,吐谷浑移居河东,被称作退浑、吐浑。五代时散处蔚州等地,曾附属沙陀李氏,后属后晋石氏。天福初(936年),燕云地区割属契丹,吐谷浑入附契丹,后世与汉族或其他民族融合。

红寺堡得名探源
草根下旧城沧桑

　　我国多有含"堡"字的地名,部分地名由来与古代战事中屯兵驻守的"堡垒"有关。古代驻军搭建军事防守用的建筑物废弃之后,边民为避战乱,最大限度地获得保护,大多数在堡垒附近置家,久之则形成规模大小不等的集镇。随着战略地位的变更,大多军事要塞在撤离后,原址附近的集镇因人口集聚得以保留,并以军事堡垒之名为其名,部分地名中的"堡"字读音也从"保"音变为更具民居特色的"补"音。

　　明朝时,整个宁夏地区战争非常频繁,明与蒙古势力的战争此起彼伏。水草肥美、草原广阔的"小河套"红寺堡,成为鞑靼沿清水河南下袭击固原的必经之地。

　　边患的加剧,使红寺堡成为屯军防守之地,在古代宁夏南北通道上的重要战略地位日益凸显。明武宗正德元年(1506年),任命杨一清总制陕西、甘肃、宁夏三镇军务,称三边总制,也称三边总督。杨一清上任之时,三边"边患之惨烈,达到空前绝后的地步"。他到任之后,提出花马池东路虽有千户所守御,可是兵力少而孤立,离兴武营地很远,有边患战事很难及时救援,便形成了将周边的鸣沙州堡、韦州堡、下马关等连成一个有效的防御体系来御敌侵略的构想,在奏明朝廷后修筑了红寺堡。正是在这种背景之下,正德二年(1507年),杨一清上奏皇帝得到同意后,委派宁夏总兵郑廉筑成红寺堡城。这座旧红寺堡城的规模是"周回一里五分。置旗军四百一十七名。设操守官一员、管堡官一员。领烽堠一十五",15个烽火台名称都为当地名,分别在"黑山墩、小蠡山墩……"第9个名称正是和红寺堡

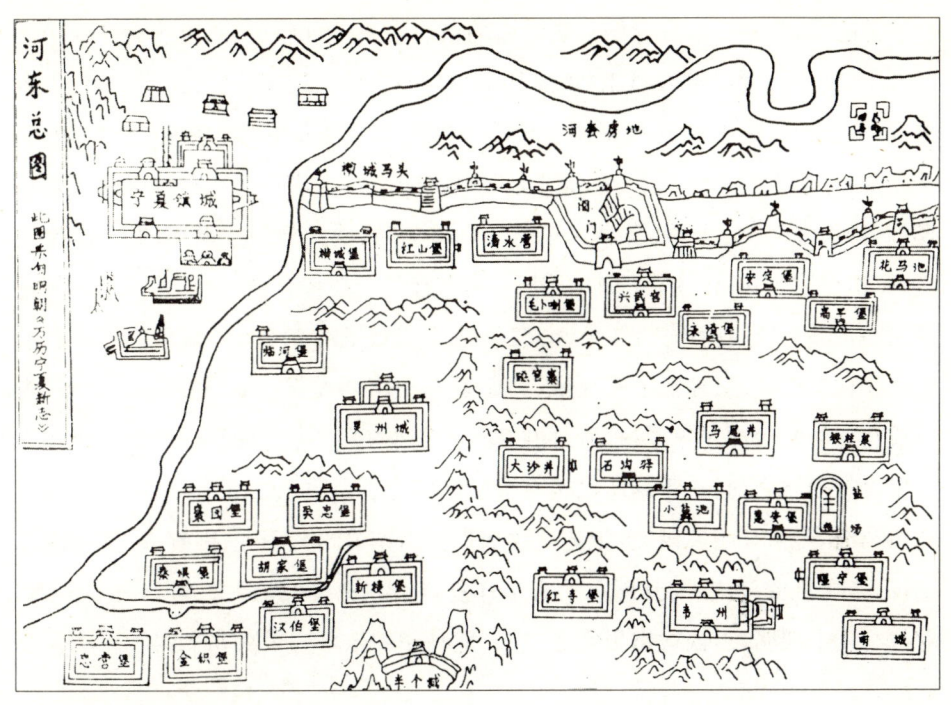

载有红寺堡名的河东总图

同名的红寺儿墩，可见早就有红寺之名，建故城名称自然这样定了，这样，一座古城堡呈现在了历史的长河之中。红寺堡之名，自明代开始，因筑城而有其名，一直沿用到今天。

另据宁夏考古所研究人员从明代红寺堡古城遗址附近出土的西夏古钱币推断，重视州城堡寨建设的西夏，极有可能在重镇韦州与鸣沙之间的东南边缘红寺堡设置一座堡寨，才有西夏钱币出土，西夏修堡寨而有其名。明代只是在荒废和破烂的旧城基础上进行了重建。

红寺堡之名，还有一种依据史料的联想，"红寺堡"之名始于唐朝，乃大唐灵州大都督浑瑊之浑氏后裔居所，后来"浑氏"逐渐演变为"红寺"，才有"红寺堡"之名。或者是得名于汉武帝时期，在安定属国三水县安置归降的匈浑邪王部及后裔，居住的三水县即今红城水，"浑城"逐步演变成"红城"，"浑氏"变为"红寺"，才有今"红城"和"红寺堡"之称。

红寺堡得名探源
草根下旧城沧桑

目前,学术界关于红寺堡得名缘由的论述中,认可度较高的说法为红寺堡之名源于"红寺"。据《朔方道志·镇戎县》中"附旧志所载圮废公所:红寺、韦州等各有仓,今皆废"的记载,在明正德二年(1507年)第一座红寺堡古城创筑以前的弘治年间,已经有"红寺"记载,确证当地早就已经有古寺庙——红寺。此外,有张嘉谟的《帅府题名碑》介绍,自洪武年间到嘉靖年间,明代守卫宁夏镇的有44位主将,突出介绍了25位主将的丰功伟绩,其中有关于都督佥事、宁夏总兵李祥事迹的简略记载:"勇敢而成功红寺者,李公祥。"记载了红寺堡城建成前两年的弘治十八年(1505年)二月发生的战事,即宁夏总兵李祥委派指挥仇钺,在"红寺"附近成功地切断套部小王子掠固原的归路,击败小王子的战役证明,明弘治年间红寺堡没有创建之前,这里确实已经有"红寺"的存在。所以说,先有红寺,后有红寺儿墩和红寺堡。《明实录》也记述此次战事:"虏围灵州久不克,因解去,散入内地四掠,指挥仇钺设伏,要其路总兵官李祥复督诸军驰援,战走之,斩首三十二级,获战马六十四匹,追回被虏男女十一人、驼马驴骡牛羊三千六九十四匹。"正因为

红寺堡旧城遗址

有上述关于李祥将军在红寺组织伏击套兵战事的记载，证明明代人确实知道这里有红寺，于是，明代守卫边塞的镇将，在建造这个边地要塞第一个古城的时候，就采用了当地军事上小有名气的"红寺"，起名为"红寺堡"。早在宋元时这里建有很多寺庙，寺庙方圆可达50多里，叫"红富寺"，后来被损毁，近年来重建，改名"弘佛寺"，从出土的两个泥塑佛头和彩绘可以证明其历史的存在。所以说，"红寺堡"之名，源于当地一座古寺庙——"红寺"。

历史沧桑巨变，红寺堡诸多堡寨演绎了边陲草根旧镇的风雨变迁。它经历了建造、迁徙、重建、毁坏、废弃、荒漠覆盖等不同遭遇后，如今仅存不太清晰的残貌和为数不多的附属设施残址。它们与其他古遗址一道，见证了红寺堡甚至整个宁夏地区在古代的军事战略地位。

据历史记载，红寺堡城"周回一里五分。置旗军四百一十七名。设操守官一员、管堡官一员。领烽堠一十五：黑山墩、小罗山墩、阎王扁墩、四十里坡墩、石板泉墩、水圈二墩、荒草岭墩、韩麻籽墩、红寺儿墩、两家泉墩、哄劝墩、砂从沟墩、库水沟墩、察加崖墩、白疙瘩墩"。其中至今保存较好的遗址有两个墩，一个是红寺儿墩，位于红寺堡古城遗址东侧，今红寺堡镇南约2000米处，筑钨城，呈方形，黄土夯筑，边长46米，基宽4.4米，残高2～3米，烽火墩修筑在钨城中部，基宽

红柳沟边墙遗址

14米,残高14～20米。另一个是白疙瘩墩,位于红寺堡区新庄集乡政府东300米、红寺堡古城遗址南约2000米处,筑于一低矮山坡上,呈方形,基座面积约50平方米,残高5米,夯层8～12厘米,因风蚀严重,背面垮塌成圆形。该烽火墩是今红寺堡境内现存烽火墩台中比较特别的一座,由于这一带的土质构成多以白浆土为主,与其他墩台相比,其颜色显得格外得白,因此此地取名为白墩,现为新庄集乡白墩村。

明嘉靖十六年(1537年),此城存在了30年之后废弃,迁于边内。此城今被称之为旧红寺堡城,位于徐斌水西北、新庄集南偏东50余公里之处的旧寺堡子村,为第一座红寺堡古城,已有507年的建城历史。曾经的烽火狼烟,今天早已消逝在移民的和谐生活中。

红寺堡古城修筑之后,对南北防御体系的加强虽然也起到了不可低估的作用,但堡势孤悬,不宜固守,总督陕西三边都察院左都御史刘天和奏请明廷:"……西路自徐斌水至黄河岸六百余里,地势辽远,终难保障。今红寺堡东南起徐斌水至鸣沙州河岸可百二十里,总兵任杰议于此地修筑新边一道,迁红寺堡城于边内,撤旧墩军士使守新边。舍六百里平漫之地,守百二十里易居之险,又占水泉数十处,断胡马饮牧之区,而召军佃种,可省馈饷,计无便于此矣。""新边"的设计符合防御的实际需要,从徐斌水起,沿红柳沟西岸以沟为堑修筑,把沟沿的缓坡削为立崖,终点在鸣沙州。在红墩到大河子水的开阔处打了土墙,挖了沟壕。明嘉靖十六年,徐斌水新边筑成,全长62.5公里。新边筑成后,原红寺堡迁移到了新址,《皇明九边考》称之为新红寺堡。史载:"新红寺堡直北稍东,总制刘天和新筑横墙二道,以围梁家泉;直北稍西,旧有深险大沟一道,受迤东罗山之水,流于黄河,长一百二十五里,总制刘天和堑崖筑堤一百八十里五分,筑墙堡一十六里八分。自大边至此,重险有四道矣。"新红寺堡位于此深险大沟西面,而旧堡坐落在深沟东侧。刘天和利用这条深沟部署防御线,在深沟东岸营造两道土墙,围护梁家泉等水头,防止牧骑占据。同时将深沟西崖坡大加铲削,使之壁立如城。新址周围"周环旷阻,有地数百亩,水泉数十处,草木繁茂",虏入寇必休于此,呼为小河套,地理优势明显,生态环境保存较好,更适宜于屯垦和生活。新红寺堡城的修建(又称徐斌水新边),对拱卫三边制府驻地的固原起到了一定的作用。

明嘉靖十六年秋,三边总制刘天和筑红柳沟内边墙,位于今红寺堡区红寺堡

红寺堡古城复原模型图

镇兴旺村西北约 3 公里的红柳沟的沟边,边墙起自徐斌水西北,向西北经新红寺堡至鸣沙,全长一百二十五里,其中筑墙十六里八分,利用红柳沟深险铲削堑崖一百零八里五分。《皇明九边考·卷八·保障考》记载:"新红寺堡直北稍东,总制刘天和新筑横墙二道以围。梁家泉直北稍西,旧有深险大沟一道,受迤东螺山之水流于黄河,长一百二十五里。总制刘天和堑崖筑堤一百八里五分,筑墙堡一十六里八分。"

　　红寺堡由旧城迁至新城后,又修建了红柳沟边墙,进一步加强了红寺堡的防务,也凸现出历史上红寺堡的战略地位。

王府诗篇颂罗山
才子王爷美名传

朱栴像

　　明太祖朱元璋的第 16 子、大明庆靖王朱栴，这是宁夏古代著名历史人物，曾经与罗山结下了深厚的情缘。

　　朱栴（1378 —1438 年），明洪武二十四年（1391 年）册封为庆王，封地庆阳（今甘肃庆阳市庆城区）。庆王朱栴本人在洪武年间，曾经由封地庆阳来到韦州罗山打猎。"猎"，古代也指帝王出行，或者说庆王出行到韦州。看见韦州西二十余里地的罗山，风景秀丽，十分喜欢，于是，就在罗山之坡的韦州建造宫室，作为庆藩藩国，一住就是 9 年，以后才奉命迁徙到宁夏城。《明史》关于"宁夏以粮饷未敷，命庆王且驻庆阳北古韦州城""庆阳北""古韦州罗山景观城"，似也暗含庆王先住在庆阳，后迁到庆阳以北的古韦州城。这庆阳北古韦州城原来正是庆王朱栴选择的王府地址。朱栴由喜欢罗山而喜欢韦州，这一点由到宁夏城以后还曾经多次向皇帝提出要返回韦州居住所证实。

　　庆王朱栴对罗山的深情，在其饱含感情的罗山描述中可见："蠡山，在韦城西二十余里，层峦叠嶂，苍翠如染。以其峰如蠡也,故谓之蠡山焉。此予府长史刘仿名之也。山之旧名竟不知为何名也。四旁皆平地,屹然独立,势甚雄竦。木多松、桧、桦、榆、白杨;草则黄精、秦芃、大戟、知母草、血竭、黄芩、防风、远志、黄耆、柴胡、升麻,皆药之良者。山北有先暘显圣祠,雨祷辄应。永乐间(1403—1424 年)载之祈典。狼山,在韦州城东。小蠡山,居大蠡山之东北(应为东南)。东湖,在韦州城东一里余;鸳鸯湖,居东湖之北三里。二湖皆予作者。富泉,居大小蠡山之间,水甚甘洌。三山儿,在韦城东百里,三峰列峙如指。樟子山,在三山儿南,溪涧险恶,豹虎所居,人迹罕到。琥八山,华言色交杂也。在韦州西南八十里。黑鹰山、鹿山,皆在近琥八山。"

以上记载罗山的文字,总共用了长达 132 个字。我们看到,上面朱栴记载罗山的文字,超过了贺兰山。朱栴撰写的《宁夏志·七·山川》中,对贺兰山的记载,虽然在诸山中排列首位,字数也算是比较多了,但仅仅有 91 个字,而记载罗山虽排列第 9 名,但记述的文字竟然多达 132 个字,远远超过对贺兰山的记载。足见庆王朱栴对罗山要说的话多,他对罗山之情又是多么得深切!

朱栴记载确定罗山的位置:韦州之西,罗山与韦州的距离,肯定为西距韦州二十里。

"层峦叠嶂,苍翠如染",这是朱栴对罗山总的印象,是给罗山最形象,也是最高的评价。后面,又写道:"四旁皆平地,屹然独立,势甚雄竦。"秀美的罗山"层峦叠嶂,苍翠如染"还不够,再加上四旁平地"屹然独立,势甚雄竦"。从这里,我们可以理解,为什么朱栴来到罗山,就喜欢上了罗山。

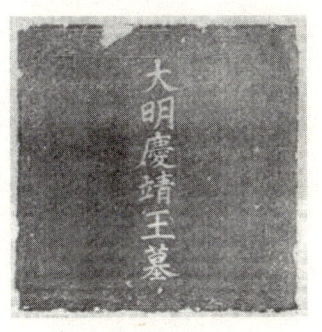

朱栴墓碑

朱栴的记载,还确定罗山知名度由来。罗山明代叫"蠡山"。为什么叫"蠡山"?朱栴给了明确的答案。是说其山峰像"蠡",所以叫"蠡山"。这个"蠡山"之名是谁起的呢?朱栴特别说是他的长史刘昉。因为在庆王眼里,王府所有的官员都是王的仆人而已,不值得记载他们。但,为了记载罗山,朱栴破例写出长史刘昉。同时说明,山的旧名不知道叫什么。

特别有科学价值的历史记载,是朱栴将罗山盛产的树木和药草一一列出名单。其中列出树木为松树等5种;药草特别列出有"黄精、秦艽"等11种,而且,特别强调这11种药草,"皆药之良者",这为今日红寺堡区发展特色种植业,提供了重要的历史资料。

朱栴是非常笃信宗教的,他在宁夏到处参拜寺庙神灵,到处修建、修整寺庙、道观。记载罗山,他又特别记载罗山之北有先显圣祠,而且如果天旱少雨,"祷之辄应",甚至永乐年间,罗山北的先显圣祠都记载进大明《祈典》之中了。

在记载罗山的同时,朱栴记载的瑯八山,黑鹰山均在今红寺堡区南与同心县交界处之南。

朱栴在韦州庆王府南门城上建了一座拥翠楼,除了用来避暑外,就是为了观罗山叠翠,也就是说朱栴常常坐在楼上,观赏罗山叠翠之美景,并吟诗作画。由于非常喜欢罗山,怀念罗山,他写了不少诗篇,吟诵抒怀。

登韦州城北拥翠亭

朱　栴

天际风云起,山椒结夕阳。

园林含珉色,笳鼓动哀音。

边报军书急,南来雁信沉。

病怀与秋思,慅栗苦难禁。

　　诗中"园林""山椒"写的是韦州庆王府和罗山的"山椒""箫鼓","边报"说明当时宁夏有战事;因此收不到"南来雁信",不知道南国故乡怎么样? 终于引起"病怀与秋思",造成"慘栗苦难禁"。

033

朝中措·忆韦州拥翠亭

朱 栴

　　构亭高在古城端,拥翠万山还。四面轩窗高启,关河千里平看。

　　珠帘画栋,金铺文础,与问平安,记得当年雨霁,常时坐对西山。

朱栴这首词，显然是到了宁夏城(今银川市)以后，再次回忆起拥翠亭的情景。他回忆起自己当年在韦州庆王府城上，高高地构建了一座亭，坐在这个亭子里，可以看到"万山拥翠"，高高推起拥翠亭四面的"轩窗"，可以平看"关河千里"。又想到拥翠亭"珠帘画栋，金铺文础"，当年，朱栴在雨后转晴的时光，经常坐在亭里欣赏对面韦州西边的罗山。

临江仙·避暑韦州

朱 栴

塞上冰霜三十载，新来华发盈颠。韦城风景自堪怜，螺峰初
雪霁，月榭谈笼烟。
想得灵州城下路，绿杨芳草依然。黄骝蹀躞杏花天。丙辰初
日出，南上渡头船。

这首词开头，朱栴就告诉人们，这首词是他按照皇帝的旨意，每年夏秋可以去韦州罗山避暑，他这次来到韦州一住就是多日，心中十分欣喜，故赋词以表自己的心情。一廾始庆王就交代，他来到塞上已经 30 年了，因为他是洪武二十六年(1393 年)到塞上(韦州)的，据此，这首词应该赋于明永乐二十一年(1423 年)。而这时的朱栴已经是 46 岁，所以，头上已经开始有白发出现。这时，罗山、韦州的风景仍旧是非常美"自堪怜"——"螺峰初雪霁，月榭谈笼烟。"罗山晴雪，笼烟中一轮明月下的亭榭，多么令人陶醉的罗山美景啊！

再回想他来韦州的时候，路过灵州，"绿杨芳草依然""黄骝蹀躞杏花天"。丙辰初，太阳刚刚出来，庆王一行便赶"头船"渡过黄河而"南上"，反映庆王要去韦州那种急切而又十分喜悦的心情。

石关积雪

朱 栴

石关坦道接长安，常被三冬积雪漫。
阴壑光绿银万顷，高崖色凛玉千攒。

驱车自信梁园东,徒步咸嗟蜀道难。

今日边城多雅趣,好将此景画图看。

赞美罗山美景的还有王府的长史刘昉《西岭秋容》诗,赞叹罗山为"仙佛境"。

西岭秋容

刘　昉

韦州之西多峻岭,边方亦有仙佛境。

风送路旁花草香,云横野外山川景。

山川秋来最可观,夕阳返照尤宜看。

回家欲学王摩诘,谈墨涂抹围屏间。

不但庆王朱㮵喜欢韦州,作为庆王府长史的刘昉,跟随庆王前后长年住在韦州,自然也特别喜欢韦州、喜欢罗山,他创作了"韦州八景"诗:《蠡山叠翠》《西岭秋容》《白塔晨烟》《东湖春涨》等。刘昉的《蠡山叠翠》诗专门咏赞蠡山。

蠡山叠翠

刘　昉

蠡山雨洗高嵯峨,群峰叠翠攒青螺。

我来信马上山去,马上观看频吟哦。

平生爱此嘉山水,爱山不得住山里。

到家移入画轴中,挂向茅堂对书几。

035

刘昉,平滦(今河北省卢龙县)人。从诗中看到,刘昉平生最喜爱的就是罗山的"嘉山水",不能在山中居住,非常遗憾,到家以后,就画罗山,把罗山美景图挂在茅堂"对书几",天天可以欣赏。难怪,庆王即使是在移都银川之后,也要在每年七月到韦州、罗山一带避暑、赏景。

撰修《嘉靖宁夏新志》的陕西按察司金事、宁夏督储孟霦的《赞罗山》一诗更为后人所喜欢，对罗山的评价更高。

赞罗山

孟 霦

骏马逆风嘶，山中云雾凄。

千盘登绝峤，百转出深磎。

草覆流泉暗，萝繁细路迷。

故乡山更好，何不觅幽栖。

罗山有植物 169 属 275 种，仅药用植物就有 200 多种，而且少有灭绝。这里有 30 多处泉眼，因充沛的泉水滋润使罗山的植物枝繁叶茂，植物的茁壮生长孕育了这里独特的气候，使得朱栴留恋于罗山一带，造宫殿，修城池，习武围猎，镇守边关，及至于把墓地也安寝于罗山山坡之下，是有真正意义上的风水之说了。

罗山在其他文人笔下美景更是引人入胜。

石关积雪

（明）丰林王平斋

山高蠡屹立，叠翠万重峦。

残雪经年在，边风五月寒。

素华涵兔影，清味试龙团。

正是诗家景，帷宜静里看。

蠡山叠翠

（明）庐陵穰穆

秀倚晴空万叠多，星辰常恐势凌摩。

云生秋碧涵眉黛，雨洗春容照翠蠡。

幽鸟闲花屏画里，断猿孤木石岩阿。
足凭藩府为天柱，东接长安西带河。

蠡山秋色

（明）徐键

独上高城兴寂寥，西风吹冷景萧萧。
山谷霜落峰峦秀，天气深秋草木凋。
翠岩倚空霜汉远，白云流水市尘遥。
逸人幽谷容招隐，桂树新词好与招。

韦州故宫

（明）路昇

故宫风物太凄凉，惆怅当年此建王。
绣户不开金锁合，蛛丝低拂画檐长。
玉阶寂寂人踪灭，白草离离辇路荒。
落尽井梧秋不管，半轮新月照昏黄。

夜宿韦州

（明）刘长春

塞上阴云一色秋，龙沙瀼瀼接韦州。
囊空唯有床头剑，衣薄缘无箧里裘。
庭树乌啼声愈切，纸窗灯暗泪频流。
年年辛苦王家事，谁为知心解我愁。

重游蠡山

（清）陈日新

重作蠡山游，峰峦为我秋。

人欹东岭半,河入北荒流。

烟火曾驱马,风波莫问鸥。

半林黄叶老,但见陇云浮。

念奴娇·登好汉峰

佚 名

秋临塞上,放眼望,引得万丈豪情。携友挈亲,循山行,欲登罗山古峰。苍松迎天,绝壁回音,惊飞几声雀。云青古寺,明王避暑行宫。

穿荫越溪钻谷,登临好汉顶,昂首临风。衣袂飘逸,挥手东,汉时三水古镇。群山环抱,雾绕瓦舍中,古塔古城。翘首西眺,一带黄河舞动。

罗山几十个大小不等的泉眼终年源源不断向外流水,是韦州古八景中最为秀美的景色。其中位于罗山脚下的韦州暖泉,依赖于大自然的天赐恩惠,造就了山清水秀、得天独厚的自然美景。夏天,这里芦草青青,碧波荡漾;冬天,这里水雾弥漫,好似人间仙境。

有人说,整个罗山东麓,远看酷似一尊面东而坐的巨佛。云青寺正好就在罗山山腰巨佛的中心点,这是一种"佛心怀古寺,古寺藏佛心"的绝妙境界,从而使人们不难理解庆王朱栴为何要将整个庆府小朝以及子孙坟墓择于此地的良苦用心。在巨佛的中央至今还淙淙流淌着一泉甘甜清澈的泉水。云清寺内有一块石碑,上写该庙建于公元 900 年(宋朝),距今已有 1100 多年历史,宋朝时候称为"三圣殿"。到明朝的时候,据明代碑文记载,因为"雨阳祷之辄有应"。据此,朱栴游罗山寺庙的时候,将"三圣殿"改为"云青寺"。

朱栴母亲为皇贵人余氏。朱栴自幼聪颖,年仅 13 岁便被朱元璋册封为庆王,封地为今甘肃庆阳、延安和宁夏北部至中部的广阔地带。洪武二十六年(1394年),15 岁的朱栴按朝廷的就藩制度,离开繁华的金陵古都,前往荒寒偏僻的大西北封地——庆州(今甘肃庆阳)。当时庆州久经战火,人口稀少,土地荒芜,经济发展缓慢,朱元璋允许庆王沿着当年西夏的灵州大道北到韦州就藩,昭理庆阳、宁夏、延安、绥德诸卫军务,享用延安、绥德两地租赋,每年禄米一万石。其封地包

红寺堡区周新村的明王陵遗址

括同心城、下马关、今红寺堡部分辖区和海原海刺都。后又在韦州设有宁夏群牧千户所，专门管理庆王府的畜牧和军马。自此，朱栴这位皇子便与宁夏这块土地结下了不解之缘，在宁夏生活的 48 个春秋里，是宁夏的山山水水，见证了他从逸兴思飞的青年到美髯飞扬的暮年。

庆王就藩宁夏后，在宁夏这片土地上文武并举，勤政不辍，兴修水利，发展农业，督筑长城，加固屯堡，创设儒学，编撰史志，广修寺庙，修建园林，成就斐然，对明代宁夏的政治、军事、经济、历史、文化等方面的发展都产生了深刻影响，使银川平原出现了一片繁荣景象。庆王"天性英敏、好古博雅、学问宏深，长于诗文、书法，其草书清放、驯雅，海内传重"。庆王本人"孜孜勤学，寒暑不辍"，著有《文章类选》40 卷、诗文《凝真集》18 卷、《集句闺情》1 卷。庆王府内藏有御赐、抄录、购买的各种文献书籍。庆王和他的长子在府内镂板刊印了万卷文献：《崔豹古今注》《三元延寿书》《寿亲养老书》《饮膳正要》《毛晃增注礼部韵》《集句闺情》《凝真稿》《夏城诗集》等，使元末明初战乱频繁、文化落后的宁夏传承和保留了弥足珍

王府诗篇颂罗山
才子王爷美名传

贵的历史文脉。他主持修纂的《宣德宁夏志》为现存最早的宁夏地方志书,志书分上、下两卷,内容涉及历史沿革、地域风俗、城池街坊、寺观祠庙、学校贡举、山川古迹、河渠屯田、驿传津渡、池盐马牧、名宦僧侣、诗词题咏等,记载了元末明初60多年间宁夏地区的历史,成为研究明代宁夏弥足珍贵的史料。

由于银川地低湿热,朝廷另准朱栴在罗山脚下的古韦州城设避暑王府,韦州"地土高凉,人少病疾,地宜畜牧",城西二十余里有座苍翠如染的仙佛山——罗山,是宁夏中部一块得天独厚的避暑胜地,也是朱栴习武围猎的绝佳去处。朱栴把罗山当成理想的世外桃源,与罗山脚下红韦平原的土地结下了不解之缘。

庆王在罗山脚下的韦州王府里建有东湖、鸳鸯湖及避暑地宫和拥翠亭。"三月东湖景始饶,水光山色远相招。"春光明媚的日子,庆王在王府内吟诗作画,韦州避暑成了他最赏心悦目的事。韦州之西有座"仙佛山"(罗山),是庆王在韦州避暑最常去的地方。罗山四季有风光,四时各不同,春日可寻芳,夏时可避暑,秋夜可赏月,冬令可踏雪,这一切让朱栴流连忘返。

永乐元年(1403年)明成祖登基后第一年,这位以藩王起兵成事登上皇位的天子,便开始了紧锣密鼓地削夺各地亲王兵权的行动,远在边地的朱栴亦未能幸免。削减实权之后,朱栴一下子由"封疆大吏"变为"军务参赞",手下仅留5000人的护卫军,接着朝廷又派了一位"镇守太监",监察亲王封地的一应事宜,可直接上报皇帝。风雨如晦的政治现实令他伤感,晚年的他曾一再要求返回家乡,每次都被朝廷以"不违祖训"言辞予以拒绝。怀望故土,思念亲人,疾病缠身,让他内心非常苦闷,"风阵阵,雨潺潺,五月犹如十月寒"是他当时心情的真实写照。"水悠悠,路悠悠,隐隐遥山天尽头,关河又阻修。古兴州,古灵州,白草黄云都是愁,劝君休倚楼。"读来让人无限凄楚。"生时相看两不厌,身后相伴影同随",生命的最后旅程,这位生于南国的皇子,当南迁要求被朝廷一次次拒绝以后,最终无法回到生他养他的故土,去看一眼自己日思夜想的母亲余氏,选择了罗山作为自己长久安息的地方,陵墓仿北京明十三陵的定陵而建,号庆靖王陵。

庆王13岁封王,历经明太祖、明惠帝、明成祖、明仁宗、明宣宗、明英宗6位皇帝,在宁夏生活了45个春秋,对明代宁夏的政治、军事、经济、历史、文化等方面的发展都产生了深刻影响,明廷追谥他为靖王,对他治理边疆的文治武功做了高度概括。庆王矢志不移弘扬国学,礼敬圣贤,传承教化,在救济苍生中善举不断，被百姓誉为"一代贤王"，名传千古。

庆王的 6 个儿子先后受封，嫡长子朱秩奎继承了庆王王位，死后谥号为"康"，史称庆康王。其余 5 个儿子都被封为郡王。朱栴之后，庆府传承了二百多年之久，宁夏藩王势力经历了跌宕起伏的波澜岁月，有的事件还牵动了朝廷，烟云之后，唯有文化长久地保留了下来。

庆靖王陵位于罗山东麓，北起太阳山周新村，南至张旧庄村陶庄社，东临张家后庄村，西达罗山东坡，面积 30 多平方公里，从埋葬的规格看，仅次于北京定陵，而且配有 193 名兵士忠心守护。庆靖王后世由皇帝亲封的八世亲王和一位端和世子，以及庆藩王分封的真宁王、安化王等诸王的陵墓和嫔妃们的陪葬墓也大多安葬在附近，形成较大的庆藩王陵，当地人称"明王陵"或"明庆王墓"。1988年，宁夏将其列为自治区重点文物保护单位。

庆王在今红寺堡所在区域就藩，为红寺堡地区增加了许多神秘而传奇的故事，也反映了明朝初年红寺堡地区的经济社会文化空前繁荣。

大罗山

三藩叛乱殃红寺
清廷善后置平远

　　清圣祖康熙十二年(1673年)，康熙帝力排众议，下令削藩。同年十二月，平西王吴三桂自恃兵强，悍然叛乱。清初，清廷任王辅臣为陕西提督，驻守平凉。康熙十四年(1675年)年初，王辅臣接受吴三桂"平远大将军印"，陈彭、定边副将朱龙分别被封为巡抚和招抚总兵。三月，王辅臣派总兵李国良等领兵8000余人，分别攻占定边、靖边、花马池、惠安堡、韦州等地，并进攻灵州和兴武营，今宁夏南部和东部，均沦为"三藩"叛乱势力范围，战祸殃及今红寺堡地区。此时，清廷提升宁夏总兵陈福为陕西提督，驻兵宁夏灵武，陈福遂率军抵御王辅臣叛军，并在甘肃提督张勇、左都督孙思克和都督同知王进宝等将领率军配合下，各地平叛进展顺利，先后收复花马池、惠安堡、韦州等地，斩叛将朱龙、倪五等人。

　　康熙十四年八月，陈福疏报，与副将泰必图统领官兵，前赴平远，"击败贼众，擒斩伪官二十二员，贼兵二千有余，获器械等物无算"。十月，陈福和副将泰必图率兵南下攻固原，遭到叛军死守顽抗，攻城一月未克，泰必图战死，清军旋即退保灵州。其间，贝勒洞鄂等率领清军进击平凉，要求陈福南下配合。十二月，提督陈福为先解除中途遭受袭击之危，再度发兵进攻固原。因寒天飞雪，将士非常劳苦，加之前次进攻固原失败，军中士气低落，大部士兵不愿出征，陈福强令军队进驻惠安堡。

　　康熙十四年十二月二十二深夜，宁夏参将熊虎、刘德等鼓噪而起，清军发生兵变，杀死陈福。陈福被杀后，清廷认为宁夏已全部叛归王辅臣，准备发兵清剿。其间，时任天津总兵、宁夏籍将领赵良栋竭力辩解，担保宁夏不会叛乱。康熙十一年（1672年）十一月，赵良栋从大同调任直隶天津总兵官。康熙十二年二月，甘肃提督张勇上疏："天津总兵官赵良栋向随臣征剿，著有功绩，精明历练，才略过人，臣所深悉，请调补宁夏总兵敕由边路兼程速赴。"康熙帝谕："宁夏腹地，职任宜重，其总兵官缺，著改为提督，即以赵良栋升补，令其兼程速赴。"又谕曰："赵良栋抵宁夏之日，一切军务机宜，着塔拉笃祜（满旗驻宁夏官员）等，俱与赵良栋会商行事。"并谕兵部："赐新授宁夏提督赵良栋鞍马、弓矢、甲胄及貂衣一袭，白金五百两，并御馔一筵赐之。"康熙十五年（1676年）五月，宁夏提督赵良栋，由天津驰返宁夏，宣布清廷安抚之意，捕杀了熊虎、刘德、阎国贤、陈进忠等，散其党羽，其余兵士未受牵连，并招抚河东二十余，很快安定秩序，制止了叛乱势力的蔓延。同时，清廷加强军事控制，调塔拉笃祜领蒙古土默特兵驻防灵州、定边等地，又以都统毕力克图为平远将军，统辖驻守宁夏的满、蒙八旗兵。是年三月，王辅臣派平凉总兵陈甲率步骑1.5万余人，再度围攻灵州（今灵武市），被清副都统恰塔等率兵击败。五月，宁夏河东诸堡叛军相继投降。同月，八旗将领、抚远大将军图海统领蒙、满、汉大军，于平凉城北虎山墩击溃叛军。六月十五日，王辅臣领固原巡抚陈彭、周杨名等叛将率众向清军投降，红寺堡地区与西北地区社会秩序渐趋安定。

《平远县志》

　　清初,清廷撤销明代藩王王府牧场。不久,在下马关设置参将,先后有 8 名参将镇守。韦州、同心为宁夏府之灵州属地,今红寺堡地区得到一定的开发。但清廷重视武装控制人民,忽略地方和文化建设,造成驻军过多,带兵武将集中。北有宁夏将军率八旗军驻满营、宁夏镇总兵驻府城,南有陕西提督驻固原,灵州、韦州等中间地区驻扎中下级武将更多。由于整个宁夏处于"腹地"战略后方,战事较少。

　　清末,官腐吏贪,官逼民反。西北回民起义爆发。同治十三年十月己丑(1874年 11 月 28 日),清廷在镇压金积堡回民反清运动后,穆宗从总督左宗棠之请,"以平(凉)、宁(夏)之间,土地辽阔,宜建置"(《光绪平远县志》),在平远所下马关设置平远县。下辖在城里(今下马关镇)、豫旺堡里(今预旺镇)、毛居士井堡里(今甘肃环县毛井)、元城子里(今甘肃环县元城子)、白马堡里(今甘肃环县白马堡)、可可水里(今同心县王团镇张二水)、夹道堡里(今同心县王团镇)、同心城和韦州城。平远县仍隶固原直隶州统辖,红寺堡地区属于平远县管辖。平远县位于灵州与固原之间,"幅员割之盐、固、灵州地",平远建县可谓意义重大。

红色记忆佳话传
罗山大地军民情

　　1929 年 1 月 1 日,宁夏正式建省,此为宁夏历史上一个重要里程碑。从 1933 年初起,马鸿逵以宁夏省政府主席、国民党宁夏省党部主任、十五路军总指挥等职,统治宁夏长达 17 年。抗日战争结束后,马鸿逵将银南 9 县划为银南专区,并设立专署,红寺堡地区先后分属镇戎、金积、中宁等县。在此期间,中国工农红军西征在今红寺堡地区活动达半年之久,成为红寺堡地区的红色记忆。从 1947 年 8 月上旬开始,回汉支队坚持在盐环同地区打游击战争。1949 年 9 月 15 日,红寺堡地区全境获得解放。新中国成立后,今红寺堡地区主要有部分解放军和武警部队驻守,广大官兵全面开展剿匪,积极投入保卫新生革命政权的斗争。党中央实施西部大开发战略后,军民共建社会主义精神文明,谱写了新的篇章。

　　1936 年 5 月 18 日,中共中央发布西征命令及西征作战计划。由红一方面军第一、第十五军团和红二十八军、红八十一师、骑兵团等共 1.7 万余人组成"中国人民抗日红军西方野战军"进行西征作战。西方野战军由彭德怀任司令员兼政委,叶剑英任参谋长,刘晓任政治部主任,部队分左右两路。左路由红一军团组成,辖一师、二师、四师,约 8000 人,左权代理军团长,聂荣臻任政治委员。右路由红十五军团组成,辖七十三师、七十五师、七十八师及跟随行动的红二十八军、红八十一师等,约 9000 人,徐海东任军团长,程子华任政治委员。红十五军团军团长徐海东率七十三师、七十五师等部,从定边一带,经盐池县南部之麻黄山、大水坑等地,直插豫旺县境(今同心县)。下马关城,因马鸿逵部守军依托民房和寺院抵抗,红七十五师一部占领了下马关北之红城水。马鸿逵对韦州防务非常重

罗山记忆佳话传

视，盐池县、豫旺县失守后，危及金积、灵武，韦州更接近银川，不论在军事上、政治上均居重要地位。宁夏东南部只有罗山是阻止红军西征的唯一重要据点。6月28日，红七十五师攻克下马关后，与红七十三师合兵包围了下马关以北、罗山以东之韦州城。此时，驻守韦州的马鸿逵骑兵第一团之第三营，即人称之为红马营，营长陈廷琳，同时还有保安团100多人，壮丁队约300人。红军未到之前，马部已先行拆除城外民房，撤回城内固守。城上堆置石块、枕木和用棉团做的火球，严防红军登城。29日，马鸿逵派飞机在东关、南关投弹轰炸，红军凭借城外民房隐蔽。30日夜，红军用猛烈炮火开始袭击，随即架起云梯攻上城墙，击毙马部保安队副司令苏元等多人。马部守军用机枪连续扫射，往城下抛枕木，阻止红军攻城。在韦州城被围之际，守军向马鸿逵发报求援。红军进驻下马关后，即派人去韦州附近地区进行宣传，韦州保安司令苏廷瑞派壮丁队将4名红军工作人员抓去。为争取和平解放韦州，军团长徐海东、政委程子华曾先后4次派回民独立师师长马青年去韦州谈判，但均未奏效。与此同时，马鸿逵派骑兵第一团（欠一营）、骑兵第二团（欠一营）、骑兵第三团（欠一营）、骑兵第四团第一营、省保安处骑兵第一大队，另配属迫击炮2门、机枪4挺，计1400多人驰援韦州，由骑兵第二团团长马光宗统一指挥作战。并限其7月2日到达石沟驿，3日到惠安堡，4日拂晓前解韦州城之围。马鸿逵又在电话中通知韦州守军："十里墩望见大火，就是援军到了。"7月3日，红军趁夜色发起进攻，并一度架上云梯，攻上北城，击毙马部守军、壮丁队长苏瑞琳。此次战斗异常激烈，后因守军火力凶猛，红军遂退回城下，将韦州城包围，城内守军十分恐慌，频频向马鸿逵发报求援。马光宗奉命率部由金积、吴忠等地出发，于7月2日夜12时到达石沟驿集中。7月3日晨5时，以骑兵第二团为前卫，向韦州以北之惠安堡疾进。3日上午，马光宗部到达惠安堡附近，侦悉惠安堡已被红军占领，遂电话请示马鸿逵。马答复或击退红军，或绕道前进。马光宗深知惠安堡有坚固碉堡，难以取胜，建议绕开惠安堡，马鸿逵未做决定，只说待研究后答复。直至当日下午4时许，马鸿逵才电话通知马光宗绕道。6时，马光宗部复又出发，朝韦州方向疾进。7月4日晨，马光宗率部到达十里墩后，令骑兵下马徒步至韦州。马部先出动5个营的兵力向红军进攻。其中3个营（二团之二、三营及一团三营）攻击东关，四团三营攻击北关，一团二营攻击东南角，其余兵力在外围接应，三团为预备队，省保安队在塘房梁担任警戒。此时，红军正忙于攻城，对增援之马部骑兵尚未觉察。当发现背后十里墩有马部援兵时，便立即调整部署回头迎击，战斗异常激烈。马鸿逵派参谋长马光天乘飞机在韦州上空侦察，并向红军投弹轰炸。战至下午 2 时许，红军因腹背受敌，一时难以取胜，遂退出韦州，到达红城水一带，与驻在这里的红军会合。韦州攻城战斗，击毙马部副营长马玉清等数十人，红军仅伤亡数人。战后，马光宗部暂驻韦州一带。红军退出韦州之后，马鸿逵令马光宗即行撤回。马部守军将韦州城东关、南关民房全部摧毁。同时，在康济寺塔内装入大量煤炭，并毁坏楼梯内设施，以防止红军再次占据攻城。当地保安团等和富户乡绅们唯恐援军撤走后，势单力薄，便一再挽留。马光宗便派骑兵第二团团副马绍祖到石沟驿，向马鸿逵报告韦州军绅挽留情况，马在电话中指示："一、准派保安处骑兵第一大队大队长保（何）德良率部留驻韦州，共同防守。二、由马光宗把红城水的红军情况侦察明白，准备进攻。"红十五军团首长料定马部必偷袭红城水，决定亲自设伏，待机歼灭进攻的马部。7 月 5 日凌晨，马光宗指挥马部第一、二、三、四团和一个炮兵连，由营长田凤翔率队沿大、小罗山向红城水搜索，其余部队随后跟进。这一行动，直接危及红军在韦州南河沿窑洞的战地医院。红军与马部骑兵在韦州至红城水之间进行激烈战斗。红军战士一边与马部激战，一边掩护医护人员和伤兵员。终于使战地医院安全转移，同时击毙、击伤马部副营以下官兵 100 余人。马光宗部骑兵大队到达红城水地区后，即向上垣发起进攻，村内空无一人。因红军在上垣仅有少量警戒兵力，遂被马部占领。马部一怒之下放火烧毁全部民宅，同时亦占领了旧红城水（仅有旧城墙）。此时，红军主力已驻在下垣。下午，埋伏在下垣玉皇庙的红七十三师二五〇团三营和回民独立师，见有火起，全力扑向马部军营。红军又从南侧煤山出击，以猛烈火力实施反击。南城根枪炮声、喊杀声响成一片，马匹横倒斜卧、尸体遍地。马部难以阻击，遂退出上垣村，撤至旧红城水顽抗。7 月 6 日凌晨，马鸿逵派参谋长马光天乘坐飞机，飞临红城水上空进行侦察，发现形势对马部不利，急飞回报告马鸿逵。临飞回前，投下 4 枚炸弹，使红军受到伤亡。马鸿逵获报后，又派马光天乘飞机飞到红城水上空，给马光宗投送命令，令其即刻率队撤回，以免被红军消灭。马光宗接到命令，立即下令部队撤退。此时，战斗呈焦灼状态，无法行动。红军兵力占优势，愈战愈勇。马光宗眼见情况危急，忙密令号兵吹号："准备全部退却，以预备号做准备，前进号上马，冲锋号做撤退。"忽然一阵狂风吹过，部队趁机逃跑。

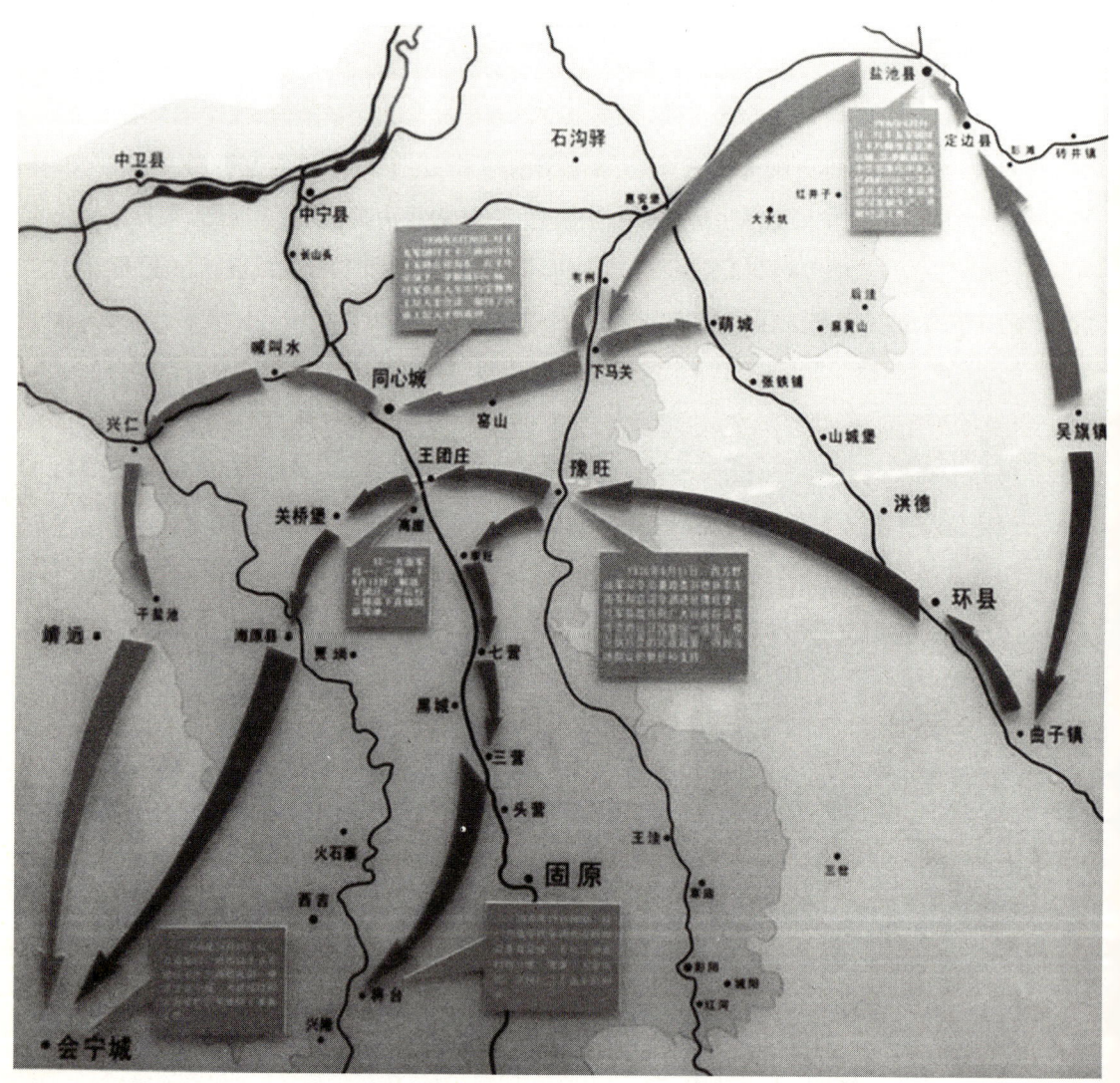

红军西征宁夏示意图

此次战斗,击伤马部营长马进锐,击毙、击伤马部官兵200余人,击毙、击伤战马200余匹。

是日,马光宗收拾残部兵马退回韦州。次日,经惠安堡退回金积县。7月13日,《红色中华》报关于红城水地区反击战报道:"我军之一部于日前在红城梁(水)击溃马全良全部(约3个团),敌伤亡300余人,我军缴获甚多,残敌一部退过黄河西岸,一部退守惠安堡。"红军从韦州撤走后,马鸿逵以为红军软弱可欺,遂驱兵进攻,反遭到迎头痛击。1936年豫旺县苏维埃政府成立后,罗山游击队和豫旺、回民等游击队相继成立。是年,马鸿逵在金积、灵武、盐池、同心县一线大量抽丁拉夫,组织壮丁队并强化军事训练。当时,罗山坡壮丁队有40多人,在红寺堡和买家河湾(当时两地均属金积县)等地进行训练,壮丁队队长魏九西(家住龚家岭)带领壮丁队驻守龚家岭。7月初的一个深夜,西征红军包围了龚家岭堡寨,并将40余人的壮丁队带回下马关。鉴于罗山坡壮丁队骨干大多系哥老会成员,红军为争取其抗日,对其进行一个月的整训和教育,并由红军配发武器、弹药,成立罗山游击队,亦称罗山抗日游击队。哥老会骨干罗锦秀为大队长、韩登云为副大队长、豫旺县苏维埃政府干部郝建山(陈玉山)为政治委员。罗山坡区政府成立后,郝建山兼区委书记。罗山坡区政府的建立,发展壮大了罗山游击队,人员发展到180余人。后来,分成两个大队,韩登云为第一大队大队长,罗锦秀为第二大队大队长。罗山游击大队协助政府打土豪,为红军筹备给养,配合陕甘宁边区工作团到金积、吴忠两地做马部士兵策反,有时与马绍武股匪进行战斗。1936年10月,罗山游击队在关口村召开作战会议,决心夜袭中宁彰恩堡。关口村位于罗山北坡的一个小村庄(今属红寺堡区新庄集乡境内),由红军陕甘宁省骑兵独立第二营驻守。第一大队里有20多人是中宁县人,其中有3人为彰恩人。他们迫切希望拔掉马鸿逵驻彰恩的钉子。因为马鸿逵部驻中宁县广武河防大队有3个小队驻在彰恩堡,不但控制渡口码头,而且还阻碍当地群众与关口红军和游击队的联系。事先,郝建山已派人摸清了恩和、鸣沙的敌情。同时,驻关口的骑兵营也掌握了彰恩堡的全部情况。29日凌晨,骑兵独立第二营以一个连的兵力从关口出发,以放马形式向北转移,至天黑前到牛首山隐蔽。夜晚,早已部署好的两大队主力分两路进攻彰恩堡。先期活捉马部广武大队大队长罗得理,尔后攻占该堡。此战,俘马部多人,缴获枪支22支和大批弹药,教训了马部广武大队。一时间,罗

山游击队的行动闻名于罗山各地，韩登云等还被派送到中共陕甘宁省委驻地甘肃河连湾学习。

1936年11月中旬，红军部署山城堡战役，豫旺县苏维埃政府机关随军东撤时，保卫局干部折国俊深夜进入罗山，通知郝建山政委天亮前带游击队撤离，向环县甜水堡进发。郝建山带第一大队当即出发，当一大队进至甜水堡附近白家沟时，副大队长吕占彪串通叛变，郝建山等4人被绑缚。在返回路上，郝建山果敢机智，挣脱逃离，但游击队惨遭不幸，大部离散。罗锦秀率二大队借口做善后而未动，后投靠马鸿逵部，仍被编为罗山游击队，隶属金积马全良，后归韦州马彦指挥。1949年9月，罗率游击队在盐池县惠安堡缴械投降。

1948年2月，西北野战军主力转入外线作战，回汉支队活动于西线。4月11日，回汉支队、盐池县游击队，奉命配合三边军分区第二团和第八团，伺机歼灭盐池惠安堡一带马部军队。回汉支队在队长刘思孝、政委梁大均和副队长金三寿的带领下立即出发，冒雨夜行军60余公里，包围惠安堡。在二团、八团正面攻击下，经过7小时战斗，马部多数溃散，一部被俘，少数钻进炮楼顽抗。为防止马部增援，副支队长金三寿大步走向马部据点，立即向清乡团喊话，宣传共产党的政策，终于使其缴械投降。此次战斗，俘副具长兼警察局局长赵耀西及国民兵司令等数十人，缴获枪支弹药及军用物资一批，兵锋直逼下马关、韦州。

8月5日，人民解放军西北独立第一师、独立第二师组成北线西进兵团，在3日内连克安边、定边、盐池3座县城。马鸿逵部、张廷芝部一触即溃，闻风向西逃窜。8月30日，西北独立第一师、独立第二师挺入宁夏同心县豫旺堡一带，配合人民解放军第十九兵团解放宁夏。9月2日，十九兵团司令员杨得志、政委李志民率部挥师宁夏。西北军区独立第一师、独立第二师开始向宁夏进军。9月10日，西北独立第一师、独立第二师进驻下马关一带。独立第一师机关驻城隍庙，第四团驻南关，沿边墙一带设防，团指挥部在东城墙的墩台上，城东北、西北两拐角处部署有山炮和重迫击炮，二营驻刘家滩北侧陈儿庄，担任警戒和阻敌增援任务。第六团驻下马关北关，沿西沟一带设防。独立第二师驻下马关东滩地区，师机关驻刘家滩，一个团（原二五六团）驻二铺墩村沿边墙防御，一个团（原二五八团）驻吴窑坑。10日凌晨，国民党宁夏兵团一二八军军长卢忠良亲率二五六师的3个团和保安团、骑兵三十团、十九团以及驻韦州骑兵大队（黑马队）约万人偷袭下马关。独立第一师指战员顽强坚守阵地,用机枪和手榴弹粉碎马部多次进攻。马部遭到猛烈反击后,已知攻占下马关无望,旋集中兵力转向驻东滩的独立第二师及独立第一师四团二营,独二师损失惨重。此时六十四军主力继续向中宁进军,一九一师五七一团自固原出发增援下马关。五七一团和炮兵营,日夜兼程,大部队通过田家老庄继续赶路,终于在 11 日上午 8 时于黑王岔一带与独一师会合。两支部队合兵开进下马关,马部见解放军援兵已到,急向灵武逃奔。解放军遂在下马关休整两天,解放了罗山东部地区,并与独立第二师取得了联系。9 月 13 日,人民解放军六十四军一九一师之五七二团、五七三团由同心县城出发,经红寺堡境内的土坡、耍崖子山斜插中宁县东南山。9 月 14 日凌晨 7 时,部队沿红柳沟南侧进至鸣沙,整个红寺堡地区回到人民手中。9 月 15 日,独立第一师与五七一团冒雨向韦州进发。马部韦州守军骑兵三十七团朝惠安堡方向逃跑,剩余民团多次派人联系,主动出城迎接解放军进城。至此,国民党马鸿逵政权在红寺堡地区的统治土崩瓦解,红寺堡地区各族人民在战争的洗礼中迎来解放,以新的姿态开始创造前所未有的历史。

　　1949 年 9 月 14 日,红寺堡地区解放。当时,宁夏南部地区和东部陕甘宁三角地区股匪众多,加之与原三边地区比邻的惯匪张廷芝等,小到三五成群,大到四五百人,隐匿于偏僻地区,山多沟深,地形复杂,交通闭塞,便于土匪藏匿,南部地区剿匪成为重要任务。山区土匪主要由三部分组成:一是蒋介石、马鸿逵留下的潜伏特务;二是假投诚尔后又叛变的马鸿逵部官兵;三是反动地主分子。他们欺骗、煽动不明真相群众随其叛乱。匪徒利用熟悉地形的优势,建立各种秘密藏身之处及联络点,多善骑射和夜战,溃而不散,散而不乱。活动在今红寺堡地区首当其冲的是陕北股匪张廷芝部。1949 年 12 月中旬,中共宁夏省委、宁夏军区成立同心、海原、固原剿匪指挥部,并以独立第一师一团和民兵为主,在当地党委、政府领导下,统一组织宁夏地区的剿匪斗争。1949 年 10 月,惯匪张廷芝部在人民解放军的强大威慑下,被迫投诚。1950 年初,张部 1000 余人与同心县最大股匪马绍武秘密联络后,公开叛变为匪。2 月,原国民党二十二军某部连长王敬武在甘肃庆阳地区叛乱,窜入同心地区骚扰。3 月 8 日,匪首张廷芝、田凤祥按照预先计划,带领残匪 202 人到海原县高崖乡庙山进行活动。当残匪骑马窜至同心县韦州塘房梁、甘沟一带后,韦州区政府立即组织民兵和群众进行堵截。张匪便绕

罗山向火龙沟、关口地区(今新庄集乡)钻洞子崾岘逃窜,遂被当地干部带领民兵和同心县公安队截击,民兵牺牲 2 人。3 月 9 日晚,张匪逃至红寺堡地区。关口地区民兵干部进行堵截,战斗中民兵牺牲 3 人、受伤 1 人。关口区干部、民兵连续阻击,张匪与马绍武、张海禄等会合的企图告吹,旋即向王户台、买家河湾逃窜。在逃至买家河湾四十里洼地时,被从吴忠赶来的独立师剿匪部队击溃,张匪率部众向后套方向逃走。1950 年 5 月,特务、土匪、原马鸿逵部骑兵第 十师三十九团团长杨生荣、原马鸿逵部一二八军保三师师长周福财、红城水自卫大队大队长陈元与混入下马关、关口地区的彭善斌、杜生荣、包占山等相互勾结,煽动下马关、关口区区小队叛变。5 月初,同心县公安队决定从关口区区小队抽调 15 人(区小队共有 25 人),补充壮大县公安队兵力。5 月 4 日,关口区区委书记孙鸿禄、区长蔡廷明护送抽调人员去县公安队。晚上,住宿白家湾。深夜,彭、杜、包等突然叛变,将熟睡的孙鸿禄、蔡廷明捆绑后,折回下马关将区小队队长王长治绑缚,抢劫区政府。在向罗山行进途中,正要将孙、蔡、王杀害时,下马关、关口地区部分群众赶到,三人得到解救。5 月 5 日,在陈元等预谋下,关口区区小队叛变,将新庄集区委书记臧正德等区、乡干部绑缚后,逃至下马关东滩一带。是日夜,抢劫下马关区营业所、税务所,抢走枪 5 支、马 10 余匹和群众大量衣物。7 日,下马关、关口区区小队共 63 人叛变并进占罗山。同时,编成一个总队,杜生荣、陈元为正、副队长,下设 2 个中队、6 个分队。17 日,陈元、王重荣等在下马关与杨生荣、周福财开会,周、杨分别自封为正、副司令,并将该部编为混成旅,委任匪首张海禄为旅长,其活动异常嚣张。5 月 18 日,宁夏剿匪部队进驻下马关。匪徒慑于剿匪部队的威力开始内部分化,将分队长包占山打死,关口区区小队叛匪顷刻瓦解,缴械投降。6 月 12 日,彭善斌带下马关区小队 22 人于达东岭投归张海禄。14 日,在马家河湾大肆抢劫。7 月 7 日,在宁夏剿匪部队地追剿下,叛匪众叛亲离,由吊沟赶至下马关向区政府缴械投降。

在军民联合打击下,经过剿匪部队和民兵 8 个多月的协同作战,红寺堡地区取得剿匪斗争的重大胜利,活动在同心地区的马绍武、张海禄、张廷芝等股匪被彻底清剿。清剿斗争的胜利,保卫和巩固了新生的人民政权,使广大人民群众过上了安定的日子。

053

世纪丰碑树寰宇
移民致富颂党恩

　　20世纪80年代初,党中央、国务院就已经改变了扶贫方式,由救济式扶贫转向开发式扶贫。1983年,自治区党委、政府在反复调研的基础上,依照国家"三西"扶贫方针,尝试着从干旱的西海固山区迁移部分人口,到沿黄两岸水、土、光、热资源丰富地区开发荒地,以期移出的贫困户获得较好的生存条件,稳定解决温饱问题,而留下的农民生存空间得到改善。这样可以同时实现缓解西海固地区贫困和保护地区生态环境的双重目标。正是在这样的背景下,宁夏拉开了移民扶贫开发的序幕。

　　1983年开始,自治区党委、政府尝试吊庄移民模式,就是采用搬迁初期贫困农户两头有土地和住处,待到移民点开发好、生活生产基本稳定后再搬迁过去交属地管理,故称吊庄移民,所建立的基地叫吊庄。

　　吊庄移民是宁夏最早的扶贫开发模式,边探索边开发。经过十多年的建设,先后在川区经济条件较好、沿黄带建成农业型、城郊型等不同类型的吊庄移民基地25处,开发耕地83万亩,安置西海固贫困人口41.2万,基本达到解决移民温饱的目标。在不断总结经验的基础上,形成了一定的吊庄移民经验,取得初步的成就。

　　随着异地移民开发的不断深入,也带来了诸多社会和环境问题:原生活地生态环境不断恶化,迁入地由于过度追求经济效益,忽视了对环境的保护,环境也遭到了破坏;移民致富的路子还很窄,没有融入引领致富的产业,再加上自然灾害频繁,移民返贫率高;移民生产技能还不高,还不能融入当地社会等问题又一次摆在了各级党委、政府的面前，移民既能致富奔小康，又能保护生态的一个深层次的扶贫模式在酝酿。

1986年，党中央在全国范围内开展了有计划、有组织、大规模的扶贫开发。到1992年底，全国农村没有解决温饱的贫困人口，由1978年的2.5亿人减少到8000万人。得益于国家扶贫开发政策的扶持，宁夏南部贫困山区生态环境和农业生产条件得到明显改善。特别是1994年以来，国家启动了"八七"扶贫攻坚计划，自治区党委、政府紧紧抓住国家这一重大战略契机，结合宁夏实际，制订了《宁夏双百扶贫攻坚计划》，集中人力、物力、财力，动员社会各界力量，解决南部山区近百个贫困乡镇的100多万贫困人口的脱贫致富。

宁夏党委、政府立足实际区情，变被动抗旱为主动调整，"有水走水路，无水走旱路，水旱不通另找出路"，在有条件的地区通过兴建水利工程解决移民生产生活用水问题，干旱地区以梯田建设发展旱作农业，水旱不通地区则开展劳动力转移或移民搬迁。宁夏积极提出建设大型水利骨干工程、发展引黄灌区的思路，为有效解决南部山区贫困群众生产生活困难，开启了一条创新发展之路。

宁夏贫困地区的发展深深地牵动着中央领导的心。1993年，时任中共中央政治局常委、全国政协主席李瑞环带着党中央的关怀来宁夏视察，看到被称为"贫困之冠"的宁夏南部山区人民严酷的生活现状，李瑞环感触很大，回京后便给江泽民总书记、李鹏总理写信，建议在有条件的地方搞扬水灌溉，成规模异地移民。同时指示全国政协副主席、著名水利专家钱正英率农林水利专家组到宁夏考察，帮助宁夏解决西海固人民的脱贫问题。自此，中央对西海固地区群众生活现状、宁夏生态环境建设情况、宁夏引黄灌区建设发展和宁夏中部干旱地区地质地貌等方面的一系列调研工作密集展开。

1994年8月，国家计委副主任陈耀邦率相关部门领导专家，对黄沙大柳树水利枢纽工程及灌区进行考察调研。考察组实地考察了过河平洞、坝基和坝肩的地质情况，听取了自治区政府关于修建大柳树灌区一期工程的情况汇报，特别对自治区政府请求国家批准建设红寺堡、兴仁、固海扩灌、马场滩四片扬水工程，以加快宁夏扶贫开发进程相关方面的情况进行了重点了解和咨询。陈耀邦在考察中指出，大柳树水利工程涉及流域治理、省际关系，务必要讲究综合效益，要用好黄河水资源，兴利除弊，慎重决策。他强调要解决宁夏贫困人口脱贫问题，搞农业开

红寺堡扬水工程—泵站输水管道

发是重要途径之一,宁夏地理位置适中,应当做好宜农荒地开发。

同年8月,全国政协在京委员106人在团长焦力人地率领下来到宁夏,重点视察南部山区和引黄灌区、工业、农业和重点工程项目。委员们对山区人民的贫困状况感到震惊,相比之下,对搬迁到灌区的农户生活发生的变化感到欣慰。宁夏党委、政府领导在汇报了"双百"扶贫攻坚计划取得实际成效的同时,又将准备新建的4个固海扬水工程:红寺堡扬水90万亩、兴仁扬水50万亩、固海扩灌30万亩、马场滩扬水30万亩进行了汇报,得到委员们的大力支持。委员们表示宁夏一定要抓住国家正在实施"八七"扶贫攻坚计划的机遇,要打好吊庄生态移民和扶贫攻坚两场硬仗。

1994年9月,受全国政协主席李瑞环委托,时任全国政协副主席钱正英带领水利专家组一行13人来宁实地考察。考察组深入了解了西海固地区人民的实际情况、固海扬水吊庄区、大柳树高坝坝肩的岩层和红寺堡灌区的地质地貌,听取了自治区关于黄河黑山峡河段的开发方案和"双百"扶贫攻坚计划的汇报。

在经过深入勘测和与宁夏领导多次研究中,钱正英一行了解到宁夏靠近黄河两侧扬程 300 米左右有数百万亩连片集中、地势平坦的易垦荒地，能源优势明显，人均电量居全国之首，具备建设扬黄工程开发扶贫新灌区所必备的水、土、能源资源等基本条件。而宁夏凭借黄河两岸扬程低、地势平坦的土地，规划建设固海扬水工程，建设吊庄实施移民异地搬迁发展农业生产的成功案例，也使考察组成员受到极大的启发。

钱正英率领的考察组，在宁夏的实地调研和考察，取得了重大成果。经与宁夏回族自治区党委、政府讨论协商，一个"利用黄河两岸尚未开发的土地连片，扬黄河之水，建设 200 万亩灌区，将山区不具备生产生活条件的 100 万人口迁往灌区，投资 30 亿元，用 6 年时间建成（简称'1236'工程），从根本上解决贫困问题"的构想诞生了。这一构想事关解决宁夏南部山区几十万贫困群众长远发展的重大问题，后来被称之为宁夏扶贫扬黄灌溉一期工程，工程初期总体规划扬黄新灌区包括兴仁、红寺堡、马场滩和固海扩灌四片灌区，其中红寺堡灌区就成了扶贫扬黄灌溉一期工程的主战场。

宁夏扶贫扬黄一期工程是国家重点项目，是党和政府为保障宁夏南部山区贫困人口的生存权和发展权，切实改善人们的生产生活条件，从根本上解决农村贫困人口温饱问题进而脱贫致富奔小康所采取的一项重大战略举措，是宁夏有史以来最大的水利扶贫项目和目前国内最大的以扶贫为宗旨的移民项目。

1994 年 9 月 18 日，送走了全国政协副主席钱正英后，自治区主席白立忱指示起草了《关于将扶贫扬黄新灌区列为国家"九五"重点项目的请示》专题报告。报告起草过程中，把几个已经明确的内容推敲了一下，如 100 万人的脱贫，开发200 万亩地，估算需 30 个亿，工期 6 年，又想到自治区正在开展的"231"工程，那是一项社会发展工程，为不混淆，就把它称为"1236"工程。21 日上午，白立忱主席召开机构编制委员会会议，审阅了请示初稿。在反复斟酌商议后，白主席说："好，就叫'1236'了！一个'231'、一个'1236'，把这两个工程抓好了，自治区就有希望了。"第二天，方案报送自治区党委，黄璜书记完全同意。至此，自治区党委、政府《关于将扶贫扬黄新灌区列为国家"九五"重点项目的请示》，以宁党发〔1994〕20 号文件正式上报党中央、国务院。

1994 年 9 月，钱正英在结束对宁夏的考察回京后，马上向全国政协提交了考察报告。全国政协主席李瑞环指示迅速将考察报告写成《关于在宁夏回族自治

泵站出水口

建设扬黄扶贫灌区作为大柳树工程第一期工程的建议案》上报党中央、国务院。
10月28日,李瑞环专门写信给中共中央总书记江泽民和国务院总理李鹏,阐述
了在宁夏建设扬黄灌区的重大意义和钱正英等《建议案》的可行性。江泽民、李鹏
立即对此做了批示,并指示有关部门进行研究。

1995 年 3 月，全国人大八届三次会议在京召开，宁夏的全国人大代表提交了关于将"1236"工程列为"九五"重点项目的提案（编号为 2027 号）。李鹏总理到宁夏代表团参加讨论，他表示，"1236"工程国务院会认真研究，给予支持。"2027 号"提案对促成"1236"工程（宁夏扶贫扬黄灌溉工程）立项建设起了关键作用。

党中央、国务院对宁夏扶贫开发工作高度关注，江泽民、李鹏、李瑞环等党和国家领导人多次对宁夏扶贫扬黄新灌区建设相关问题作出批示。1994 年 12 月，国务院正式批准宁夏扶贫扬黄灌溉工程立项并列入国家"九五"计划。确定工程规划开发四片扬黄灌区共计 200 万亩，年用水 8 亿立方米，安置移民 80 万人，就地旱改水脱贫 20 万人，总投资 29.66 亿元。这项工程体现了社会主义制度集中力量办大事的优越性，国家计划投资 30 亿元，其中宁夏自筹 10 亿元。在国务院领导的直接关心和指示下，工程又争取到科威特政府贷款 1.4 亿美元，由国家统借统还。宁夏自筹资金，主要通过建立扶贫扬黄工程建设基金、预算内地方统筹基建投资、地方财政专项资金三个渠道进行筹措。

"1236"这一民心工程、德政工程，自此成为当时中国最大的扶贫移民工程，载入宁夏建设史册。

1995 年 4 月 18 日，国务院副总理姜春云指示国家计委、水利部对钱正英等的《关于在宁夏回族自治区建设扬黄扶贫灌区作为大柳树工程第一期工程的建议案》进行研究、调研。调研组成员一致认为这是一个根治贫困的好办法，对于加强民族团结、解决宗教纠纷、维护社会安定有着不可低估的作用。同日，国家计委批复宁夏扬黄灌区规划，原则同意建设扬黄灌区工程。

1995 年 5 月 19 日，国务院副总理李岚清到宁夏考察，了解到西海固人民的严酷生存现实后指出，扬黄灌溉工程建设刻不容缓，并指示有关部门尽快落实《宁夏扶贫扬黄灌溉工程可行性研究报告》。同日，国务院副总理邹家华主持会

世纪丰碑树寰宇
移民致富颂党恩

红寺堡扬水工程一泵站全景

议，专题研究宁夏回族自治区扬黄灌区工程相关事宜。会议原则同意在宁夏回族自治区建设扬黄灌区工程，整个灌区可暂按200万亩、年用水8亿立方米进行规划。

同年5月22—26日，国务院、国家计委、外经贸部以及水利部的有关领导和水利专家，专程赴宁夏实地考察，并就灌区的开发范围和开发方案提出了许多宝贵的指导意见。

1995年6月29日，宁夏回族自治区党委召开常委会扩大会议，专门听取"1236"工程前期工作进展情况的汇报，并研究成立了宁夏扶贫扬黄灌溉工程建设委员会，张位正兼主任，和宁夏扶贫扬黄灌溉工程建设指挥部一套人马，两块牌子，会后以宁党办〔1995〕22号下发《关于成立宁夏扶贫扬黄灌溉工程建设委员会的通知》。"1236"工程组织机构的成立，标志着宁夏扶贫扬黄灌溉工程建设正式启动。

1995年12月7日，国务院通过了宁夏扶贫扬黄工程项目建议书，工程正式名称为"宁夏扶贫扬黄灌溉一期工程"，包括红寺堡灌区75万亩和固海扩灌55万亩，合计130万亩，静态投资22.82亿元。这个喜讯以最快速度传递给了宁夏人民。如此宏大的一项水利扶贫工程，从提出到付诸实施，仅一年三个月的时间，这在中国的建设史上是前所未有的，充分体现了党中央、国务院对宁夏贫困山区群众的关心和关注。

1996年5月11日，宁夏扶贫扬黄灌溉一期工程奠基典礼在红寺堡灌区一泵站站址举行。中共中央政治局委员、国务院副总理邹家华出席奠基典礼并讲话。全国政协副主席杨汝岱、国务院有关部委领导及宁夏回族自治区党、政、军、政协领导黄璜、白立忱、马思忠、王永正、刘国范等出席了奠基典礼。自此，作为宁夏扶贫扬黄工程的主战场，红寺堡扬黄灌溉工程建设全面展开。

随着宁夏扶贫扬黄灌溉工程建设的推进和灌区开发的深入，一些影响工程进度和灌区可持续发展的深层次问题逐步显现出来，特别是大规模跨地域安置移民和在风沙干旱带上大面积垦荒，在规划设计中存在较多的问题。1997年至今，国家、自治区相关部门对红寺堡的供水、节水灌溉、土地盐渍化等方面问题多次进行考察论证和解决。

1997年12月，国家计委批准《宁夏扶贫扬黄灌溉一期工程可行性研究报告》，1998年8月，国家正式批准开工建设。1999年5月，工程被列为国家重点建设项目。

1999年10月28日,国务院总理朱镕基视察宁夏扶贫扬黄灌溉工程,肯定了兴建这项工程的正确性和必要性,强调"宁夏扶贫扬黄工程必须要抓紧,一定要搞好"。同时,针对工程建设和灌区发展问题,要求在开发方式、产业结构等方面要有新的思考。11月4日,自治区党委书记毛如柏在扶贫扬黄灌溉工程现场指挥部召开的座谈会上强调,扶贫扬黄灌溉工程建设要积极探索新的开发机制、运行机制,在开发方式上,有一个新的突破,要根据市场需求,下功夫优化产业结构,积极推广节水灌溉技术,重视生态环境建设,搞好村镇规划、建设和管理,加快区域内社会事业的发展,高度重视科学技术的运用,把新灌区建设成为高效农业示范园区。自治区主席马启智强调要把扶贫扬黄灌溉工程建设融入西部大开发的战略格局之中,调整工作思路,按照市场经济规律,积极探索建立新的管理模式,加快土地规模经营和农业产业化建设步伐。

征战荒原

世纪丰碑树寰宇
移民致富颂党恩

红寺堡史话

2000 年 4 月 3 日，自治区主席马启智深入宁夏扶贫扬黄灌溉工程的主战场红寺堡开发区调研，在红崖现场指挥部召开主席办公会议，研究解决开发区存在的实际困难和问题。会议指出，红寺堡开发区要按照市场经济规律，积极探索建立新的管理模式；要调整工作思路，加快土地规模经营和农业产业化建设步伐；要大力调整产业结构，扩大经济作物和林业的种植比重，增加经济收入，逐步把这里建设成为一个以经济作物种植为主的扶贫开发区。

2001 年 6 月和 2002 年 5 月，全国政协副主席钱正英先后两次到红寺堡考察后指出，应当缩小移民规模，放慢移民进度。此后，自治区党委、政府责成有关部门组成课题组，对红寺堡灌区开发思路进行了广泛深入的研究，并提出了调整意见和措施。调整后，规划开发土地面积 40 万亩，搬迁移民 20 万人。

2003 年，宁夏生态移民工程开始，红寺堡区又迎接了 3.5 万生态移民。至此，红寺堡前后共搬迁移民 23 万人。

红寺堡历时短短十几年的开发建设圆满完成了移民任务，创造了"旱塬流碧玉、荒漠崛新城"的奇迹，建成了美丽宜居的新家园，实现了自然资源、生态环境、人口、经济、社会等协调发展，基本达到了移民致富的目标，移民新区的经济效益、社会效益和生态效益日益显现，移民的人均年收入从搬迁初期的不足 500 元到 2016 年底增加到 8500 元，真正实现了搬迁一方群众，致富一方群众，再造一片绿洲，恢复一方生态的目的。

总理带来党恩情
工程建设志倍增

1999 年 10 月 28 日,中共中央政治局常委、国务院总理朱镕基在宁夏回族自治区党委书记毛如柏、自治区主席马启智的陪同下,视察宁夏扶贫扬黄灌溉工程

砌渠

等,他深入基层,实地考察植树造林、治理水土流失的情况。他还访问农户和扶贫移民村,详细询问他们生产和生活情况,征求群众对治理生态环境的看法和意见。

朱镕基指出,实施西部大开发战略,是一项复杂的系统工程,要有步骤、有重点地推进。根据中央的指示精神,最重要的是抓好以下几个方面:

进一步加快基础设施建设。这是实施西部大开发的基础。基础设施薄弱是制约西部地区发展的主要因素,要加快进行西部地区大开发,就必须下更大的决心、以更多的投入,加快基础设施建设。同时,要坚持把水资源的开发和有效利用放在突出位置,这不仅是缓解部分地区人畜饮水困难的迫切需要,而且是涉及西部地区大开发全局的重要问题,要通过多种途径加快水利设施建设。

切实加强生态环境保护和建设。这是实施西部地区大开发的根本。只有大力改善生态环境,西部地区的丰富资源才能得到很好地开发和利用,也才能改善投资环境,引进资金、技术和人才,加快西部地区发展步伐。尤其要看到,改造西部地区的生态环境,对于改善全国生态环境,具有重大意义。因此,必须高度重视和突出抓好生态环境的建设,把它作为实施西部地区大开发的切入点。为此,必须坚决实行"退耕还林(草)、封山绿化、以粮代赈、个体承包"的措施。这些措施是贯彻中央关于植树造林、绿化荒漠和荒山荒地方针的具体化,也是一些地方经过实践证明行之有效的做法。

积极调整产业结构。这是实施西部地区大开发的关键。从全国来看,现在是调整产业结构的大好时机。西部地区要根据不同的地理和气候条件、不同的资源和物种特点,以市场为导向,立足于发挥自身优势,调整和优化产业结构,建立具有发展前景的特色经济和优势产业,培养和形成新的经济增长点。要下大力气调整农业结构,着力发展特色农业、节水农业、生态农业,积极发展畜牧业;要合理开发和保护矿产资源,加快工业调整、改组和改造步伐;要重视发展高新技术产业,大力发展旅游业等第三产业。产业结构调整的力度和成效,直接关系西部地区大开发的进程,一定要切实抓紧抓好。

大力发展科技和教育。这是实施西部地区大开发的重要条件。振兴西部地区经济,必须依靠科学技术进步,依靠高素质的劳动者。因此,开发西部地区科教要先行,特别要大力发展教育,培养各级各类人才。只有人才加科技,才能把自然资源优势转化为经济发展的优势。

其时正是红寺堡的开发建设和移民搬迁安置进入最困难最关键的时候，朱镕基总理带着党中央、国务院对贫困地区人民的无限关怀和深情问候来到宁夏，专程视察扶贫扬黄灌溉工程红寺堡灌区，看望奋战在沙海中的干部群众。

　　随后，朱镕基总理在国务院副秘书长马凯、中央人民银行行长戴相龙、国家经济贸易委员会主任盛华仁、财政部部长刘仲黎、自治区党委书记毛如柏、自治区主席马启智、扶贫扬黄灌溉工程总指挥部总指挥张位正及红寺堡开发区工委书记、管委会主任姚建国等领导陪同下看望了部分移民群众。

　　在察看了红寺堡一泵站扬水工程和大河乡四村后，总理问群众："和老家相比，这里土地比老家土地能多打多少粮食？"

扬黄水上旱塬

移民赞歌

总理带来党恩情
工程建设志倍增

移民马喜元说："老家是旱地、山地，风调雨顺了一亩最多能打四百来斤，这里我们才开始种，一亩地就能打一千多斤。"

总理笑着说："差距很大嘛。你们喜欢这个地方吗？"

大家异口同声地说："喜欢！"总理听了脸上露出了欣慰的笑容，对身边的自治区、市及开发区的领导说："我们不能光靠两亩地生存，我们还要引导移民多种经营，不但要实现温饱，还要尽快帮助移民脱贫致富奔小康！"人群里立刻爆发出持久而热烈的掌声。

总理随后视察了一号泵站，问得很详细，包括出水量、流速、可灌溉面积和成本等等，总理强调："要节约用水，要探索和实践节水农业的新路子。"

朱总理结束视察时再次强调："宁夏扶贫扬黄工程必须要抓紧，一定要搞好。一定要注意产业结构，要通过调整结构产生更好的效益。""当初上这个工程是十分必要的，今天看也是对的……由于这个工程的投资比较大，将来在运行过程中如仅仅靠回收水费来满足工程的运行费用，可能会给财政增加包袱，因此，要有新的思考。"

总理审时度势，指出扶贫扬黄工程要按照搬出一方人民，恢复一方生态；开发一片土地，再造一片绿洲；安置　批移民，造福一方人民的总体思路建设，郑重其事中流露出对老百姓的拳拳之心，也给红寺堡人民指明了开发建设的重点和努力的方向，极大地激发了干部群众建设新家园的信心。

时间过去很久，可是，红寺堡人难以忘怀那激动人心的一幕。敬爱的朱镕基总理从百忙中抽空来到红寺堡开发区，看望广大干部和移民们。从总理慈祥的目光中，我们读到了关切和鼓励。

从西吉县搬迁来的一位移民至今还记得与总理的对话：

"盖了几间房子？"

"两间。"

"花了多少钱？"

"好几千。"

"借来的？"

"亲戚朋友们帮的。等我家的土豆交售后就还清。但前途是光明的！"

总理爽朗地笑了，竖起大拇指，铿锵有力地重复了一句："大家的前途是光明的！"

　　总理顺便走进了一户人家,随便坐在炕沿上,向四口之家嘘寒问暖,好大一会儿才告别出门。

　　临行,总理和移民们亲切地握手道别。

　　总理来了 , 给宁夏移民工作带来了要求和希望,给开发建设中的红寺堡带来了福音,给红寺堡建设者带来了决心和信心。

　　对于红寺堡移民,总理的笑容永远印在心中。

老将挂帅征新程
亘古荒原赋华章

1995年6月29日,为全面推进宁夏扶贫扬黄灌溉一期工程(简称"1236"工程)建设,宁夏回族自治区党委决定成立扶贫扬黄灌溉工程建设委员会,委员会下设办公室。为方便办公室对工程的组织实施,自治区政府决定成立宁夏扶贫扬黄工灌溉程建设总指挥部,与办公室两块牌子,一套人马。

大战在即,已年近六旬的宁夏回族自治区人大常委会副主任张位正,被自治区党委任命为宁夏扶贫扬黄灌溉工程建设会副主任兼小公室主仕,并兼任工程指挥部总指挥。这时,有着丰富水利工程建设经验的张位正刚从银川市委书记岗位上卸任不久。时年5月,他曾与自治区原副主席任启兴一道带领自治区计委、财政、水利等部门有关人员对自治区政府之前提出的"1236"工程总体方案进行调整,自此与宁夏扶贫扬黄工程结下了不解之缘。

与水利工程建设打了大半辈子交道的张位正,从来到总指挥部的那天起,就让自己踏入了一列超高速行驶的列车。宁南山区群众寄来的一封封盖满手印、强烈要求尽快搬迁的公开信,让他感受到肩上这副担子的沉重与使命的重大。他深知宁夏扶贫扬黄灌溉工程的重要性,工程建设刻不容缓。在一无办公场所、二无办公经费、三无交通工具的情况下,他迅速集结指挥部一班人马进驻扶贫扬黄灌溉工程主战场红寺堡,组织力量开展各项工作。铿锵有力的冲锋号角,唤醒了红寺堡这片沉睡千年的亘古荒原。

实施扶贫扬黄灌溉工程,事关民族地区发展和稳定,是振兴宁夏经济的重大战略决策和实现宁夏"双百"扶贫攻坚计划的必由之路,也是宁南山区百万贫困

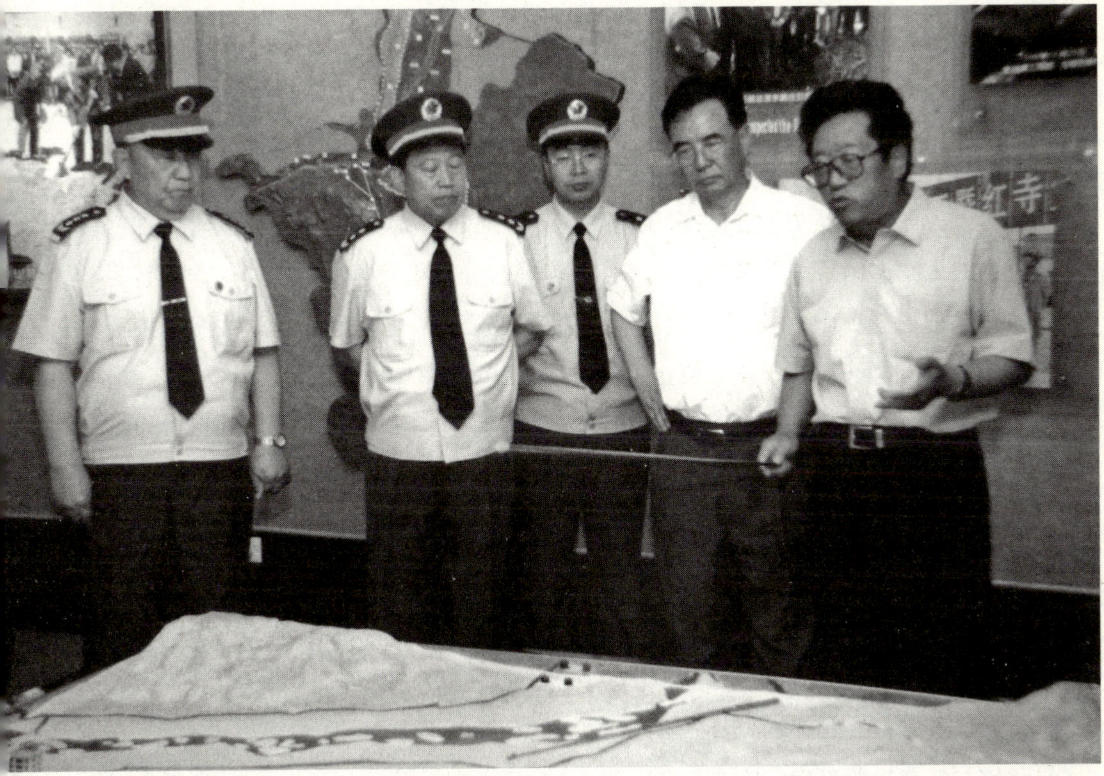

张位正(右一)介绍工程建设进度

群众脱贫致富的希望所在。从 1995 年 6 月至 12 月,离国家制订"九五"计划仅剩下短短的半年时间,在极其有限的时间内,力争将宁夏扶贫扬黄灌溉工程列入国家"九五"计划,是张位正和工程总指挥部一班人需要解决的迫在眉睫的艰巨任务。

　　1995 年,北京的夏天异常炎热。根据国务院"5·19"会议精神和李岚清副总理的指示,在短短几个月内,张位正带领 30 多人组成的设计小组对宁夏扶贫扬黄灌溉工程方案先后进行了 5 次调整,通过对每次方案进行比较测算,编制了 20 多万字的《宁夏扶贫扬黄工程项目建议书》和《宁夏扶贫扬黄工程项目可行性研究报告》。8月初，《项目建议书》通过水利部预审。9月中旬，在他的精心组织下，中国国际工程咨询公司受国家计委委托，对修改后的《工程项目建议书》和《可行性研究报告》进行了评估，从而使宁夏扶贫扬黄灌溉工程基本具备了可批条件。

为加快工程立项进程，张位正一直不停地奔忙着。他组织自治区有关部门多次赴北京向国家有关部委汇报工作，有步骤、分阶段对国家部委的同志进行耐心细致的说服工作，并请全国政协副主席钱正英致信国家计委，建议加快工程立项步伐。与此同时，积极落实资金筹措方案，尤其是中央投资资金的落实。先后通过与世行、亚行等国际金融组织进行接触，并将相关进展情况及时向国家计委、财政部和经贸委等部委汇报，促使国家投资部分尽快落实。按照自治区"以干促批"的思路，1995年11月16日，张位正组织举行了红寺堡、固海扩灌两个主泵站"三通一平"工程的启动仪式，较好地配合了工程的立项审批。

1995年12月13日，经过自治区党委、政府和各厅局委办的不懈努力，不到半年的时间，宁夏扶贫扬黄灌溉一期工程被国务院正式批准立项，并被列入国家"九五"重点工程。而同期被全国政协列为"2027号提案"的甘肃引洮工程，直到宁夏扶贫扬黄工程实施7年之后的2004年，才被国家正式立项。其中，张位正付出了常人难以想象的艰辛与努力。正如他自己所说，争取"1236"工程立项和正式开工前的那段时光，是他一生中最艰难、最困苦、最沉重的工作。在无水、无电、无路、无人、无通讯、无高程网、无水准网的亘古荒原上开出一片绿洲，其艰难程度在宁夏乃至全国扶贫移民开发史上绝无仅有。规划中的红寺堡灌区45万亩耕地全在军事用地范围之内，如何让部队搬迁出去，工作难度也是史无前例。在宁夏水利建设史上第一家推行项目法人责任制、工程招投标制、建设监理制、项目合同管理制等"四制"管理制度，所面临的阻力和困难可想而知。一件又一件繁重的工作，一个又一个巨大的难关，像是一座座巨大的大山，压在了他的肩上。

多次赴京争取国家相关部委甚至是国务院的支持，多次跋涉在红寺堡荒无人烟的荒漠中调研、勘察，多次会同各级各部门商讨如何解决工程建设中存在的困难和问题，张位正为宁夏扶贫扬黄灌溉工程建设殚精竭虑、呕心沥血，奔走的步伐从未停歇。长时间持续的巨大压力和高负荷、高速度的工作节奏，以及超强的工作量，对他的身心造成了巨大的伤害。自1995年8月开始，张位正就因肝部不适而开始不停地咳嗽,由于没有时间到医院观察治疗,只能下班后在家里挂吊瓶、输液消炎。到了 10 月份,他的身体已经非常虚弱,实在熬不过去到医院检查的时候,诊断结果显示他的肺部已经有部分出现不可逆转的纤维化。在国务院将扶贫扬黄灌溉工程立项并列入国家"九五"计划喜讯传来的当天,张位正欣喜若狂,但是他的肺病已经到了非常重的程度,稍走几步就大汗淋漓,气喘吁吁,咳嗽不停。看着他病怏怏的样子,老伴埋怨地说,不能为了"1236"你连命都不要了吧!但是,当身体状况稍有好转,他马上又全身心地投入到工作中去。正是在他身体力行的带动下,宁夏扶贫扬黄灌溉工程各项建设工作在短期内迈入了正常运行的快车道。

张位正说得最多的就是:我们干的是扶贫工程,许多钱是全区人民捐的,要把每一分钱都要掰成八瓣花。在北京跑立项的时候,每到大家吃饭,张位正总是叮嘱按实有吃饭人数少点两个菜,这样既可以吃饱,又可以省钱。他带领有关厅局委办在北京调整工程规划时,由于人员复杂,单位还未走向规范管理,许多与工程本无关系到宁夏驻京办事处办事的人,都或多或少有吃大户的现象,只要说自己是"1236"指挥部的人就可以随便签单。张位正知道这件事之后,非常气愤,要求办公室加强管理,并告诫指挥部的工作人员:"工作所有的花销都是全区百姓的血汗钱,我们绝没有任意挥霍的资格,只有认真扎实勤奋工作的义务。"1995年 6 月至 1998 年 6 月的几年时间里,指挥部的工作人员无论是下乡还是到外地出差,除管吃管住外,没有人领过一分钱额外的补助,张位正更是如此。

张位正对以权谋私深恶痛绝,因而对下属的要求也非常严格。有一次,指挥部在银川大自然宾馆与兰州军区和内蒙古阿拉善盟左旗协调军事用地搬迁问题,有位办公室的女同志看着大家那几天搞接待非常辛苦,就擅自决定用公款在宾馆内为会上服务的几位同志每人买了一个烤馍,当时一块烤馍的价格仅为 2元钱。正当大家感谢这位女同志善解人意之时,张位正铁青着脸走到跟前,很愤怒地说:"谁给你们这样的权力,用公款为私人买馍馍,全部给我退掉,以后决不允许这样的事再发生。"当时,那位女同志马上掉了眼泪,其他同志面面相觑,面对斥责不敢吭声,大家将拿到手的馍馍又都退回了宾馆。正是这种严格要求的做法,对"1236"指挥部带好班子、带好队伍、培养人才起到了至关重要的作用。

1998 年 5 月 25 日,扶贫扬黄灌溉工程建设总指挥部在红寺堡灌区现场指挥

部召开部务会议。会议要求从 5 月 30 日至 9 月 16 日，在一百天的时间内完成红寺堡一、二、三泵站的建设，建成红寺堡一、二干渠和三干渠前十公里，并确保实现 9 月 16 日试水成功。目标确定后，总指挥部各个处室全体人员全部从 160 多公里之外的银川来到红寺堡红崖基地，全面开展各项工作。

张位正和解放军植树

那是非常艰苦但也令人难以忘怀和惊心动魄的100天。张位正总指挥,张国琴、袁进琳、肖云刚、于天恩副总指挥身体力行,吃住在红崖基地,同广大建设者一起起早贪黑、没日没夜地忙碌在工地上。红崖基地大食堂的墙上设了大干百天倒计时牌,时刻提醒大家争分夺秒。张位正当时已经61岁,每日凌晨5点钟他便

准时起床,开始谋划部署一天的工作,许多工程建设中好的思路和办法都是在这段时间提出来的。早晨6点钟,张位正开始安排相关人员对各项工作逐一进行落实。百日攻坚任务紧迫,8点钟吃过早饭后,他便带领相关工作人员前往红寺堡一、二、三泵站,红寺堡一、二、三干渠,固原、泾源、彭阳、西吉、海原、同心、中宁7个县移民村。在各个施工点上,张位正与工作人员认真督促工程进度,抽查工程质量,或帮助搬迁移民解决建房、土地灌溉方面存在的困难和问题。忙碌一整天,吃过晚饭后张位正还要将有关部门领导和处室负责人召集到宿舍商量有关问题,直到深夜1点之后才拖着疲惫不堪的身体上床睡觉,周而复始,天天如此。有一次,一位南部山区的移民来红崖基地有事找张位正,工作人员指了指在远处正忙的张位正,这位老农惊讶地说:"原来经常在这一带山上转悠,晒得像个西藏老汉的人就是张总指挥,真是打死不能相信。"大家亲切地称张位正为"红崖乡第一任乡长""全国级别最高的副省级乡长"。

为实现9月16日试水成功,一年之中,张位正有将近8个月的时间住在红崖

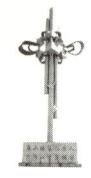

现场基地，这位年过六旬的老人，忘我的工作和奉献精神感染了总指挥部的人，感染了"1236"工地上所有的参建者，也确保了"大干一百天，实现'9·16'试水"目标的如期实现。

1998年9月16日，这是一个不平凡的日子，红寺堡大地迎来万千贫困群众翘首期盼已久的盛典。当天，扶贫扬黄工程如期实现了红寺堡灌区的正式通水，建成了红寺堡一、二、三泵站，红寺堡一、二干渠及三干渠前10公里，开发土地近万亩。当年总指挥部自办刊物《新绿》刊载的一段话，今天读来也仍令人感动："我们不会忘记，今夏掀起的那份大干百天的热潮，将无数建设者融进了如火如荼、轰轰烈烈的广袤红寺堡工地上。似火的夏日，恶劣的环境，倾盆的暴雨，紧迫的工期，沉甸甸的使命感和对贫困群众的一片爱心，使广大建设者废寝忘食，离别家人，拼命苦干。'9·16'试水的成功，是建设者时刻牵挂宁南山区贫困群众早日脱贫致富的一片不了深情的结果，是广大建设者惊天地、泣鬼神动人事迹的具体体现。工程建设的一渠一泵、一砖一瓦无不凝聚着建设者的真诚热爱和无私奉献。"

正是这种"干大事、创大业、顾大局、识大体"的永恒的"1236"精神和对宁南山区贫困百姓的情怀，支撑着当时精神和肉体上历经磨难的建设者们创造了一个又一个的辉煌，建起了一座又一座的丰碑。昔日的亘古荒原开始变为郁郁葱葱的人工生态绿洲，一幅"扬黄造绿洲，万民俱开颜"的宏伟画卷在红寺堡大地上逐次拉开。张位正无疑是宏伟画卷的主笔。

2014年，红寺堡区委、政府邀请张位正来红寺堡看看，七旬有余的张老看到红寺堡的巨变，感慨万分，说过去建设者们汗水没有白流，真心祝愿红寺堡移民日子越过越好，张老的笑容里有欣慰和激动。

张位正在红寺堡这片白纸上用自己的无私奉献书写了他人生的华丽篇章。红寺堡不会忘记他及建设者们。

扬黄工程奠基礼
千军万马征战地

1996年5月11日,宁夏扶贫扬黄灌溉工程奠基仪式在红寺堡一泵站站址隆重举行。临时搭建的主席台旁,人头攒动,红旗招展,高音喇叭里不断地播放着音乐。上午10时许,水利工程方队、电力工程安装方队、土地整治方队、建筑工程方队、地质勘探方队、工程监理方队、搬迁安置工作组、安全保卫组、后勤服务组和群众代表等40多支队伍上千人齐聚一泵站工地,兴高采烈地参加扶贫扬黄灌溉工程开工仪式。

中共中央政治局委员、国务院副总理邹家华和全国政协副主席杨汝岱等出席奠基典礼。邹家华代表国务院对宁夏兴建这项工程表示祝贺并做了重要讲话。国务院有关部委领导,自治区党政军领导,银南、固原两地区及同心县、固原地区六县相关负责人参加了奠基典礼。

随着邹家华副总理一锹土缓缓落下,工地上鼓乐喧天,鞭炮齐鸣,上百辆推土机一齐开足马力,向千年荒原挺进,被推土机卷起的沙尘像百条巨龙在亘古荒原奔腾起舞。党中央高度关注,宁夏各级党委、政府奋力推进的旨在解决宁夏南部山区数十万人口脱贫致富的跨世纪工程——宁夏扶贫扬黄灌溉一期工程——正式拉开了建设的序幕。

这是个有里程碑意义的典礼,所有建设者们都不会忘记,因为这里承载着党和政府对异地脱贫工作的期望,更是宁夏南部山区贫困百姓幸福生活的开始,典礼的开始,让建设者们信心百倍又深感责任重大。

随着扶贫扬黄灌溉工程奠基礼的开始,总指挥部一声令下,水利、供电、通

奠基典礼

信、道路和农田整修等数十支建设大军浩浩荡荡地开进红寺堡。

为了解决建设人员的饮水和工程施工中的用水问题，宁夏水利水电勘测设计研究院对红寺堡地区人畜饮用供水进行了勘察与环境地质综合评价，找到解决保证开发和移民饮用所需的水源，为大规模土地资源开发夯实了基础。时任自治区主席白立忱在找水现场赞扬："红寺堡柳泉水源地的发现和成功的勘察评价，为宁夏扶贫扬黄灌溉工程立了头功。"随后，宁夏水文队立即进驻柳泉水源地，几十米高的钻塔很快在此升起来，在空旷的大漠上显得格外巍峨挺拔，钻塔顶端的红旗迎风招展。在马达的持续轰鸣声中，由十几名解放军战士紧张有序操作的钻杆，一厘米一厘米地向着大地的深处掘进。

1996年6月2日，柳泉掘井现场，当第一股清流从管道中喷涌而出时，红寺堡大地沸腾了:"出水了!"顷刻间,鞭炮声、掌声和欢呼声响成一片。早早等候在一旁的群众蜂拥而上,争先恐后地掬起井水品尝。前来剪彩的自治区、市领导也捧起井水品尝,一股甜丝丝的感觉经过喉咙,直沁心脾,在场的每个人脸上都露出了幸福的微笑。经过化验,这口井的水质达到国家一级饮用水标准,日涌出量可以达到2000多方,完全能够满足10万人的饮用需要。

与此同时,恩红公路、恩和—红崖乡26公里10千伏输电线路、水源工程、扬水工程、土地平整工程全面展开。

从中宁到红寺堡30公里的战线上,红旗招展,机声隆隆。新开辟的沙土路上,满载各种物资的卡车负重缓缓前行,一根根电杆被施工人员吊起,筑路工人正挥汗如雨地紧张施工;扬水工程现场,人声鼎沸,上千人在工地鏖战,各种机械声响成一片;沿管道两侧,几百人正在紧张地安装焊接;不远处,泵站机房已经拔地而起,一条输水明渠正向红寺堡腹地延伸……

水来了

二泵站节点工程完工庆典

　　1997年6月21日，恩和—红崖乡26公里10千伏输电线路建成，亘古荒原第一次亮起电灯，红寺堡的夜晚变得迷人起来。每当灯火阑珊时，劳作了一天的建设者们已经能看上电视节目，他们共同见证了香港回归的盛况。8月，全长28.5公里的恩红公路建成通车。12月，红寺堡灌区西部供水工程经过两个多月的紧张施工，除水塔之外全部竣工并进行了42小时通水试验，一次性试水成功，建设者们百感交集，终于迈出成功的第一步。

　　按照工程设计，红寺堡扬水工程从扩整后的高干渠19米+400米处取水每秒25立方米，经104.36公里干渠和84.3公里支干渠输水至全灌区，共布置主泵

站 5 级、支泵站 8 座。灌区最大累计扬水高度 299.1 米，平均扬水高度 196.4 米，总装机容量 10.16 万千瓦。年引水量 3.04 亿立方米，亩均用水量 405 立方米，扬水工程运行成本每立方米 0.181 元。

本着"边建设、边发挥效益"的原则，工程开工一年后，荒原上就矗立起了 3 座规模宏大的泵站和高 30 米、长 490 多米的 2 座渡槽，3 条 30 多公里的主干渠和 347 公里长的配套渠道纵横交错，60 公里长的柏油路和 38 公里输电线路向前延伸，日出水量 1000 吨的红寺堡灌区西部供水工程通过 15 公里长的管道，将甘甜的自来水送到移民新村。在新落成的 3 个乡镇、8 个移民试点村里，已从西海固搬迁来移民 2000 户，开发土地 5.7 万亩，植树 20 万株，每个移民村里都建有一所漂亮的学校。

红寺堡灌区工程由宁夏水利水电工程局、内蒙古黄河工程局、甘肃省水利水电工程局、宁夏同心水利综合开发公司以及自治区内具有三级资质企业等单位承建。红寺堡一至三泵站、一干渠、二干渠及三干渠前 28 公里于 1998 年 3 月 20 日开工，1998 年 9 月 16 日通水。

1998 年 9 月 16 日，是个值得记住的日子。11 时，在欢快的乐曲声中，自治区副主席周生贤主持开工典礼；自治区党委书记毛如柏宣布宁夏扶贫扬黄灌溉工程正式开工；自治区主席马启智讲话，并在一泵站机房控制室按动电钮。几十组巨型水泵轰鸣起来，大地在颤抖，人们的心也跟着颤抖起来。几支缸口粗的出水管口传出巨大的呼吸声，犹如沉睡的巨人被人搅了酣梦，喘着粗气，打着哈欠，试图要把整个世界吞下去似的。巨大的气流声伴随着轰然作响的水声从管口喷涌而出，形成两米多高的水柱，水在巨大的蓄水池里旋转、碰撞、上涨，然后进入主渠道，犹如山洪暴发，一泻而下，如万马奔腾；冲向千年荒原。

人们立刻欢呼起来，跳跃着，拥抱着，将身边的细沙抛向空中，将安全帽抛向空中，把衣服抛向空中，欢呼声、呐喊声，响成一片。有的人跟着水流狂奔，有人干

扬黄工程奠基礼

千军万马征战地

脆躺在沙窝里打滚。无数的臂膀将建设者抬起来，将领导和来宾团团围住，和他们握手、道贺、留影，想把这幸福的时刻定格在画面里，定格在永久的记忆里。

流淌了千年万年的母亲河，红寺堡瞪着双眼看着她从脚下走过，干渴的嘴巴多么需要母亲乳汁的滋润。如今，水上来了，罗山在笑，红寺堡在笑，苦战了上千个日日夜夜的开拓者们在笑，欢笑的眸子里噙着泪水，那不是泪，那是对黄河母亲爱的表达和礼赞。

一位参与扬水工程的建设者说：水上来的一刹那，我的心也像汩汩涌动的黄河水翻腾起来，我想笑，我想欢呼，可是我都没做到，我只觉得我的眼睛模糊了，我想起了一年多未见面的老娘，我想起了新婚才两年的妻子，我想起了才半岁的女儿，不由得哭了，为了避免引起在场的人注意，我跑到沙丘后面美美哭了一场。哭过之后，我想，虽然好长时间没有和家人团聚了，但一想到了为几十万移民而辛苦——值了！

一位专程从固原老家赶来试探情况的准移民恰巧碰上试水和开工典礼，高兴地说：村上已经通知我们搬迁，可我还是不放心，亲自来看一看，真是不看不知道，一看吓一跳，我活了快 40 年，从来没见过那么大的水，那么大的工程，现在的人日能得很，把黄河水都吸到山上来了，说句丢人的话，那水往上喷的时候，吓得我差点尿了裤子。哎呀，共产党真了不起啊！回去，我立马就搬过来。

《光明日报》记者庄电一这样写道：未搭主席台，未摆一张桌，未设一个座位，没叫鼓乐队，没有剪彩的红绸和剪刀，宁夏扶贫扬黄工程正式开工暨首次试水典礼 9 月 16 日在宁夏中部新开辟的红寺堡灌区一泵站举行。

自 1996 年以来，工程建设部门在固海扬水工程扩灌万亩灌区的基础上，建成了红寺堡灌区一、二、三泵站，建成一、二干渠及三干渠前 20 公里，已达到灌溉 27 万亩土地的能力，此外还建成了 5000 亩节水灌溉试验示范区，开始移民开发试点，工程建设迈出了可喜的第一步。

拓荒旱塬见成效
播散汗水铸灵魂

担负着宁夏扶贫扬黄灌溉工程规划设计的宁夏水利水电勘测设计研究院有限公司,无疑是这场战役的马前先锋。他们和指挥部一同踏上红寺堡这片土地,草草地搭起帐篷,在满是沙砾的地上铺上一块塑料布,放两张桌子,就马上投入到艰苦的勘察与设计工作中。

1997年5月1日,为便于现场监督和指挥工程建设,总指挥部在亘古荒漠、杳无人烟的规划中的红崖乡所在地搭起了第一顶帐篷,"1236"工程现场指挥部的牌子首次挂在了红寺堡灌区。

前期测设工作非常繁重。为了扬黄灌溉工程早日开工,水源地工程和扬水工程的选址、泵站设计、渠道设计以及道路、电力、通信等工作要齐头并进。当时红寺堡的荒原上还没有通上自来水,工作人员生活用水要从20多公里之外的中宁县恩和乡拉运。没有电,夜晚加班只能点蜡烛。建设初期,红寺堡除荒山荒草之外,没有一丝绿意。规划中的红崖乡所在地正好是一处风口,从南面烟筒山方向刮过来的风在此处尤为猛烈,无论白天黑夜,大风不止,小风不断。进入夜晚,在工地上忙了一天的工作人员一进帐篷就躺倒沉沉入睡,半夜时有大风,帐篷多次被刮走,而睡在帐篷中的工作人员,因为白天往返80多公里跑七八个施工点,过于劳累而全然不觉。有时候醒来,只见满天繁星,帐篷已不知吹向何处,他们睡在让沙子即将埋没的床上,所有仪器和个人随身物品被掩埋在黄沙之中。黑暗、寒冷和死寂从四面八方袭来,他们爬起来,摸到手电,从几十米外的山沟边找到帐篷。

红寺堡的设计犹如在一张白纸上作画,如何作出最好最合理的规划,责任重大。在红寺堡城镇选址的问题上,总指挥部非常慎重。初期提出韦州、新庄集、双井子、鲁家窑4个地方供备选,后来经过深入研究认为,韦州背靠大罗山,但水源不足,交通不便;新庄集一无水,二在罗山之西;双井子在风口上;鲁家窑排水不便,因而都不具备作为红寺堡中心城镇的条件。后来综合各方面因素,提出选址的具体标准:首先,要有水源,柳泉和双井子地下水水量能供应50年没问题;其次,要有天然的洪沟保证排水,也可预防洪水;再次,位居红寺堡灌区中央,交通便利;最后,要符合中国的传统文化,背山面水,且风不是太大。根据这些条件,经过缜密规划,最终将红寺堡镇址所在地确定在了盐兴公路与滚新公路交会处。

奋战在扬黄扶贫灌溉工程建设一线的建设者们,每个人的故事都能写一本书,为了红寺堡移民将来能够早日解决温饱,再苦再累他们也心甘。大罗山可以作证,在新灌区的每一亩土地上,都洒下了他们的血汗。

在解决施工和生活用水的西部供水工程建设中,建设者们带足了一个星期的干粮和水,在红崖扎起帐篷,与某给水团的官兵们共同打响了为工程建设提供水源的攻坚战。劳累一天,睡在经常有蝎子和蛇出没的荒漠里,大风起时扬沙铺天盖地,夜幕降临时没有月光的田野似乌云般挤压过来,闷得人喘不过气来。就是在这样艰苦的条件下,他们仅用了两个月就把自来水送到了施工现场,为大规模工程建设奠定了基础。

在总指挥部,有许多来自城市的女同志,面对这么恶劣的工作环境,没人叫苦叫累。工程大规模展开以后,工作人员全部住进工地现场,洗不上澡是常有的事,为了扶贫开发的千秋大业,他们奋战在广袤的荒漠里。正是因为有这样一群敢于担当、乐于吃苦的工程技术人员和管理人员,迎风沙,战酷暑,斗严寒,忘我工作,取得了第一手测绘资料,为工程建设的顺利开工打下了坚实的基础。

1998年5月中旬,扬黄扶贫灌溉工程总指挥部拟定于自治区成立40周年前夕,争取建成红寺堡一、二、三泵站,红寺堡一、二干渠及红三干渠前10公里,实现灌区正式通水,并开发灌溉面积1万~2万亩,进行移民试点。总指挥部的大部分人员从银川搬到红崖基地现场办公。那时的红崖基地方圆周围几十里没有人烟,完全是一片荒芜。那个时候风一刮就是一整天,狂风过处,新建平房房顶的瓦片哗哗地就被掀掉一大片。大风一夜不停,早上满屋满床都是沙子和泥土,走出房间,工作人员个个灰头土脸。大家互相笑着,不知谁喊了一句:"咱们像不像出土文物!"

受条件所限,指挥部工作人员工作一天连个洗澡的地方都没有。刚开始还能闻到自己身上不堪入鼻的汗臭味,久而久之,反而什么也闻不出了。胳膊上一撮就是一把小泥球,真正成了一个泥人土人。指挥部很多女同志为了工作不得不奔走在烈日狂风之中,嘴裂得全是口子,脸晒得红中透黑,娇嫩的脸渐渐浮肿,疼痛难忍,无奈之下,她们想出了一个好办法,将带来的丝巾全部蒙在脸上,倒也成为基地的亮丽风景。尽管艰苦,但是大家苦中有乐,曾有一位建设者这样写道:"回望昨天,大罗山下又多几片新绿,清水河畔再造一片天地,扶贫扬黄的路上,日夜兼程,宛如一首无言的歌;展望今日,以苦为乐,奋发有为,开发一片热土,再造满

第一批测绘人员

第一支拓荒队伍

眼葱绿,消除贫困的途中,上下求索,恰似一支激人奋进的曲。"这就是建设初期拓荒者们奉献情怀的真实写照。

许多曾在扶贫扬黄总指挥部工作过的同事聚会,谈论最多的是那段曾经艰苦奋斗过的难忘时光。许多人都说,在总指挥部工作,是一生中最艰苦、最美好、最难忘的几年。建设之初,红崖基地除了四五排像军营一样的平房之外,什么都没有,吃过晚饭,没电视可看,没电话可打,大家只好在基地周围溜达散步。基地西南面一座不太高的小山上,依稀留有部队训练时构筑的战壕和弹坑。夏季,小山周边长满了不少野草野花,虽然荒凉但却充满生机。鸟叫蝉鸣,野兔奔跑,凉风习习。劳累一天的张位正总指挥,带着一帮人山上转转、沟里走走,漫无边际,不知疲倦,大家像一群回到童年时代无拘无束、无忧无虑的孩子。

为了让总指挥部工作人员的家属走近扶贫扬黄工程,感受建设者的艰辛,理解支持建设者。张位正亲自策划了"走近红寺堡,感受扶贫扬黄"的家属慰问活动。1998年7月的一天,总指挥部雇了两辆大轿子车,将工作人员的家属及孩子约 90 人，从远在 100 多公里之外的银川拉到了红崖基地。一路的跋涉、一路的颠簸，已经让家属和孩子们尝到行路的不易。正在建设中的红寺堡一、二、三泵站与红寺堡一、二、三干渠令他们目不暇接。在千古旱塬上，高大的泵站厂房让他们惊讶不已，恢弘雄伟的渡槽和输水管道更让他们兴奋震惊。在实验站，满地满院子全是熟透了的西瓜、香甜甘洌的甜瓜，让家属们大饱口福，尝到了红寺堡第一年灌溉农业的丰收果实。在红崖基地院落里的绿荫下，孩子和家属们尽情地玩耍、照相留影，有位家属激动地说："不来不知道，一来惊一跳，原来我们的亲人在这么艰苦的环境里，为贫困百姓干了这样一摊子大事好事，真是了不起！这绝对是积善积德、功德无量！我们真为我们的亲人有机会能参加这样一项功在当代、利在千秋、泽被百姓的工程而感到幸福和自豪。"

历史将永远铭记他们……

"1236"工程的破土动工，万千拓荒者和建设者会战于这片苍茫大地，用不懈努力和辛勤汗水，掀起了波澜壮阔的移民开发建设浪潮，建设者们用自己的汗水和真情谱写了他们艰苦而非凡的拓荒历程。

一望无际的戈壁、草原和滩涂。零星的沙蒿、芨芨草和低矮的沙冬青在风中摇曳，一簇簇火红的狼毒花开得正鲜艳。在烟筒山余脉的山梁上，在罗山脚下的冲积平原上，在红柳沟两岸，在甜水河、苦水河的河床上，晃动着一群忙碌的身影。

沙漠深处，人头游动，测杆不停地变换着位置，记录本上，一组组数据，一幅幅曲线图不断呈现，测量仪上的红飘带随风起舞，格外艳丽。

忽然有人喊："沙尘暴来了！"

一听说是沙尘暴，工作人员才感觉到帐篷里格外闷热，跑出去一看，只见乌黑的云雾像大浪一样从东北方向压了过来，云雾的前端已经变成褐红色，几只大鸟在风浪前狂叫着飞翔。远处的天和地立刻被沙尘吞噬，山岳、黄河从地面上消失，天地一片混沌。

队长急呼："快将文件、图纸和贵重仪器包好放进帐篷，将笨重物资压在帐篷外面！"二十几名工作人员立即动手，装的装，搬的搬，刚把贵重物品挪进帐篷，沙尘暴已经呼啸而至，卷起的沙砾打到帐篷上嘭嘭作响。

队长是最后撤进帐篷的，他的脸上已经受到沙尘的重创，感到火辣辣地疼。

张位正关心地问："受得住吗？"

队长嘿嘿一笑说:"没事,这点苦算什么,我也是农村出来的,也是农民的儿子,啥没见过。"

3个小时过后,沙尘暴逐渐散去,地面上也逐渐清晰起来,大家走出帐篷一看,还好,由于帐篷搭建在山包后面,没有被风暴刮起来。大家互相看着,立刻爆发出一阵狂热的大笑,因为每个人的脸上、头上、眉毛都被厚厚的沙土覆盖,只看见两只眼睛在滴溜溜地转。宁夏扶贫扬黄灌溉工程指挥部规划设计前期处处长张薇回忆说:开发建设前的红寺堡是一片千年戈壁,荒无人烟,连一条大道也没有。每天我们一行6人坐着一辆越野车颠簸在红寺堡的沟沟坎坎,进行地形地貌的实际测绘。最初是早晨从中宁基地出发,中午在车上泡面充饥,晚上返回基地,有时候晚上还会迷路。后来就搭帐篷住在干渠附近的地方,帐篷夏天如蒸笼,冬天似冰窖,有时还有蝎子、蛇之类,生活工作条件十分艰苦。红寺堡修建恩红公路时,我们去工地进行勘测,行至双井子附近时,经过两年颠簸快要散了架的车子失控了,一头扎向沟里。我当时坐在副驾驶的位置,猛烈的撞击再加上后排几位同事瞬间前倾的挤压,使我一下子昏了过去。等我醒来时,只看到自己新买的风衣浸满了血渍,不知是自己的还是同事的,隐约听到有人说:"这个人还活着!""还好像是个女的!"等送到中宁医院之后,我赶紧让医院安排治疗其他同事,我是最后一个做的包扎。一会儿,张位正总指挥打来电话询问受伤情况,他说:"你们为红寺堡的开发建设流了泪也流了汗,今天又流了血,红寺堡人民不会忘记你们!"

百日会战的时候,计划处处长李浩岳母已经身患绝症,危在旦夕。老人家对这个唯一的女婿非常牵挂,临终前提出想再见见他。时逢工程争分夺秒、只争朝夕的关键时刻,李浩总是说再等等、再等等,"9·16"试水成功后就去看岳母,但是老人却没有等到那一天,李浩岳的心里也因此而留下了一个永久的遗憾。

"9·16"百日会战期间,各级领导来"1236"工地视察,参观非常频繁,上报的材料很多。张位正总指挥的秘书刘志强在撰写相关资料的同时,还兼着档案管理、人事管理、工资调整等诸多工作。他的妻子因坐骨神经疼痛而难以行走,5岁的儿子上学无人陪送,她只能抱着拐杖,一步一步挪着去送孩子上学,往返一趟要花两个小时。实在支撑不下去,加之在银川又举目无亲,她只好在街上电话亭给远在红寺堡的刘志强打电话。那时还没有个人手机,单位只有公用的一部大哥大,由于红寺堡未建移动机站,信号时有时无,刘志强拿着大哥大在院子里跑来

简易午餐

跑去地找信号。听到家里的情况,他心急如焚,但却无法离开正忙得不可开交的工地,只好含泪对妻子说,实在对不起,你自己忍一忍,克服克服,等忙过这阵子,一定回去帮你。由于耽误了最佳治疗期,从此他的妻子落下了后遗症,患上了被医学界称为不死的癌症的强直性脊椎炎,这让刘志强愧疚终生。

由于工程建设利用科威特贷款资金,当时在总指挥部计划处做翻译工作的孔明要经常陪同科方人员在工地勘察、查阅资料、评估项目,无暇顾及在银川已经怀孕8个月的妻子。直到有一天晚上他的家人打来电话,告诉他喜得贵子,此时的孔明号啕大哭,在自己儿子出生的关键时候,在妻子分娩的紧要关头,他却不能陪伴在亲人身边,这是一种怎样的无奈和遗憾?

1995年7月,张薇从宁夏水利水电设计院借调到宁夏扶贫扬黄工程总指挥部工作,年已不惑的她,迎来工作上又一个新的起点。刚刚上班没几天,总指挥张位正就让她主抓工程前期规划立项工作,组织编写评审项目建议书和项目预可研报告。

指挥部组建伊始,人员奇缺,规划前期处就张薇一个人,既要到北京联系相关部委寻求项目支持,到天津委托开展相关工程设计,又要邀请专家到荒无人烟的红寺堡现场勘察,定期指导施工,同时联系相关部门进行"四通五准备"的组织协调,工作实在太多太杂。在单位上她忙得不可开交,而由于是单亲家庭,她还要兼顾刚上初中的儿子,过得非常艰难。正如她后来所说的那样:"真不知道那时候我是怎么过来的!"

为了保证工程进度,1995年7月至1996年1月,张薇多次往返总指挥部与施工现场,以至于穿坏了三双鞋。有一次,张薇和前期规划处的几位同志去红寺堡检查高程网布设情况,结果不幸在中宁恩和附近发生车祸,张薇脸部、头部和腰部多处受伤,落下病根。即便是这样,像张薇这样默默奉献的"1236"工程指挥部建设者们,却从未向组织提出任何要求,毋庸置疑,这就是"1236"精神体现。

不仅如此,对工程建设过程建设者严格按照制度办事。宁夏扶贫扬黄工程建设伊始,总投资额高达37亿之巨,水利系统许多领导建议,将这几十个亿放在宁夏慢慢由水利系统内部干,这样既扶了宁南山区的贫,也扶了宁夏水利的贫,一举多得。但国家计委、水利部在审查项目建议书时就明确要求,这项工程不仅要加快而且要按程序建好,一定要按"四制"的要求去建。据此指示,在自治区领导的大力支持下,总指挥部克服重重阻力,首项工程在实施过程中全面推行了项目法人责任制、招投标制、建设监理制和合同管理制,工程的质量和建设速度较以前有了大幅度的提高。工程建设至今15年时间已经过去,从未出现过较大的工程质量问题。

资金安全是工程建设当初重要的一个管理目标,本着"公开、安全、廉洁、高效"的原则,在坚持"按照基本建设计划拨款、按照基本建设程序拨款、按照基本建设支出拨款、按照基本建设进度拨款"的前提下,形成了"会议公开拨款"制度,这种制度既方便了施工单位又保证了资金的安全运行,还杜绝了滋生腐败的渠道。国家计委对这一资金管理模式给予高度评价,称其为国家重点工程建设项目的资金管理提供了新经验。

为了保证"工程优良、干部优秀"目标的实现,总指挥部结合工程建设实际出台了《总指挥部党风廉政建设实施办法》《宁夏扶贫扬黄工程预防职务犯罪实施办法》《总指挥部内部审计制度》等规章制度,在具体工作中坚定不移地推行公开招标、公开拨款、公开监督的"三公开"制度,由自治区纪检监察部门和本部门监察审计处共同监督的"双监督"机制,做到了事前、事中、事后的全过程监督。正是制定了如此严格的制度和缜密的监督机制,有效防止了工程在招投标、合同签订、工程施工、资金拨付等方面的以权谋私和不正之风的滋生。有一天中午,张位正总指挥在银川总部,马上要下班了,突然接到一个举报电话,反映正在建设的固海扩灌一泵站有工程转包的嫌疑。张位正马上带监察人员一同去远在中宁的固海扩灌一泵站。两个小时后,在施工现场,通过对项目主任和施工的几个工人进行调查核实,最终确定工程没有存在分包现象,张位正方才摸黑往回赶。从制度到执行层面的廉风廉纪,确保了历时15年建设的宁夏扶贫扬黄工程没有出现一例腐败案件,没有一个官员因之落马,创造了宁夏乃至全国基建项目廉政建设的典范。宁夏扶贫扬黄灌溉工程,是一项民心工程、德政工程,在红寺堡大地树立起一座高大的世纪丰碑,铸就了永不磨灭的精神长城。

各县设立指挥部
移民安置心有谱

　　红寺堡在刚刚开始开发建设的时候，红寺堡开发区工委、管委会还没有成立。为了能让移民有序搬迁，妥善安置，每个移民县都及时成立了移民搬迁指挥部。指挥部所有工作人员驻扎在红寺堡。遵照自治区总指挥部（简称"1236"工程指挥部）的统一安排部署，完成各自移民工程建设，在这不毛之地抒写了感人的诗篇。

　　时光过去十多年了，泾源县移民指挥部一位工作人员回忆起当年在指挥部的工作，仍历历在目：作为红寺堡的拓荒者，有幸目睹了这片土地的发展变迁，回想起来，心中总有一种无比的自豪感，也有一种隐隐的酸痛感。当年，有很多人为此付出了辛勤的劳动和汗水，他们放弃舒适的生活环境，远离家乡，远离亲人，依然选择了这块不毛之地，可以说，红寺堡的开发建设，是无数建设者用青春和汗水换来的。

　　1998年7月1日，是泾源县"1236"工程指挥部成立的第一天。按照县委、政府的安排，11位来自水利局和各乡镇的同志被借调到指挥部工作。由于工期紧、任务重，第二天清晨，大家带着行李，统一集合后，便踏上了北上的旅途。经过十几个小时的颠簸，傍晚时分来到了"1236"工程总指挥部所在地——红寺堡红崖基地。由于当时天黑，路况差，风大沙多，从中宁县恩和路口到红崖基地仅14公里的路程，大家却走了7个多小时。刚到达，总指挥部便下达了工作任务，大家不敢停留，又连夜冒着大风，于凌晨2点赶到泾源县移民点——大河六村，卸下行李，安营扎寨。夜里北风呼啸，工作人员蒙着头，裹着铺盖，和衣而睡。第二天清晨,起床后,眼前的景象让所有人震惊了:每个人的铺盖上落了一层厚厚的沙土,其中一位同志的被窝里还钻了一条蛇,幸亏没有伤着人。面对这样的工作环境,大家开始抱怨:这哪里是人住的地方啊!尽管心理上比较慌乱,但大家还是开始收拾东西,搭建帐篷,建起了临时家园。"家"刚建好,突然,阴云密布,雷声大作,下起了倾盆大雨。大雨一下就是一整天,傍晚时分,雨停了,帐篷里到处都是水,床上、桌上湿成一片。大家只好饿着肚子,裹着湿漉漉的被子,苦苦熬到天明。

1998年7月的红寺堡,骄阳似火,高温天气,沙漠里没有一点遮凉的地方,整个大地像着了火似的,帐篷外面烤得像火炭,里面闷得像蒸笼。最初的日子让人难以忍受,经过半个多月的野外工作,有的人脸晒黑了,有的人嘴皮干裂了,有的人脚丫子磨出了血泡,但是,大家从没有喊苦叫累,心中只有一个信念:无论多苦,都要尽快完成前期勘察测量任务。开展内业设计时,工作人员成天坐在帐篷里绘图、搞预算,腰坐直了,头脑发昏了,就站起来活动活动,用湿毛巾润润头,又坐下来继续工作。有时为了选一条合理的渠线、一个重要的拐点,要到现场去重新勘察布设。

按照自治区"1236"工程总指挥部的要求,11月中旬要搬来第一批移民,而且还要冬灌。因此,施工工期非常紧迫,大家的主要任务是在3个月内完成土地平整、房屋修建、渠道及道路建设等工程任务,这又是一个新的考验。当时指挥部只有8名技术人员,不但要实地测量放线,而且还要组织施工,8个人分成4个工作小组,既当测量员又当施工员、指挥员,如果稍有不慎,就会出现返工、质量不合格、渠道倒比降等严重问题。因此,每个人都不敢掉以轻心,常常早出晚归,每天工作都在10小时以上,饿了吃点方便面,渴了喝点当地居民收集的窖蓄水或从附近沟道渗出的沟泉水。9月底,渠道主体工程和田间道路工程基本结束,土地平整和房屋建设工作开始实施。由于土地大面积开发,原有植被受到一定程度的破坏,沙尘天气越来越频繁,给工作带来极大困难,刚刚平整的土地和房屋地基,往往一夜之间就被风沙淤埋,常常是平了又平。风沙影响了工程进度,只能加班加点完成,超常的工作压力和艰苦的生活条件,加之水土不服,致使个别工作人员身体不适,不同程度出现拉肚子、流鼻血等症状。

高强度的工作没有压垮任何一名工作人员,反而激发了大家战胜困难的勇气和决心,历经重重困难,终于在11月初完成了房屋建设和移民搬迁工作任务。随

后开展了半个月的试水灌溉,实现了当年通水、当年灌溉、当年搬迁的奋斗目标。

时光折射到西吉县指挥部,1998 年 5 月,随着宁夏扶贫扬黄一期工程建设的推进,西吉县水利技术人员先行来到红寺堡这荒无人烟之地,放下行李,搭起帐篷,进入战斗。大家夜间设计图纸,白天背着测量仪器,迎着风沙,脚踏沙蒿、刺蓬,拉测绳、钉木桩、找定位,为随后开展的移民基础设施建设做好前期准备。

"这是第一次在这空旷无人烟的地方测量,也是最艰苦的一次。"西吉县移民搬迁指挥部技术员在回忆当年的工作情况时说,技术员的午餐多数在野外用,累了就随便坐在地上吃点干粮。红寺堡风大燥热,每天来回行走 20 多公里的路程,每个人脚上打起了血泡,嘴唇裂开了口子,手上磨起了茧,但他们从不言苦。一位技术人员面对当时的工作境况,写了一首诗:

> 闻讯扬黄春色,
> 静听寺堡劲风。
> 今日艰难何妨,
> 汗水立业建功。

一个多月的测绘任务结束了,迎来了施工的关键期。工程队到了,帐篷又搭起来了,挖掘机、推土机等各类车辆开进了施工现场挖掘渠系、开垦田地。机械的隆隆声、工人的呼声,打破了宁静的旷野,汇聚成一首动听的交响乐,掀起一派热闹景象。

西吉县指挥部施工队的工作人员回忆道:"当时正值六七月份,大风吹起,尘土飞扬,为了赶进度、保质量,施工人员从早晨天亮开始忙起,一直到天黑,渴了、饿了就地吃点干粮、喝点水,那时工人除了挣工资外,吃苦劲、干劲咋就那么好。"那时候,工地上经常有蛇出没,

漆黑的夜晚,经常刮起沙尘暴,风吹得帐篷噼里啪啦直响,天亮后,每个人的脸上、被子上落了一层厚厚的沙尘。

施工人员风餐露宿,披星戴月,将一腔热血和汗水洒向了扬黄工程,在既定的两个月时间内完成了渠系砌护及农田开发任务。

西吉县移民搬迁指挥部成立后,具体负责工程建设、移民搬迁等工作,并将移民搬迁指标分配到 26 个乡镇。随后召开了县移民搬迁工作会议,拉开了政府有规模、有组织的移民搬迁,扶贫移民搬迁比过去的吊庄移民和自发移民更有序,群众称之为"有史以来的大搬迁"。

播 绿

　　指挥部从各乡镇抽调了 6 名同志,于 8 月初来到了已开垦的红寺堡,在一所还未盖成的小学校借了三间房子,既办公又住宿。房屋四周透风,门还未安装上,为了防止风沙和蛇、蝎进入,晚上大家不脱衣服和衣睡下。这里没有集市和商店,米、面、蔬菜和生活用品都要到 20 余公里外的中宁县恩和乡去买。大家轮流做饭,不会的学者做,只要求填饱肚子。

　　按照县指挥部安排,移民于月底将搬迁。当务之急,就是全力开展好各乡镇上报的搬迁移民表册审批、新开垦的土地验收丈量编号、移民庄院规划、宅基地整修、移民点村道铺设等前期准备工作。

　　红寺堡风沙大且次数频繁。好多次,六七级的西北风夹着扬沙,黑压压一片,将整个天空遮住,什么也看不见。房屋的窗子被大风顶开,将玻璃打碎,房顶上瓦片被风掀起,掉落在地上。风过后,屋内的桌面上、地上和房梁上落了一层厚厚的沙子。做饭时,倘若遇到风沙天气,吃半碗面、留半碗沙的情况并不鲜见。

　　这里工作没有节假日,大家一切为移民搬迁而工作。承担验收、丈量土地任务的同志冒着风沙,早出晚归,奋战在一线,为了赶进度,他们中午不休息,吃饭在野外就地解决。他们严格施工验收,对不符合标准的开垦土地,要求施工方及时返工,并精心丈量每一块土地,绘制好土地平面图,对移民庄院、道路进行测量、放线、绘图,大风将仪器架吹倒,他们又支起来,重新瞄准,风沙将白灰撒的线吹走,他们想办法挖成浅壕固定。在近一月多的时间内,要全面完成宅基地整修、村道平整铺设等工作任务,他们在施工地段搭起简易帐篷,不分白昼,一边规划、一边施工,凭着坚忍不拔的精神和顽强的毅力,完成了各项工作任务。

　　8 月 31 日,西吉县 200 户移民迁入红寺堡开始建房,在 8 县移民搬迁中首先到位。移民们来到荒漠戈壁后,指挥部办公室的同志组织抓完庄院号后,分头帮助群众在各自的庄院地点卸下了汽车上的锅碗瓢盆、生活口粮及建房所需的椽、檩木料,就地搭起帐篷"安营扎寨"。平峰乡移民搬迁的组织者王某某一边帮助移民从车上卸东西,一边倾诉苦衷:"20 户人昨天装车用了一天时间,大家距离装车点较远,架子车拉、驴驮才将东西运送、装到车上。临行前,有的亲戚邻居随同送行,难舍难离,在车辆起动的那一刻,不少人流下眼泪,一路颠簸,一路操心安全,好几次走岔了路,天亮才来到这里。"

　　戈壁滩天气干燥、炎热,没有水源,没有树木。当时各试点村自来水工程正在施工中。移民们吃的水由指挥部办公室统一从红崖供水点拉来，并确定专人负责供给，解决搬迁移民短时间吃水问题。尽管如此，有时遇供水点维修设备，移民们只能吃建房用的碱水。为了保障移民建房用水，指挥部办公室的同志到附近恩和等地找水源地，尽量减少拉水费用；同时，就近联系砖厂、谈价格，节约移民建房成本；在建设房屋标准上要求统一，建设两坡水的架子房。并动员移民中的砖瓦工、木工和小工组成建工队，或由他们互相变工，克服风沙袭击、生活不便等困难，建造房屋。

"这里沙尘天气发作时，建起来的房墙被大风吹倒，又得重来。"移民陈林说，来这里建房的4个人有苏堡乡的、有田坪乡的、有兴平乡的，大家互不认识，这几天也熟悉了，房子建成后，给他们几个帮着建。这里的移民们每天做一顿饭，傍晚时候，他们在帐篷外生起了炉子，添上柴，等待火苗噗噗上窜。沙尘天气，将生旺的炉子提进来，喝着罐罐茶，用干馍馍充饥，有的开水煮上一锅面，解决温饱。

移民们为了摆脱老家艰苦的条件、贫穷的生活，举家搬迁到这里，吃苦不用说，就是缺乏建房资金。县指挥部及时向区指挥部请示，每人兑现200元的搬迁、建房补助，同时动员指挥部办公室的同志对困难移民户建房捐助，千方百计建设移民新家园。

这里没有通班车，去往中宁方向的是一条沙土路（当时唯一的一条公路恩和至红寺堡公路正在建设中），移民的生活急需物品要到恩和或中宁去购买，坐的车辆是蹦蹦车或顺路的工程车辆。有的移民来了两天，就拉痢疾，孩子更为严重，还发高烧。这里没有医院，就医诊疗要到恩和卫生所、中宁医院。对此，指挥部办公室的同志十分着急，有的帮助买药，有的雇车辆护送患者及时赶往医院。指挥部办公室还将一辆吉普车挪做患者使用，有时一天跑医院好几趟。

当时，由于没有通电，晚上只能在帐篷里点蜡烛、油灯，大风吹来将其打灭，一片漆黑，不时传来孩子的哭声。有时沙尘吹进帐篷，呛得咳嗽声一片。沙尘暴发起，整个世界灰尘飞扬，人们只好抱着头就地蹲下。

移民搬迁来一个半月后，西吉县搬迁试点村（大河三村）一、二、三、四移民点一排排整齐的房屋建起来了，移民有了新家园。电力部门开始逐家逐户通电。"一年搬迁，二年定居"是移民搬迁安置的宗旨。"定居"就是扎下根，能脱贫，快致富。总指挥部将试水冬灌定于1998年10月20日，县指挥部及时召开移民会议，

各县设立指挥部
移民安置心有谱

成立移民村冬灌领导小组，明确各移民点负责管水人员。为了确保冬灌顺利进行，指挥部雇了几台拖拉机将大部分土地翻耕，针对移民首次给土地灌水，缺乏技术经验的实际情况，指挥部指派专人予以指导帮助。冬天到了，大地开始封冻，寒流要来了，县指挥部雇车拉来碳，逐户分给移民。对移民特困户，联系迁出乡镇进行了慰问，并发了面粉，确保让移民过一个温暖的年。

1998年年底，红寺堡开发区工委、管委会挂牌。1999年2月上旬，扬黄工程总指挥部召开了开发区首次春耕生产会议，对各试点村春耕生产进行安排部署。在管委会投资播种机及县指挥部办公室对籽种、肥料补贴的情况下，春耕生产顺利进行。当年，小麦、玉米长势喜人，是个丰收年。

下半年，大规模移民开始，近2000户1万余人搬迁到位。县指挥部将办公地点迁移到光彩小学，工作人员帮助移民抓农业生产，动员移民植树绿化，改善生态环境，抓基础设施建设，努力改变移民生产生活条件，实现了"边移民、边建设、边发挥效益"的目标。他们发扬艰苦创业、务实苦干精神，战风沙、斗酷暑，为移民开发区的建设作出了新贡献。

据一位负责人回忆，随着宁夏扶贫扬黄工程建设总指挥部的成立，他于1996年6月被隆德县委、县人民政府任命为隆德县扶贫扬黄工程建设指挥部办公室常务副主任、党支部书记，从那时开始，到2006年6月调离指挥部这十年间，他有幸参加了红寺堡灌区农业移民开发从规划、建设、发展到验收等工作，也亲身经历了这片土地从荒漠到绿洲的创业历程。

1998年6月26日，总指挥部在红崖基地（当时仅有4栋平房）召开紧急会议，由张国勤副总指挥和移民处负责人马赞林主持，要求各县指挥部（固原地区6县和同心县）尽快做好各项准备工作，于7月上旬前往已经划定的各县指挥部开发区域进行土地开发，必须完成9月16日前实现红寺堡灌区一、二、三泵站和干渠正式通水灌溉的工作任务。

经过一周时间的准备，7月3日隆德县指挥办的8名同志和县水利基建队20余人，来到盐兴公路南侧红三干渠十五支渠灌溉地域，当时被命名为移民试点八村的沙滩里。站在红三干渠与盐兴公路交会处的小山包上，放眼向东望去，是一片片灰蒙蒙的、绵延不断的荒漠沙丘。他们就在沙丘丛中找了一块能搭建帐篷的平地安营扎寨了。隆德县水利基建队有长期在野外施工的装备和经验，在队长王明明的指挥下,仅用了一天半的时间就将两顶帐篷搭起,在野外支起灶具开始埋锅做饭了。住进刚搭起的帐篷和野外就餐的新鲜感很快就过去了,随之而来的是7月红寺堡的酷暑,中午躺在帐篷里休息,浑身汗水直流,用于搭帐篷的钢管发烫,连手也不敢放在上面;晚上睡到后半夜又冻得人瑟瑟发抖。由于在野外做饭,加上不时吹来的沙尘,每顿饭吃完,碗底总是沉淀着一层沙子。特别难忘的是吃了几顿夹生饭。在开发初期,当地群众阻挡施工,连续几天将正在发电煮面条的柴油机强行关掉,下到锅里的面只能夹生吃。否则在方圆30公里荒无人烟的地方要饿肚子。

1998年9月16日是总指挥部确定的红寺堡灌区的试水通水日,中央和自治区领导十分关注。时间紧、任务重、难度大。自治区、县两级指挥部全力以赴,高效推进工程进展,干渠、泵站施工单位争分夺秒,不分昼夜地抢时间、抓进度,各县指挥部从当地县上抽调人员增加力量,边平整土地,边衬砌渠道,边组织移民建房搬迁。总指挥部每周召开一次生产调度会议,现场解决开发中遇到的困难和问题,督促开发进度。时任隆德县扬黄指挥部的副指挥兼办公室主任、常务副县长任荣,破例从县粮援办调集15台推土机,无偿划拨给县指挥部用于平整土地,给予了极大的支持和帮助。当时的试点八村开发面积1500亩,星罗棋布的沙丘比比皆是,最大的沙丘直径40余米,高近10米,一台推土机用半天时间才能推平。隆德县水利基建队发挥水利工程施工的优势,边放线、边预制、边施工,完成了支、斗、农三级渠道的砌护工程。先期确定的隆德县崇安、奠安、杨沟、山河、大庄、观庄等贫困带片上的150多户移民完成了建房搬迁工作,并参加了"9·16"试水和当年开发土地的冬灌。

从7月初到9月中旬两个半月的时间里,区、县指挥部夜以继日,加班加点,根本没有节假日之说,只知道拼命赶工期、推进度,县指挥部的两位副主任及指挥部所有人员连续两个月未回一次家,一直坚持到9月16日通水后才回县上休整。

在隆德县扬黄工程指挥部工作期间,还负责开发了红三干渠二十四支渠、二十五支渠、二十六支渠、三十一支渠8500亩的土地开发和移民安置工作。同时,还组织完成了总指挥部安排的红寺堡中心镇四纵四横道路的开辟和铺垫工程,是现在红寺堡县城道路的雏形。尽管初期的开发工作非常辛苦和劳累,但心里

宁夏扶贫扬黄工程黄河泵站通水典礼

通水典礼

感到十分快乐,也很有成就感。由于在红寺堡两年多开发建设中成绩突出,多人于 1999 年荣获由自治区人民政府和宁夏军区颁发的参建扶贫扬黄工程先进个人荣誉和隆德县委、政府授予的荣誉。

红寺部灌区位于宁夏中部干旱带腹地,历史上号称"旱海",干旱少雨、风大沙多是其主要特征。新灌区开发之初,总指挥部坚持"一水二林三农"的原则,将生态建设列入重要议事日程,真抓实干,取得了实效。从 1999 年初开始,连续三年宁夏军区调动所辖部队兵力,支援红寺堡新灌区植树造林工作。在主干道路两侧和干支渠旁,都留下了宁夏军区部队官兵植树造林的身影。

随着红寺堡灌区土地开发面积增大,大量的沙丘推倒后,浮沙遍地,即使灌溉后,每年的春秋季扬尘蔽日。面对红寺堡灌区 45% 的土地面积属沙性土壤的现状,总指挥部在红寺堡灌区的风沙治沙上想了很多办法。在土地开发中,一方面,严格按照平田整地时序,避开春季多风天气,安排从 5 月中下旬开始进行土地平整,采取"边开发、边灌水、边种植"的办法,加大冬灌面积,尽快种植苜蓿、农作物,有效保护了开发土地不致沙荒;另一方面,对流动、半固定沙丘土地采取织草格网、黏土压沙、高秆作物越冬等措施。草网格固沙的办法十分有效,在渠堤护坡将麦草拧成草绳,栽成0.8米见方的网格,中间滴水后点种柠条籽防风固沙;在沙化严重的渠堤,拉运黏土平铺5厘米左右,再洒上水,固沙效果很明显,但成本较高。在红寺堡灌区开发的前6年,共治理沙化土壤6.5万亩,占开发面积的19.2%。以上防沙治沙措施,在红寺堡土地开发中起到了十分关键的作用,积累了成功的治沙经验,确保了农业移民开发工作的顺利进展。经过广大建设者和移民的艰苦奋战,昔日干枯荒凉、沙丘林立的沙海已被今天高密度、宽幅林带和条田林网所代替,一个人工生态绿洲展现在世人面前。

2001年3月至2006年6月,在总指挥部马赞林副总指挥的直接领导下,在另一位副处长和工作人员的支持和帮助下,尽力推进工程建设进度和加强工程管理,在艰苦的工作环境中相互鼓励,配合默契,建立了深厚的感情和友谊。可以说,红寺堡灌区从西边的石炭沟乡到东部的韦州下马关,从南面罗山腰的新庄集四泵站四干渠到海子塘二干渠范围,每一条支渠、每一条道路、每一块农田、每一个移民村都留下了建设者的脚印。宁夏扶贫扬黄工程农业移民开发处副处长尽职尽责、兢兢业业地完成相关工程项目的规划设计、方案论证和技术审查等工作,主要参与制定了《宁夏扶贫扬黄工程农业移民工程委托建设管理办法》《宁夏扶贫扬黄工程建设管理办法》《宁夏扶贫扬黄工程质量管理规定》和《宁夏扶贫扬黄工程建设监理管理办法》,同时经常深入工程建设施工现场,对需要拆房屋、迁坟墓、施工难度大、社会问题复杂的工程,组织设计、监理、总部相关处(室)技术人员实地踏勘,比选方案,改线后使渠线走向更趋合理,有效地保证了渠道的正常施工和冬灌通水,及时解决工程建设中遇到的重大技术方案和技术难题,全面推进工程建设,取得了工程建设的阶段性成果。

红寺堡灌区从开发建设之初,工程建设总指挥部、红寺堡开发区管委会、红寺堡扬水管理筹建处携手合作,积极发展新灌区的基础公共设施建设,水、田、林、路、居民点、学校、村委会、卫生院、自来水、供电等综合规划,合理布局,同步建设,特别是将移民村小学、村委会建设列为重中之重,村村兴建学校,既解决了移民子女的上学问题,同时也为开展移民培训提供了场所。

从2002年开始,连续5年在红寺堡灌区对移民经济收入情况进行了定点跟

103

各县设立指挥部
移民安置心有谱

踪调查,主持编制了《红寺堡灌区农业移民工程建设效益调查报告》。在跟踪调查中了解到,移民迁入新灌区后,由于交通方便,信息畅通,观念发生根本性转变。刚搬迁到新灌区的移民,当涉及"到新灌区后有什么打算"这个问题时,有的显得很茫然,有的仍然注重于如何种好自己的承包地,如何多打粮食,解决吃饭问题。而搬迁到新灌区三四年时间的移民,他们对未来的发展不再局限在如何多打粮食上,脱贫致富的思路明显开阔,信心也更加充足。如大河乡香园村于文海,1998年从泾源县搬迁到红寺堡灌区,2000年开始种桑养蚕,2003年增加了养羊项目,还组织村民和学生到中宁县摘枸杞。

调查结果表明,移民的定居时间与经济收入增长幅度成正比例,定居时间越长,经济收入增长越快。移民迁入后的第一、二年,人均纯收入普遍下降,说明当时由于建房、搬迁费用较大,用于农业生产上的启动资金不足,生产技术跟不上,经济收入明显回落;从第三年开始,移民经济收入就明显高于原籍的水平,随着迁入时间的推移,生产技能的提高,土地的逐步熟化,各方面条件的改善,移民收入呈逐年增加的趋势。特别是在养殖业和特色种植业方面有特长的农户,其收入增长更快。1998年迁入灌区试点村的种植和养殖大户,已接近或达到人均年收入4000元。

宁夏扶贫扬黄灌溉工程是在党中央、国务院的亲切关怀和大力支持下兴建的国家重点移民扶贫开发项目。工程建设为彻底改变宁夏中部干旱半干旱地区的基本生产条件,有效改善当地生态环境面貌,为西海固移民群众脱贫致富奔小康奠定了坚实的基础,对促进宁夏经济发展、民族团结、社会稳定和实现长治久安有着十分重要的作用,是一项造福当代、惠及子孙的德政工程、民心工程,意义十分重大。

红寺堡灌区是宁夏扶贫扬黄灌溉一期工程的建设重点之一。工程建设是在国家实施"八七"扶贫攻坚计划的特定历史条件下,围绕解决温饱的目标而设计的。开发土地,安置移民,增加粮食产量,解决山区农村贫困人口的温饱问题是项目建设的主要任务。但是随着工程建设、农业开发和移民搬迁的不断实践,许多影响灌区可持续发展和移民尽快脱贫致富的深层次问题逐渐显现出来,迫使工作人员在继续实践中去探索工程建设中的新思路。进入21世纪后,在我国农业进入新的发展阶段,又面临加入世界贸易组织的新形势下,如果继续按计划经济体制时代的吊庄建设模式进行开发，发展以粮食为主的种植业，进行自给性生产，跳不出"开地种粮吃饱肚子"的框框，影响灌区可持续发展的深层次问题将无法解决，难以走上自我积累、自我发展的良性轨道。

1999年11月，朱镕基总理视察建设工程时指出，当初上这个工程是十分必要的，今天看也是对的……由于这个工程的投资比较大，将来在运行过程中如仅仅靠回收水费来满足工程的运行费用，可能会给财政增加包袱，因此，要有新的思考。2001年3月，李岚清副总理在给自治区领导的批示中指出："西海固扬黄灌溉扶贫工程进展比较顺利，看来工程本身是成功的。现在关键问题是灌区如何开发利用，如果只是种粮食，农民不但很难脱贫致富，甚至可能连水费也交不起。更严重的问题是可能会破坏生态。此事望引起高度重视，并制订出科学合理的开发实施方案。"

早在红寺堡灌区开发之初，宁夏扶贫扬黄灌溉工程建设总指挥部张位正总指挥，张国琴、袁进琳、肖云刚等副总指挥想移民之所想，急移民之所急，已经探索研究移民安置后的致富途径。1999年初，总指挥部安排专项资金15万元，用于扶持来自隆德县的试点八村移民种植黄芪、党参等中药材，支持泾源县移民于文海种桑养蚕，带动全村十余户村民脱贫致富，扶持固原县移民兰文秀重点发展养羊。2000年5月，张国琴、袁进琳二位副总指挥带领移民处的全部工作人员，专程赴甘肃陇西考察中药材种植加工和市场行情，赴陕西杨凌开发区考察高效设施农业种植技术，考察回来后，起草了考察报告，提出了红寺堡灌区农业产业发展的思路和措施，开始了工程建设思路大调整。先期建成的8个移民试点村在总指挥部的重点扶持下，开展多种经营，大力发展特色种植业和养殖业，形成了今天红寺堡开发区农业产业开发的雏形。

随后，由宁夏扶贫扬黄工程建设总指挥部总指挥张位正同志牵头，袁进琳副指挥具体负责，组织农业、林业、畜牧、水利、土地利用、社会经济等方面的专家，成立课题组，通过大量调查研究，总结扬黄灌溉开发建设的实践经验，在2000年建设思路调整的基础上，对新灌区开发与可持续发展战略进行研究。经过一年来的紧张工作，经课题组反复论证并征求各方面的意见，形成了《宁夏扶贫扬黄工程红寺堡灌区开发与可持续发展研究报告》和6个子课题研究报告。

该课题针对红寺堡灌区开发建设中出现的新情况、新问题及可持续发展的

各县设立指挥部 移民安置心有谱

移民村

要求，进行专题研究，提出的调整方案与对策，具有可操作性和指导意义，荣获自治区科技进步一等奖。

红寺堡灌区是彪炳史册的德政工程，是宁夏扶贫扬黄一期工程开发建设的项目区之一。该灌区自 1998 年正式开发建设以来，按照"工程建设质量第一、移民安置稳定第一、灌区开发生态第一"的原则及"边建设边发挥效益"的建设方针，水利骨干工程、农田配套工程和移民搬迁安置工作同步进行，截至 2005 年底，已建成的黄河水源泵站、红寺堡 3 座主泵站、8 座支泵站全部投入使用。建成干渠 214.2 公里、支干渠 411.6 公里、斗农渠 1706 公里。架设农电线路 83 公里，通讯网络覆盖全灌区。开发配套基本农田 34 万亩，搬迁安置移民 13.4 万人（不含旱改水当地人口）。随着工程效益的发挥，新灌区粮食生产和移民收入逐年提高，农业产业结构调整初见成效，基础设施建设日趋完善，文教卫生事业生机勃勃，城镇建设日新月异，社会安定，民族团结，昔日千古荒原如今已建成阡陌纵横、绿树成荫、移民安居乐业的新社区，实现了工程建设的预期目标。

　　广大参加红寺堡灌区开发的开拓者和建设者冒酷暑、战风沙、斗严寒的毅力和奉献精神，赶工期、保质量、推进度的责任心和敬业精神，至今仍然历历在目，难以忘怀。今天的红寺堡开发区车水马龙、阡陌纵横、绿树成荫，一派安居乐业、欣欣向荣的新景象，这是对建设者们最大的安慰。

新建移民村

百年大计重教育
长远规划为人民

　　红寺堡区第一中学是红寺堡区唯一的一所高级中学,这所学校的发展壮大,也是历经了坎坎坷坷。

　　1999年3月,宁夏扶贫扬黄灌溉工程总指挥部在已选定的红寺堡开发区政府办公地址处开始了学校建设,建设中学1所,校园中心位置选定在滚新公路和盐兴公路交会处向西方向500米、向北方向500米区域,在这个区域范围内,根据红寺堡镇城市道路建设情况,校园建设在已经开通的市内道路海原路(2004年后改为吴忠路,2014年又改为燕然路)以东、滚新路(起初称西吉路,2004年改为罗山路)以西、创业街以南、园丁街(后改为民族街)以北。校园占地面积50亩,建设两层教学办公一体大楼1栋,共计8个教室、13个小办公室,另附带建设有1个面积为76平方米的大厅(这个大厅于2014年5月在红寺堡一小校园改扩建工程中拆迁,现已不存在),用作学校会议室。总共建筑面积为2200平方米。这所中学就是红寺堡镇中学,这是红寺堡这片广袤荒原上自开发建设以来建起的第二所中学(第一所中学是1998年10月动工兴建的大河初级中学),红寺堡镇中学是红寺堡区第一中学的前身,是红寺堡区城镇中学建设的标志。

　　对于这所中学校址的选定,当时有两种意见。红寺堡开发区工委、管委会的意见是:立足当前,着眼长远,按照一个县级完全中学来规划建设。理由是红寺堡已经以一个移民新县的模式在开发建设,移民人数与日俱增,到2000年定居移民和流动人口将超过10万,届时要求在红寺堡镇范围内就近上学的中学生将会超过2000人,因此要全面规划,应将校址选定在有一定发展空间的宽阔区域。学

红寺堡镇中学

校校址的选定要科学考虑，不能距离市场太近，也不能距离公路沿线太近，滚新公路和盐兴公路交会处西北 200 米范围内东边建设有罗山商城，西边又设有许多商家店铺，在商城旁边、店铺附近紧连建学校是不科学的，也不利于学校以后的发展。

宁夏扶贫扬黄灌溉工程总指挥部的意见是：红寺堡刚刚开发建设，现在迫切的任务是解决燃眉之急，许多场所都是临时搭建，不可能一次到位。经过综合考虑，最终采纳此方案。

1999 年 9 月 10 日，红寺堡开发区工委、管委会召开庆祝教师节大会。大会地点设在红寺堡开发区工委、管委会会议室。当时红寺堡开发区工委、管委会办公地址设在大河乡政府院内。大会由管委会负责教育工作的社会事业局局长主持，

百年大计重教育 长远规划为人民

红寺堡开发区工委、管委会副主任到会祝贺。参加会议的有：大河一小教师 2 名（中宁县移民点），大河二小教师 4 名（海原县移民点），大河三小教师 5 名（西吉县移民点），大河四小教师 5 名（彭阳县移民点），大河五小教师 5 名（固原县移民点），大河六小教师 4 名（泾源县移民点），大河七小教师 3 名（同心县移民点），大河八小教师 5 名（隆德县移民点）共计 33 名从各个移民县调来已经在红寺堡开发区任教的教师。

　　会上，管委会副主任向在座的教师表示节日祝贺的同时，告诉了教师几件与学校、与在座教师相关的事宜。一是大河中学已经按计划按步骤正常开学，接下来开发区管委会要在红寺堡镇再建设一所中学，这所学校正在建设当中。二是红寺堡即将设立组织人事部门、编制机构，已经通过各县移民搬迁指挥部调到红寺堡教学的教师的工作关系将会很快从各个移民县正式调到红寺堡开发区，解决

移民小学

红寺堡中学鸟瞰

同志们在红寺堡工作、在老县领工资的困难。会上,管委会副主任同在座的教师进行了深切交流,座谈交流中他发现了一个问题:青年教师少,50岁以上的老教师多。在座的50岁以上教师情况:西吉县教师1名,海原县教师1名,固原县教师3名,彭阳县教师2名,泾源县教师2人,隆德县教师1名,同心县教师2名。33名教师中50岁以上教师有12名,占到将近40%。领导问泾源县一位老教师:你今年多大了?老师说:我今年55岁了。领导还询问了几位年龄较大的教师的情况。当着大家的面,领导对教育负责人说:今天在座的教师当中,50岁以上的有10位以上。这是我们今天发现的一个问题,各移民县给红寺堡的老教师多、青年教师少。红寺堡之后肯定急需教师,但教师调来了,又面临很快就要退休,这不是一个小问题了。对这个问题,我们会后要立即向工委书记、管委会主任做汇报。从这次会议后,红寺堡开发区工委、管委会作出决定:第一批已经调到红寺堡开始

长远规划为人民 百年大计重教育

工作的教师和干部职工沿用；从第二批选调工作人员开始，年龄在 40 岁以上的工作人员，红寺堡不予接收。

会上，管委会领导结合开发建设工作和红寺堡发展构想，结合实际畅谈了对红寺堡教育远景的规划，其中谈到红寺堡中学相关事宜：红寺堡中学已经开始建设，这就是红寺堡将来的第一所高级中学。开发区工委、管委会有很大的决心和信心，要下大力气将红寺堡中学打造成环境优美、硬件设施先进、师资队伍专业素质过硬的中学。要让这所学校成为稳定移民思想情绪、推动红寺堡地方经济发展、培养当地需求人才的合格中学。对红寺堡中学教师问题，从现在开始筹备调入，调入红寺堡中学的教师必须具备几个条件：大专以上学历，原则上应当是大学本科及以上学历；年龄必须在 40 岁以下；热爱教育事业；品德高尚；有吃苦精神。领导还强调：对红寺堡中学的教师调入事宜，红寺堡开发区工委、管委会领导要亲自把关。虽然与会同志以后都不可能到红寺堡中学去工作，但作为一名教师，作为红寺堡开发区移民中的一员，听到领导这样讲，大家都感到兴奋，深受鼓舞。

创业艰难百战多
惠民数据刻心窝

在红寺堡这个移民地区,有好多数据是人人皆知的。这些数据,包含了可歌可泣的故事,记录了应当铭记的历史。这里说几个数字,让大家都记着它。

299 米,刻在红寺堡人心中的高度。299 米,这不是一个普通的数字,它是宁夏重整河山的最好注脚。299 米,是黄河水的总扬程。也就是说,经过 4 级扬水,引到红寺堡的黄河水已经高出黄河水面近 300 米。

在宁夏,上百万贫困群众生活在不适于人类生存的南部山区,而中部干旱带因为干旱缺水、植被稀疏,集中连片的土地却是千古荒原。于是,一个经过反复协商,得到中央大力支持,大胆又富有创意的设想在 20 世纪 90 年代初被提出来:将黄河水引到同心、中宁一带的荒原上,将住在自然环境恶劣地区的贫困群众迁徙过来,再造一片绿洲。这项扬黄扶贫灌溉工程被称作"1236"工程,1995 年年底国务院批准立项,1999 年正式开发建设,"1236"工程在宁夏很快家喻户晓。

黄河水引到哪里,哪里就变成绿洲。在原来荒无人烟、不见草木的地方,聪明、勤劳的移民群众开发出一片新家园。2767 平方公里的荒原上,诞生了 60 多万亩稳产、高产的水浇地。

2009 年 9 月,国务院批复在开发区设立县级行政机构。8 个县 20 多万回汉群众搬迁过来,组建了红寺堡区,下辖 3 个乡、2 个镇、1 个街道办事处。

0.135 元——红寺堡人记在心间的水价。红寺堡的黄河水,从百余公里外引过来,被提升了近 300 米,但当地只向农民收取每立方米 0.135 元的水费,如果按实价收取,农民种地的收益将大幅减少。

开发红寺堡，要算经济账，但更要算社会效益和生态效益两本账。谈起党和政府的惠民举措，红寺堡人如数家珍。除了为移居群众兴修水利设施，党和政府还为他们修建了房屋，配套建设了乡村道路、学校、幼儿园、卫生室、文化室，为家家户户安装了太阳能和电视接收装置。当地还组织各种形式的免费培训，使山区农民迅速地掌握了生产技术。

"搬得出，稳得住，能致富"的目标正在实现，红寺堡美好的发展前景让移民群众深深地扎下了根，还吸引了3万多自发移民。在新一轮生态移民中，自治区要求红寺堡再接纳3.15万新移民。因为有扎实的基础和丰富的经验，红寺堡非常自信地接过了这个任务，为移民新建的弘德新村转眼间就让群众安居乐业了。

1.88亿立方米水——红寺堡人做足文章的指标。1.88亿立方米水，是红寺堡人时时装在心里的数据，因为这是每年分给他们的引水量。黄河水，在红寺堡是稀缺资源。

红寺堡的开发建设，首先要考虑水这个最重要的因素，否则一切都无从谈

二泵站扬水塔

生态移民房

起。节水伴随红寺堡开发的始终。红寺堡开发以来,已为节水投入上亿元,仅2013年就投入1000多万元,新开垦的农田全部采取节水措施,渗灌、膜下滴灌、小畦灌溉等各项节水技术都用上了。

红寺堡年均降雨量只有200多毫米,蒸发量却高达2000多毫米。在基本无地下水可采的条件下,红寺堡人靠极为有限的降水和1.88亿方引水,养活了20多万人,建成生态林129万亩,实现生产总值13亿元,农民年人均纯收入超过5300元。

5次,红寺堡人津津乐道的换房。在红寺堡,无论你走到哪个地方、哪个村庄,你都会看到,老百姓的房子崭新、亮丽、有气势。有一位记者到红寺堡,目睹了这种景象后,他走进移民村庄,听到这样一个红寺堡老百姓津津乐道的故事——不到20年时间,许多移民先后5次翻建新房。

红寺堡移民群众最早的住房,都是由政府代建的,限于当时的条件,建筑面

积较小,建设标准较低。随着老百姓经济收入增加、生活水平提高,翻建住房的人家越来越多,5 次翻建新房的虽属个例,但两次、三次改善居住条件的群众确实不在少数。开发建设初期那种房屋,已经成为过去的一段记忆,在红寺堡已经看不到了。

红寺堡的领导也很自豪地讲,过去红寺堡人搬家,一个三轮车就能装下全部家当。现在,搬家要用大卡车,一辆卡车常常拉不下要装载的物品。在红寺堡,出行由自行车变成摩托车,再换成小轿车;生产由架子车变成小三轮,再换成大卡车。

在有限的空间利用有限的资源,红寺堡人写出了一篇大文章。

挂出牌子显担当
移民生产有保障

在开发建设初期,成立红寺堡开发区工委、管委会是党和政府对人民群众的高度负责与关怀,是移民群众的需要。

1998年9月,自治区党委召开第三十五次常委会议,决定成立中共红寺堡开发区工委、红寺堡开发区管理委员会;11月30日,自治区党委任命姚建国同志为红寺堡开发区工委书记、管委会主任;12月31日,自治区党委办公厅、政府办公厅下发《关于成立红寺堡开发区管理委员会有关问题的通知》,决定自治区扶贫扬黄灌溉工程移民工作领导小组下设红寺堡开发区管理委员会,与中共红寺堡开发区工作委员会实行一套人员,两块牌子,行使县级党政职能,负责红寺堡开发区的移民工程建设与社会各项事务管理。内设办公室、经济发展局、民政局、社会事业局等机构。自此,红寺堡开发区工委、管委会承担起了宁夏扶贫扬黄灌溉工程的核心区——红寺堡开发区的工程建设、土地开发、移民安置、经济建设、社会管理等各项事务的工作重任。

1999年的春天,对于位于北纬38度线上的红寺堡来说,依然是风寒料峭的季节,但在近2000平方公里的土地上,水利、道路、电力、通讯和土地开发的建设队伍和第一批移民群众建设家园的热火朝天的景象,与广袤无垠的荒原形成强烈的对比,沉睡了千年的红寺堡大地上此刻处处生机勃勃。

1月30日,中共红寺堡开发区工作委员会与红寺堡开发区管理委员会挂牌仪式在红寺堡开发区双井村举行。自治区领导马启智、马骏廷,宁夏军区政委王永正及红寺堡开发区相关领导共同出席了挂牌仪式。

会上,红寺堡开发区工委书记、管委会主任姚建国掷地有声地宣布:"把我们的牌子挂出去。"从此,开发区工委、管委会职能部门如雨后春笋般挂牌成立,与宁夏扶贫扬黄灌溉工程建设指挥部及西吉、海原、固原、隆德、泾源、彭阳、同心、中宁等8县移民指挥部团结协作,分工负责,各司其职,奏响了红寺堡开发建设和移民安置的交响曲。

工委、管委会成立伊始,各项事业刚刚起步,工作人员极其缺乏,办公场所、

1999年1月30日,中共红寺堡开发区工作委员会
和红寺堡开发区管理委员会正式挂牌成立

办公条件均不完善。要想在短期内打开工作局面，必须解决摆在工委、管委会领导面前的一个又一个难题。工委、管委会领导班子成员积极与扶贫扬黄灌溉工程总指挥部和自治区相关单位对接联系，争取资金、办公设施、工程项目管理等方面的援助和支持，同时着手研究制定红寺堡开发区加快发展的各项具体工作举措，全力开展城镇规划与建设、社会事业管理和移民接管各项工作，并配合宁夏扬黄灌溉工程建设总指挥部实施大型水利、电力、道路工程建设。刚刚成立的为数不多的职能部门，认真厘清工作职能与工作范围，加快人员配备、办公设施购置、与移民迁出县区移民指挥部业务对接、灌区新移民村基本情况调研摸底、与自治区相关业务部门对口衔接等各项基础工作步伐。

按照"边开发、边搬迁、边建设"的整体工作思路和"搬得来，稳得住，能致富"的工作要求，开发区工委、管委会立足实际，大胆探索，认真总结经验，按照建设初期确定的"一年搬迁，两年定居，三年脱贫，五年致富"的奋斗目标，采取"分散搬迁，集中安置，统一投资，系统管理"的新型移民安置模式进行移民管理和服务，坚持以经济建设为中心，以富民强区为目标，突出培育主导产业，加快基础设施建设步伐，全面改善生态环境，不断强化移民区社会管理，带领广大移民在这片2000多平方公里的土地上，集中向恶劣的生态环境、向贫困这个痼疾发起总攻。

"移民政策送到移民家中去，干部服务下沉到一线去，技术力量深入到田间地头去"，在各级领导干部的带动下，广大干部与移民群众一起平整土地，一起浇灌农田，一起植树造林，一起消除农业病虫害……为了尽快解决移民出行困难，工委、管委会主要领导亲自到移民工程建设总指挥部、到自治区相关厅局跑项目要项目，宁夏境内最好的二级公路——盐兴公路在红寺堡开工建设。为了帮助移民尽快熟悉灌溉农业耕作方式，相关部门积极邀请自治区水利、农业专家深入灌区农田手把手对移民进行技术指导；为了进一步改善生态环境，建设绿色新家园，工委、管委会积极协调宁夏军区组织各兵种，大军挺进红寺堡，全面打响百里绿色长廊生态建设战役。宁夏给水团官兵住帐篷、啃干粮、喝咸

水,日夜奋战,在红寺堡打出了第一口甜水井……

　　为了不影响春季农业生产,1999年2月8日,红寺堡开发区在宁夏扶贫扬黄灌溉工程总指挥部红崖基地召开首次春耕生产会议,会议要求同心、中宁、固原等8县指挥部认真带领移民抓好春耕生产,确保移民在搬迁到灌区后第一年就能够从土地上获得收益。与此同时,红寺堡开发区划界工作、红寺堡镇选址、植树造林和移民接管等工作也有条不紊地进行。

农作物套种

军用场地变良田
搬迁移民笑开颜

　　宁夏扶贫扬黄灌溉工程的主战场红寺堡，先期勘察设计人员到现场后受到了部队的"阻拦"，他们才知道红寺堡的这片土地属军事用地。与此同时，宁夏军区和驻地部队都向兰州军区进行了汇报。当宁夏军区接到兰州军区的指示后，当即决定成立调查小组，先后到自治区党委和自治区民政厅、水利厅、扬黄灌溉工程指挥部、土地局以及银南地区、驻地部队等单位，采取座谈了解、查阅档案和历史资料，听取有关情况介绍。其基本情况是：部队军事用地是经中央军委同意，由宁夏军区于 1967 年 3 月 7 日向吴忠、同心、中宁、青铜峡 4 县县委、县人委、武装部发文，划归部队作为训练基地使用。1968 年 12 月 23 日，同心和中宁两县革委会、武装部、解放军某工程指挥部在同心召开联合会议，对原军事用地进行了扩大，共占用荒地 8 万余亩，约 550 平方公里。银南行署土地局于 1988 年 3 月 1 日为该军事用地颁发了国有土地使用证。

　　红寺堡灌区开发的土地恰好在军事用地之内，且该部分土地正位于灌区中心地带，最主要的扬黄三干渠从该中心地带的中部通过。1995 年 9 月下旬，部队调查小组把这些情况及自治区党委、政府的意见，如实地再次向兰州军区进行了报告。

　　红寺堡地区的开发和军用靶场的使用发生了矛盾。主要症结在：红寺堡灌区计划开发的 75 万亩土地，其中占用了炮兵靶场与红寺堡之间的 45 万亩土地，靶场以南与红寺堡之间一旦开发利用，靶场将失去根本效用。而红寺堡灌区是扬黄灌区工程四片区中设计灌溉面积最大、土质最好，同时又是工程优选方案拟订首

摘枸杞

先启动开发的工程,如灌区 45 万亩土地问题得不到妥善解决,其余 30 万亩拟开
发的土地也无法开发,不仅影响勘测设计,无法进行当年的"三通一平"工程,也
影响红寺堡的有序开发,更会影响整个扶贫扬黄灌溉工程的全面开工,地区开发
与军事用地"顶牛"。

　　兰州军区接到宁夏军区的报告后,试图找出一个两全齐美的办法。1995 年
底至 1996 年,两级军区就此事多次进行了勘察与研究。1996 年 5—11 月,兰州军
区和自治区政府围绕选址方案先后 4 次进京联名向国务院、中央军委汇报,3 次

赴内蒙古呼和浩特市、巴彦浩特镇通报，两次请阿拉善盟、左旗的领导来银川协调，但因涉及两个民族自治区，而且地跨北京、兰州两大军区，特别是涉及内蒙古自治区境内的一些实际问题，情况比较复杂，不但方案难协商，就是方案确定下来也难以付诸实施。此后，自治区党委原书记黄璜、原主席白立忱提出"立足宁夏，重新选址，和兰州军区协调解决"的设想。据此，扬黄灌溉工程总指挥部和自治区土地局又提出了4个供兰州军区选择的选址方案。兰州军区在所提供的选址方案基础上，提出了南、北区新方案。当年12月11日，由国务院副秘书长李树文在北京召集中央军委、总参所属有关部门以及兰州军区和自治区主要领导参加的协调会议，会议原则同意兰州军区所提的修订方案。1997年1月29日和2月19日，自治区党委、政府两次召开会议，专题研究解决军用场地易地问题。3月7日，自治区党委、政府、人大、政协有关领导和有关部门召开现场协调会，就军用场地易地新建占用土地问题达成共识。7月16日，部队军用场地资产移交签字仪式在原红崖乡扬黄灌溉指挥部举行。1998年7月26日，自治区党委书记毛如柏、主席马启智同赴兰州，与兰州军区政委温宗仁、副司令员王志成等协商研究军用场地易地新建问题，形成了关于解决宁夏扶贫扬黄灌溉工程建设用地和部队场地易地重建用地问题的协议，简称《"7·26"协议》。兰州军区同意以场地易地重建的方式，腾出原场区军用土地，自治区同意在宁夏范围内重新划拨同等面积土地用于部队训练场地。12月27日，国务院、中央军委批准《"7·26"协议》。与此同时，兰州军区向自治区移交现有场区内的营房、给水、供电、道路、通信等所有固定设施。至此，军用场地易地问题从根本上得到了解决。《"7·26"协议》体现了自治区党委、政府领导和兰州军区、宁夏军区领导博大的胸怀，他们以解决宁南山区群众脱贫为己任，与山区群众"同呼吸、共命运、心连心"，谱写了新时期"拥军"与"爱民"新篇章。红寺堡军用场地的移交，为红寺堡开发建设提供了土地保障。

123

"军队不与民争利"，人民解放军紧紧地和中国人民在一起，全心全意地为人民服务，是这支军队的唯一宗旨。几十年来，人民解放军在共产党的领导下，始终不渝地恪守这一宗旨，把它作为全军团结战斗的政治思想基础和行动的唯一准则，时时处处以人民利益为最高利益，永远保持同人民群众的血肉联系，坚持同人民群众生死与共、同甘共苦，为中国各族人民的利益而战斗，因而它得

到了人民群众的真诚拥护和全力支持。这是能够克服一切困难，战胜一切强大敌人而取之不尽、用之不竭的力量源泉。1999 年 1 月 28 日，部队完成新场地的勘界并开工建设。指战员们不与民争利，又开始为第二故乡献出自己的青春和汗水。现在开发区城乡巨变，部队场地建设一流，真是军地"双拥"奇葩，竞相斗艳，各吐芬芳。

农田葱茏

无私奉献抒忠诚
润物无声写春秋

汤生平

红寺堡开发建设历程中，涌现出了众多可歌可泣的英雄人物，他们为了移民的平安幸福，鞠躬尽瘁，甚至献出了宝贵的生命。红寺堡人民永远怀念他们。

2006年4月4日，红寺堡开发区公安局局长汤生平做完早操，向值班民警安排了当天的工作后，乘坐警车赶往太阳山移民开发区执行一项重大安全保卫任务。早晨8点多，汤生平所乘的车辆在盐兴公路遭遇车祸，他当即重伤昏迷，后经抢救无效，不幸因公殉职。

汤生平同志从警22年，历任地区公安局法制科科长、派出所所长、公安局局长等职务，无论在哪个岗位，他都始终忠于党的事业，牢记"人民公安为人民"的使命，竭尽全力为党和人民工作，忠实履行了人民警察的神圣职责，在平凡的工作岗位上作出了不平凡的业绩。汤生平生前先后荣立个人三等功一次，荣获吴忠市公安局先进个人、西交会"安全保卫先进个人"、城建工作先进个人、"两基"工作先进个人、全区公

安机关执法先进个人、"人民满意公安民警"等荣誉称号,并先后多次被评为优秀公务员。

为褒扬汤生平为公安工作作出的突出贡献,中共红寺堡开发区工委、中共吴忠市委先后追授他为优秀共产党员,同时授予宁夏公安系统一等功。2006年7月,自治区总工会追授汤生平为"五一"劳动奖章获得者。

1984年,汤生平从警校毕业后,怀着一腔热血,踌躇满志地来到银南行署公安处,开始了他从警的生涯。

1991年2月,汤生平被选派到法制科工作,负责对行政复议和劳教案件进行审核、复查、报批。7年间,他的足迹踏遍了银南7县的105个派出所,承办了50多起诉讼案件和几百起复议案件。由于经常坚持下基层调卷,找当事人核实情况,注重事实证据,因而他所承办的案件无一错案。

1989年,金积镇北门村主任许某某因家庭纠纷被人殴打致死,吴忠市(县级)公安局将马某某等3名犯罪嫌疑人收审,3名犯罪嫌疑人表示不服。1991年,当事人双方于同一天向银南行署公安处法制科申请复议,一方要求对犯罪嫌疑人追究法律责任,而另一方则要求解除收审。接到案件复议申请后,汤生平二话没说,深入金积镇北门村走村串户,走访调查了60多户群众,收集了大量第一手资料,最终查明了许某某被马某某等3名犯罪嫌疑人打断肋骨后死亡的事实,最后法院以伤害致人死亡对马某某等3名犯罪嫌疑人依法追究了刑事责任。

2002年3月8日,汤生平被任命为吴忠市公安局北片区治安派出所所长,他以沉着、果敢、雷厉风行的作风和率先垂范的勇气给人们留下了深刻的印象。2002—2003年,实施"民居工程"期间,由于招投标过程中进驻的建筑公司较多,许多承包商恶意拖欠民工工资,形成了三角债。如承包商马某某等人恶意拖欠民工工资。汤生平亲自跑到银川找到马某某,清欠了60多万元民工血汗钱。这件清欠案的成功解决,引起了强烈的社会反响,中央电视台、《宁夏日报》等多家新闻媒体竞相报道,汤生平由此得了一个"清欠所长"的绰号。

2004年3月30日凌晨2时许,一蒙面抢劫团伙窜入红寺堡镇华丽服装城,将店内4名妇女和店主绑架,抢走现金3.5万元,后又对红寺堡移动公司和一金银首饰店进行抢劫,这3起特大蒙面入室抢劫案,使当地群众感到恐慌不安……

2004年4月8日,汤生平临危受命,被任命为红寺堡开发区公安局党委书记、局长。

"文质彬彬的一个人，怎么看也不像公安局局长。"

"靠他来改变红寺堡的治安状况——悬！"

红寺堡是移民区，人员构成复杂，社会治安形势严峻，汤生平深感肩上担子的沉重。当时，公安局积案如山，民警队伍参差不齐，人心涣散，还出现过多名民警违纪违规行为，在群众中影响极坏，行风评议年年倒数第一。面对现实，汤生平思考着、探索着……要开创红寺堡公安工作新局面，整肃队伍、侦破"3·30"抢劫大案是当务之急。他立即抽调精干民警成立"3·30"专案组，他说："此案不破，无法向开发区移民交代！"然而，破获这样一个大案何其容易！犯罪分子已连续在全区作案十几起，无一失手，案件毫无头绪。那段时间，人们常常看到汤局长办公室整夜通明。他根据犯罪分子的作案规律，制订了周密详细的侦查方案，抽调精干警力设卡堵截、蹲坑守候。果然，功夫不负有心人。6天后，当犯罪分子再次到红寺堡作案时被一举抓获，震惊自治区的"3·30"特大蒙面入室抢劫案成功告破。

抢劫案侦破后，群众奔走相告，扬了警威，但汤生平没有一丝一毫的松懈，因为，他面临着更为严峻的考验。35名民警、4台旧警车，是公安局的全部家当。这种警力少、装备差、基础建设薄弱的现状，制约了红寺堡公安工作的发展。汤生平不等不靠，提出了"向科技要警力，向素质要警力"的队伍建设方略和建设一支装备精良、能征善战的"铁军"构想。他轻车简从，深入基层调研，了解民情、民意，和民警谈心。短短一个星期跑遍了开发区7个乡镇的派出所，得到了第一手翔实的资料。很快，汤生平响亮地提出了"局长、政委为班子成员做表率，班子成员为普通民警做表率"的"两表率"，以及"倡廉戒贪、倡勤戒懒、倡真戒虚、倡实戒浮"的"四倡四戒"口号，狠抓制度落实，一扫过去的虚浮之风，昔日暮气沉沉的红寺堡公安局焕发出了勃勃生机。汤生平通过向公安厅、市公安局审报中央政法专项补助项目，在不到一年的时间里，红寺堡公安局硬件设施得到了明显改善，公安局指挥中心立项建设，"三台合一"指挥中心逐步规范。先后争取资金500多万元，完成了交警大队办公大楼和乡镇派出所建设，在全区第三个实现了"无纸化"办公，夯实了公安基层基础工作，为红寺堡公安局实现"一年打基础，二年上台阶，三年创优秀"的目标注入了强大的发展后劲。

整顿队伍、严肃警风的同时，汤生平将精力集中到了破大案、破积案，换回人

无私奉献抒忠诚
润物无声写春秋

民群众对公安机关的信心上来。面对形形色色的重特大案件，他带领队伍打响了一场又一场攻坚战，相继指挥破获了"10·19"杀人案、"9·29"持刀抢劫出租车案、"7·14"麻醉抢劫案、"4·11"破坏电力设备案等一大批严重刑事犯罪案件。

据统计，担任局长两年间，汤生平亲自指挥破获刑事案件120起，为群众挽回财产损失170多万元。2004年实现了全国无命案市县的目标，在全区27个公安局综合考评中，红寺堡公安局名次上升了17位，由原来的倒数第一跃居全区第十位。短短两年时间，红寺堡的社会治安形势发生了根本好转，群众的安全感大大增强，群众对公安工作的满意度显著提高。对于汤生平这个文质彬彬的公安局局长，犯罪分子闻风丧胆，同行们佩服尊重，人民群众个个称赞。

汤生平曾说过："公安民警的职责就是为人民服务，如果有老百姓在背后骂我们，那就是我们最大的耻辱。"

有一次在与群众闲聊时，汤生平得知红寺堡综合市场内有一个被称为"老虎帮"的黑恶势力团伙，这个团伙横行乡里，欺行霸市，在赌场上抽头放板，向商家强收"保护费"，老百姓对此敢怒不敢言，社会影响极其恶劣。他立即抽调民警组成专案组展开调查。刚开始，大多数受害者慑于黑恶势力的淫威，不敢反映真实情况，他便带民警夜间到受害人家中，讲法律、讲政策，宣扬公安机关打黑除恶的决心。在真诚的感召下，群众纷纷举证，专案组获取了大量证据，彻底铲除了"老虎帮"，综合市场恢复了往日的平静。超市老板胡保华说："汤局长为人正直，不怕邪，我们是见证了的，他为红寺堡经济的发展保驾护航，我们老百姓是认可的、满意的！"在谈起红寺堡的社会治安状况时，红寺堡村民康伏海深有感触地说："自从汤局长来到红寺堡后，我感觉到红寺堡的社会治安一天一个样，变化确实大，我们老百姓的安全感大大增强了。"

在公安机关"开门大接访"活动中，无论工作多忙，汤生平都坚持亲自接待来访群众，耐心听取他们的诉说。只要符合法律和政策，他都联系有关单位尽快解决。2003年12月13日，大河乡三村农民浦某某因涉嫌抢劫，公安局暂扣了浦某某的摩托车。案件终结后，浦某某以其摩托车在公安局扣押期间损坏为由，多次上访。在大接访期间，汤生平接待了浦某某，详细了解了事情的来龙去脉，随后立即指派专人对这一案件进行了核查。核查的结果是由于办案民警保管不善，造成车辆损坏。他立即找来了参与办案的5名民警，照原价为其赔偿了4000元，并主动赔礼道歉。浦某某接过钱后说:"我还认为不会有哪个领导真正会替老百姓做主,今天汤局长让我相信,共产党的干部还是一直在为老百姓着想。"汤局长说:"只有敢翻旧账、捅老底、自揭疮疤,我们的工作才能干好,才能得到老百姓的信任。"

2005年6月18日,红寺堡镇甜水河村村民吴广军被车辆撞成重伤。案件发生后,伤者家属以肇事司机家属不提供医疗费用致使伤者无法得到救治为由多次上访。汤生平得知这一情况后,主动下访,积极争取社会各界的支持,先后为伤者筹集救治费用3万余元,使伤者得到了及时救治。上访案件的成功办结和他耐心细致、平易近人的工作作风,得到了上访人员的高度赞誉。

在担任局长的两年时间里,汤生平亲自调处各类矛盾纠纷350起,妥善处置各类群体性事件共15起。

时光可以冲淡一切,但是一些感人至深的细节却能够长存在人们的记忆中,永不褪色。司机小吴回忆到,就在发生事故的那一瞬间,坐在副驾驶位置上的汤局长果断地发出命令:"向南拐!"小吴紧急刹车,并向南打了一个转向,车还没能完全转过弯来,他们又发现路南边还有行人,情况万分危急。此时,汤局长又一次果断命令:"快躲开,不要伤着人!"司机小吴连忙又向北打了一个转向,警车随即撞到五菱车的后半部,翻滚在路边……一切发生在瞬息之间,在千钧一发之际,汤生平不是没有保全自己的机会,然而他却没有这样做,正是他在最后时刻两次果断的命令,使面包车司机和路边行人得救了,而他,却永远地离开了自己热爱的公安事业,离开了自己的亲人和战友。

当司机小吴和其他民警清醒过来的时候,汤局长躺在离警车四五米远的地方,浑身沾满了鲜血。战友们一遍遍地呼喊他的名字,只听他发出微弱的声音说"救人!"便昏了过去,此后他再也没有说过一句话。"救人!"这是他留给我们的最后一句话,也是在他弥留之际、在生命的最后关头留下的最后嘱咐!在那万分危急的时刻,我们无法探究他心里想的是什么,但他却把生的希望留给了别人,把死的危险留给了自己。

汤生平牺牲的消息传开后,当地的群众都不敢相信这个噩耗是真的。当消息得到证实后,大家无不痛惜!4月6日,群众络绎不绝,自发到公安局吊唁,大家都以最朴实的方式来沉痛悼念这位公安局局长,一个个不由得诉说着他生前的

感人事迹。

汤生平走了，他把生命最壮丽的一刻留在了移民地区，用自己的一腔热血捍卫了一方平安，用信念、人格和情操实践了"立党为公、执政为民"的根本要求，展现了一名共产党员的崇高精神境界，谱写了人民警察忠于党、忠于人民、忠于法律的壮烈诗篇。为我们树立了"权为民所用、情为民所系、利为民所谋"的光辉典范。

早期来到红寺堡的移民都不会忘记，为了移民的事业献出自己宝贵生命的不只汤生平一个人，还有许多名字，老百姓永远记着。

邵金龙，宁夏隆德人。1998年9月在隆德县扶贫扬黄工程指挥部工作。2000年6月，调入红寺堡开发区工作；9月，任沙泉乡工委书记；12月22日下午5时，在下乡检查工作途中遭遇车祸，以身殉职，终年37岁。在贫困山区生活与工作过的他，始终把移民冷暖放在心上，实施第一批移民搬迁时，他一个月数过家门而不入，一心扑在工作上，移民搬迁的每一个环节、每一项困难他都牢记于心。移民刚搬到红寺堡，谁家有什么问题都跑来指挥部找他，不管有多远，不管夜多深，他都亲自前往解决。负责沙泉乡筹备组建工作期间，他吃住在建设工地上，白天督促检查工程建设进度，晚上谋划组织建设、移民管理、经济发展、人口普查、计划

邵金龙

生育、社会治安综合整治等各项工作,在较短时间内开创了沙泉乡各项工作的新局面。在人生中最美好的时光里,他,一名对党和对人民事业无比忠诚的共产党员,把汗水、心血乃至生命,都抛洒在了这片大地上。

罗山不会忘记的小英雄陈真,他是大河中学初三学生,共青团员。1987 年出生于隆德县上梁乡一户贫困农民家庭。1999 年搬迁到红寺堡开发区大河乡,2003 年 6 月 19 日在大河乡为救素不相识的落水青年而不幸献身。

陈真从小就是一个热心肠的孩子,5 岁那年家中新栽的枣树上挂了两颗枣子,大人说:"两颗枣子就不摘了,让多挂几天,也是院中的一道景观。"可当他听说邻居王大妈熬药需要枣子时,就悄悄跑去找了一根竹竿把树上的枣子打下来,然后双手捧着送到邻居家里。

陈真非常体谅体弱的母亲,不管学习有多忙,都叮嘱母亲等他回来再挑水。每次挑水时,他总会把水缸盛得满满的,然后再多挑一担,这样母亲在第二天就不用再去挑水了。

2001 年冬天的一个早晨,寒风刺骨,在上学的路上,陈真发现同学张展妥面色如纸,冻得瑟瑟发抖,他马上把穿在外面的棉袄脱下来让张展妥穿上,自己身上只穿着一件薄线衣。后来因感冒他在床上趴了整整 3 天。

陈 真

2002年7月的一天,陈真与同学朱小龙开着四轮拖拉机去地里。朱小龙驾车技术不好,在一个转弯处,撞碎了支渠上的两块水泥盖板。陈真坚持尽快把水渠修补好,朱小龙说:"又没人看见,不会有人追究咱们,犯不着费神费力地去修补。"可陈真却坚定地说:"虽然咱们侥幸地躲过了别人的眼睛,但不应逃避责任。每次放水时,渠中的水流很急,冲击力大,如果时间久了,周围的盖板都有可能被冲毁,损失可就大了,我们必须及时修补好。"他不顾朱小龙的劝阻,跑回家里背来了水和水泥,小心翼翼地把盖板拼凑好,糊严实裂缝后,才满意地离开了。

2003年6月19日下午4时许,陈真和几名同学到村边的小树林里温习功课,为迎接第二天的中考做最后的准备。这时同村预制厂青年张振忠在三干渠游泳。不一会儿工夫,渠中传来张振忠溺水的呼救声,陈真和3位同学急忙前往营救,途中,身体健壮的陈真顺势折断一棵足有锹把粗、2米多长的臭椿树。

此时张振忠正在湍急的水中翻腾,陈真将树枝伸向求救的张振忠,并与其他3名学生在陡峭的渠坡上手拉手展开营救行动。光滑的渠面使他们无法站稳脚跟,两三分钟后,站在渠坡最下面的陈真因体力不支,被卷入湍流中,献出了宝贵的生命。

事后,红寺堡79所中小学校迅速掀起了"学陈真、找差距、做贡献"的热潮。同时,红寺堡工委、吴忠市、自治区分别追授陈真"优秀共青团员"荣誉称号。

见义勇为的好青年辛近年,1967年7月出生在隆德县神林乡桃李村。1999年2月搬迁到红寺堡开发区碱井村,2003年6月19日因救落水青年而献出了宝贵的生命。

辛近年自幼家庭困难,哥哥姐姐成家后,赡养父母的重担就落在了他的肩上。1999年,在亲戚的帮助下,他搬迁到红寺堡开发区大河乡碱井村。父母年近七旬,子女年龄幼小,生活非常困难。

辛近年为人心地善良,又乐于助人。1999年10月,从神林乡桃李村一组搬来的张永清在建房挖砂时,不慎被塌下来的砂石将腿打折,正好被辛近年碰上,他便将张永清背到村医务室包扎受伤的腿。张永清全家为了表示谢意,给他送来几条烟,但被辛近年婉言谢绝。2000年7月20日,碱井村20多名村民在白墩乡干完活坐三轮车回家途中,三轮车翻入一支干渠,其中王宽宽等5人跌入水渠中,

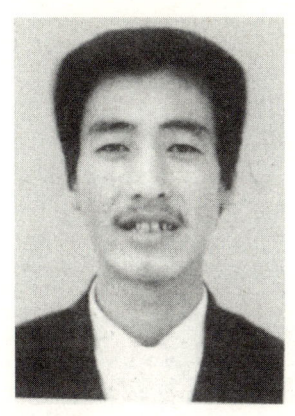

辛近年

辛近年带头跳入水中奋力抢救。在闻讯赶来的其他人的帮助下,王宽宽等5人得到了及时的救治。

2003年,辛近年从事泵站渠道养护工作。工作上他从不偷懒,勤勤恳恳,在自己负责的7000米渠道上,恪尽职守。工作之余,他主动打扫泵站院内外卫生,清扫厕所,给泵站林带放水,脏活累活他都抢着干,得到了泵站领导和全体职工的好评。

2003年6月19日下午4时左右,大河中学初三(2)班学生陈真、朱小龙等4人在三干渠315斗口采取手拉手方式营救落水青年张振忠,站在渠坡最下面的陈真因水流急、渠坡光滑、体力不支而滑入渠中。正在附近巡渠的辛近年听到呼救声,急忙跑过来,毫不犹豫地与其他3位同学奋力营救陈真和张振忠,处在最前面的辛近年被湍急的水流卷入渠中,献出了年仅36岁的宝贵生命。事后,辛近年分别被红寺堡开发区、吴忠市、自治区追授"见义勇为好青年"荣誉称号。

见义勇为好少年沙渊聪。沙渊聪,回族,1997年7月出生于宁夏泾源县,2002年随父母迁居于红寺堡。2009年小学毕业以优异成绩考入红寺堡中学,系红寺堡中学初一(4)班学生,共青团员,班级劳动委员。2010年7月5日,在红寺堡城北生态林园为抢救落水少年而英勇牺牲,年仅13岁。

自古英雄出少年。一个13岁的孩子,他的举动让人们为之动容。以命救命,以心换心,他用朴素的方式,完成了对于生命价值的终极追问。

沙渊聪

　　2010年7月5日下午,沙渊聪与同班同学王生宝、李春瑞、张文俊到红寺堡城北生态园游玩。张文俊在蓄水池旁玩耍时不慎滑入水中,李春瑞在拉他的过程中也落入水中,沙渊聪和王生宝看到情况危急,就不顾一切跳入水中进行施救。尽管都不会游泳,但在这生死关头,他俩奋不顾身竭尽全力将李春瑞、张文俊推向岸边。李春瑞、张文俊得救了,王生宝被沙渊聪用力推了一把,在岸上群众的帮助下,也爬上了岸。沙渊聪终因在水里时间过长,体力不支,沉入水中,永远地离开了大家。在关键的时刻,沙渊聪为他人开辟了一条生命通道,把生的希望留给别人,却牺牲了自己。就这样,年仅13岁的沙渊聪永远地离开了。

　　沙渊聪的父亲沙万宝回忆说,孩子生前非常懂事,怕妈妈受累,不但学会了干家务活儿,还学会了做饭。就在救人前不久,他还打了孩子,孩子不但不生气,还调皮地说:"你大人不计小人过,毕竟我还是小孩。"这一温馨的父子亲情画面,如今却成为父亲永久的回忆。孩子出事后,沙万宝一直没能从丧子之痛中摆脱出来。"生前聪聪喜欢的一套家具,在孩子出事后半个月搬进了他的房间。伤心时,只有到孩子的房间翻看一下他的旧照片。"沙万宝说,从来没有当面夸奖过孩子,没想到这成为做父亲最大的遗憾。将生的希望留给别人,儿子的救人行为值得家人为他骄傲。

　　"沙渊聪同学是我们班上的劳动委员,他是一名品学兼优的学生,自小就受到非常好的家庭教育,平时对同学非常照顾,经常拿出自己的零花钱,接济家庭困难的学生。他虽然年纪小，却很懂事，平时能够严格地要求自己。在学习上，他已经养成了一种自觉探求的精神，善于讲出自己的学习观点，喜欢跟自己的老师接触、交流，深受我们每个任课教师的喜欢。让他担任我们班的劳动委员，是同学们选出的。同学们选他的原因很简单，就是因为他具有勤劳能吃苦、讲究卫生的好习惯。他当了劳动委员，把教室打扫得一尘不染、干净温馨，不论是老师还是学生，只要走进教室，就感到温暖舒心。"沙渊聪的班主任马兴瑞感慨地说，"我总感觉到沙渊聪同学没有离开我们，他还在我们班的教室里。多好的一个学生啊，怎么说没就没了！"

"人生本是快乐的，帮助别人是一种快乐，认真做事也是一种快乐。"沙渊聪的作文中遗留的稚嫩而又朴素的语言，透视出这位英雄少年纯洁而高尚的品质。2010年8月5日，红寺堡区在红寺堡中学阶梯教室隆重举行大会，区委、政府决定授予沙渊聪、王生宝两位同学"舍己救人好少年"光荣称号，并号召在红寺堡区范围内掀起学习沙渊聪、王生宝活动高潮，这是对少年英雄的赞颂，更是对舍己救人精神的肯定和发扬光大。

2011年2月28日晚，由宁夏回族自治区党委宣传部、宁夏广电总台主办的"感动宁夏"2010年度人物颁奖盛典在宁夏广电总台演播大厅隆重举行。沙渊聪荣获"感动宁夏"2010年度人物称号。这天晚上，红寺堡中学五楼大厅座无虚席，老师和同学个个含着泪花，通过电视屏幕，又一次走近自己熟悉的英雄，又一次真切地感受英雄的召唤和力量。

当同学的生命面临被湖水吞噬的危急关头，沙渊聪没时间考虑个人安危，毅然选择将生的希望留给别人。一个孩子舍己救人的伟大壮举，让他成为当之无愧的少年英雄。沙渊聪用绝世一跳传递出人间大爱，并将这种力量传递给更多的人。他用生命践行了社会倡导的主流价值观，昭示出感动世人的力量。沙渊聪走了，他走得大义凛然，走得悲壮感人。他用年少的生命诠释了当代中学生见义勇为、舍己救人的风采。虽然他走了，但他可贵的精神、高尚的品质永远留在世人心间，更是青少年学习的典范。2010年度"感动宁夏十大人物"评审委员会给沙渊聪的颁奖词里这样说：

在这个奇迹纷涌的时代

135

无私奉献抒忠诚
润物无声写春秋

我们对任何事情都不会感觉意外

但面对这个 13 岁的孩子

我们仍不禁为之动容

以命救命，以心换心

他用朴素的方式

完成了对于生命价值的终极追问

在红寺堡这片广袤大地上，还有许多共产党员、干部、工人、农民，在自己的工作岗位上呕心沥血，鞠躬尽瘁，激励着每一个移民。人民不会忘记他们。1999年7月，37 岁的杨存葆调到红寺堡开发区工作。此前，在他的想象中，这里作为宁夏扶贫扬黄灌溉工程的主战场和全国最大的生态移民开发区，应该是一派气势恢宏、令人激动不已的场景。然而，来之后眼前的一切让他炽热的心瞬间变得冰凉。来红寺堡的第一个晚上，他经历了有生以来最恐怖的黑暗，当一阵强似一阵的狂风几乎要把他暂时栖身的帐篷掀翻，他感觉到大地在颤抖，板床在颤抖，自己的心也在颤抖。他尽可能地将自己蜷缩起来，仿佛伸展四肢就会被肆虐的风魔刮走。初到红寺堡的印象，让他无论如何也不敢相信，这就是那个计划移民100 万人、开发 200 万亩土地、投资 30 个亿、计划 6 年建成的国家重点扶贫移民开发工程。有生以来他第一次怀疑自己的选择，这样的环境，我能不能适应，能不能待下去？

从 2000 年 5 月起，杨存葆先后在社会事业局、卫生与计划生育局、宣传部工作，2004 年调离红寺堡。在红寺堡，他坚守了 5 年。5 年里，他迷茫过但仍坚守着，痛苦过但也有收获。在这片土地上，留下了他的汗水和足迹，也承载了他这段人生满满的回忆。

当时的社会事业局，是红寺堡最具特色的机构，包罗了教育、卫生、人口、就业等多个部门的工作职能。在这里工作，说千头万绪不是夸张，诉千辛万苦也不为过。

杨存葆清楚地记得，他任社会事业局党支部书记后的第一项工作就是下乡发糖丸。空旷的沙野里，吉普车孤独地颠簸在沙丘间，耳边的风呼呼作响，脸上衣服上的沙尘越来越厚。不知过了多久，眼前终于出现了几间红砖小屋，冷清清孤零零地伫立在黄沙滩上。行走一路，他通过走访群众得知，好多移民家庭都生养了多个孩子，家庭生活也因此而贫困不堪。主管计划生育工作的他眉头不由蹙起来。大部分移民生育观念淡薄，加之人口流动性大，工作人员少，自己没有任何卫生工作的经验，在这种情况下，开展工作将十分困难。

千难万险也要度，千思万虑终要行。杨存葆开始了白天下乡、夜晚补课的工作模式。白日里，顶着风沙和干部们一起挨家挨户讲政策、做宣传、摸实情；月夜下，借着灯光查教材、记笔记、找疑问。他目睹了红寺堡区第一家妇幼保健中心成立、第一本育龄妇女档案建起来、第一例结扎手术完成、第一个计划生育管理实施细则出台。为了这些第一，他遭到群众不少的指责、白眼甚至谩骂，曾心酸过，也痛苦过，但他从未退缩过、放弃过。他深知，自己所做的一切，都是为了移民的幸福和长远的发展。为了实现这个目标，吃点沙子、黑点瘦点、苦点累点也值得。在红寺堡工作的干部几个月回不了家、洗不了澡是常态；吃泡面、喝凉水是常态；被老婆怪、孩子怨是常态。这一切，就像红寺堡每一个沙尘天一样，早已不足为怪了。杨存葆记得有次回家，因为好久没回来了，自家的大黑狗挡在门口狂吠不止。他又怒又笑，后作诗云："故里幸飞花，蹊林笼白纱。鸡鸣觉冬晓，炊烟知人家。发妻谋春化，稚儿忙厮杀。黑犬不识主，扯衣犹张牙。"

下乡、调研、学习、阅文件，杨存葆每天都忙得团团转。他恨不得一小时有九十分钟、恨不能分身两半。在那些日子里，红寺堡热火朝天的建设景象每一天都催促着他、激励着他。他的字典里没有了懈怠、没有了闲暇。"秋夜雨无眠，清屋影只单。孤灯照黄页，独笑行注笺。坐默先贤语，立忆时政篇。书山多寂寞，恐怠不行前。"他当年雨夜信笔拈来的诗文，至今读来，仍是那么酣畅淋漓、催人奋进！

负责红寺堡教育工作期间，杨存葆和同事们全力推动学区规划、招调教师、起草文件及立项、集资、盖楼、招生、动员等各项工作。他和大家都期待着红寺堡的上空传来第一声琅琅读书声。有一天黄昏过后，忙碌了一天的他一边往宿舍走，一边盘算着第二天的工作。突然，手机铃声急促地响了起来。接通电话，只听得那边老婆呜呜咽咽地哭着："快回来！老娘病了几天了，要送医院……"顾不得穿外套，他急忙请了假，借了一辆旧吉普，心急火燎直奔家里去。未曾想在半路上遭遇了车祸，庆幸的是，虽然腰椎骨折但没有损伤神经。病床上的他惦记着孩子们要开学，无法安心静养。由于红寺堡刚刚起步建设，各个机构并不健全，人员非

常短缺，局里算上他总共只有3个人，许多工作都需要他来安排、指挥。如果他再躺下去，孩子们能否顺利开学？为了红寺堡顺利开启校门，揭开这方土地教育史上崭新的一页，无声的命令使他忘却了疼痛，十天后，他拄着拐杖出现在了校舍前……

杨存葆说，没有忘我工作的精神和认真负责的态度，红寺堡的各项事业不会顺利启动，更不会有序推进。红寺堡的第一批创业者，无论是谁，无论在什么岗位，他们都兢兢业业、勤勤恳恳，以求真务实的工作作风与无私忘我的奉献精神感染和带动着身边的干部群众。"身子苦不怕，就怕工作没干好心里苦。"这朴实的话语，应该是每一个在红寺堡奋战过的拓荒者共同的体会。在红寺堡的建设征途上，是他们，像一支支蜡烛不断燃烧着自己，将一片片光明奉献给这片深爱着的土地；是他们，用行动、用业绩，在平凡的工作岗位上留下了一串串充满爱的感叹号！

移民裴志红刚到红寺堡时，才30岁出头，正是人生中最美好的年华。在老家过惯了苦日子的她，来到地势平坦的红寺堡，虽说这里还没有一条像样的大路，还没有长满油菜花、小麦、玉米的庄稼地，但她依然觉得这里比老家好得多。春季是种树的好时节，她和丈夫信心满满地向着荒原进发。"土质太硬了，挖坏了好几把钢锹。站着铲土根本不行，得跪下来用洋镐使劲刨。"一天下来，树没有栽几棵，可手上却满是水泡和血泡。"我晚上用针把水泡一个个挑破，钻心地疼，想想累死累活一整天才干了那么点活，就忍不住哭了。"受累受苦没有让裴志红屈服，可随之而来的打击却让她体会到什么是撕心裂肺的疼痛。由于灌溉用水还不能及时供应，加上白浆土不能充分地吸收水分，夫妻二人忙碌许久的成果并没有带来回报，不久之后，她栽植下的苗木五六成因缺水干涸而死。裴志红从树坑里把死树拔出来，不由得痛哭了一场。"怎么办？还得种啊。人要在这个地方生活下去，树就要一直坚持种下去！"朴实的她坚信，只要通过不懈的努力，总会有一天，她的田地四周定能够长出一片茂密的小丛林。这就是信念，移民改变自然的坚定信念。

2001年，红寺堡交通不便，各类客车保有量极其有限。曾经有一位回老家探亲归来的移民，到红寺堡城区以后，没有车可以载他到30公里之外的移民安置点，眼看着天黑了，心中万分焦急。无奈之下，他找到管委会寻求帮助，接待他的是正准备外出开会的工委书记姚建国。在得知这个情况后，姚书记当即指示一位干部用摩托车将其送至移民村。在如今看来绝不可能的事情，在当时来说再正常不过。那位负责送人的干部后来说：红寺堡城区刚刚开发建设，仅有的建筑除了车站就是管委会办公楼，街上连个旅馆都没有。让这个移民在风沙中待一个晚上谁都不忍心，送他一趟，虽然远了点，来回往返很辛苦，但总算是帮着他解决了十分棘手的问题。

　　固原县移民马平忠，因为老家山大沟深、出行不便，便选择了搬迁。到红寺堡后的第一件事，就是打听娃娃到哪里上学。"再苦再累也要把孩子送到学校去，不能让娃娃再像我一样，大字不识一个，没有什么技术，到工地上干活也只能抱砖。"他的3个孩子，在红寺堡都进入学校完成他未完成的求学梦想。然而，2002年一场意外的车祸，让他在床上躺了一年之久，昂贵的医药费让这个原本贫寒的家庭雪上加霜。大女儿看到家里的困难，希望退学回来帮着操持家务，减轻一点负担。在这个时候，乡政府、学校都派人前来慰问。"家里有实际困难，告诉我们，我们能帮你的尽量会帮。娃娃的前程可不能耽误，她要是退学了，将会是一辈子的遗憾。"一名乡政府工作人员劝导他。在他们的帮助下，马平忠渐渐康复并恢复了劳动能力，女儿也得以继续上学。如今，大女儿已经大学毕业并在天津找到了一份稳定且收入不错的工作，开始了完全不同于祖辈挣扎在贫困线上的新生活。

　　李芬儿，红寺堡区环卫工人，2014年全国"五一"劳动奖章获得者。红寺堡区某天雨越下越大，李芬儿担心下水道堵塞，挨个检查道路上的水算子，在雨里泡了近1个小时。

139

　　李芬儿就是这样一个人，一个对工作一丝不苟的人，一个从不言苦的人，一个在马路上一干就是14年的环卫女工。

　　2000年，李芬儿从西吉县搬迁到红寺堡区太阳山镇沙泉村。目不识丁的她，经人介绍找到了在城里扫大街的工作。从村里到城区足足20公里路，她半夜两点半得从家出发，赶四点半开工。"那时候穷得叮当响，连半袋子面都买不起，我就跟亲戚、邻居借自行车骑，一骑就是9年。"41岁的李芬儿回想起当年的辛苦时，始终面带笑容。晚上一团漆黑，再下场雪或雨，她在上班路上可要吃大苦头了。骑车摔跤是家常便饭，下班回不了家，就到同事家挤一晚。工作时，为了给家

无私奉献抒忠诚
润物无声写春秋

李芬儿

里省钱,她每天只花1元钱买两个饼子吃,用矿泉水空瓶装自家烧的开水,天天如此。下班回家后,李芬儿要赶紧给80多岁的公婆、务农的丈夫及上学的孩子做饭,饭后再烙点饼子,留作他们第二天的伙食。

2002年,因为工作成绩突出,李芬儿被提升为组长。10年来,与她共事的15个人只剩下两人。她始终如一,对那条几公里长的"吴忠路"关爱有加,从不倦怠。

2001年,她申请到了廉租房,月工资涨到了1300元。"别人都劝我打工,一天随便挣100块钱。可我就喜欢环卫工作,我从来不觉得累。"看得出,李芬儿对自己的工作特别热爱。

2014年,李芬儿荣获"全国五一劳动奖章",成为红寺堡区首位获得这一殊荣的普通劳动者。红寺堡区委、政府号召全区干部群众积极学习李芬儿先进事迹,崇尚劳模,学赶先进,争创一流,争当时代先锋。

风雨同舟、不离不弃的善良女人杜雪梅,是一位普通的农家妇女,28年如一日悉心照顾瘫痪在床的丈夫,对丈夫不离不弃,以孱弱之躯尽心抚育子女长大成人。在清贫的日子里,她以中国女性特有的坚韧、执着支撑起一片希望的天空。红

杜雪梅

寺堡区红寺堡镇红海村的杜雪梅,这位年过六旬的老人,以她质朴的情怀和无怨无悔的选择,带给人们发自内心的、最深切的感动,同时也告诉人们,平凡的世界因为有了爱才更加生动和充满温情。

杜雪梅原居宁夏同心县新庄集乡火龙沟村。1965 年,她与杨兴华结婚,丈夫担任村队干部十余年,经常奔波在外,家里全靠她一个人操持。杜雪梅悉心照顾老人,相夫教子,躬身劳动,是乡邻们公认的贤惠媳妇和明理人。

1986 年 5 月,一场飞来横祸彻底摧毁了杜雪梅原本平静幸福的生活。丈夫杨兴华因意外跌伤导致头部以下彻底失去知觉,自此瘫痪在床。家中的顶梁柱倒了,杜雪梅几乎难以承受这突如其来的承重打击。时年,她才 38 岁,家中 5 个孩子,最大的 19 岁,最小的才不到 7 岁,生活的担子彻底压在了一个柔弱的女人肩上。此后的几年里,杜雪梅先后带着丈夫到银川、西安等地大大小小的医院就诊,盼着丈夫有朝一日能够重新站起来。一次次抱着希望而去,一次次失望而归,丈夫最终被确诊为高位截瘫,家中的日子一落千丈,还欠了一堆的债,除了大儿子上了建筑学校,其他几个孩子都相继辍学。在无数个夜晚,望着躺在炕上不能动弹的丈夫,杜雪梅不由得泪湿襟衫,彻夜难眠。

生活总要继续下去,而杜雪梅也从未产生过放弃的念头。多年来,她一直尽

心竭力地照顾着杨兴华，攒钱给丈夫抓药看病。杨兴华瘫痪求医无效，曾有亲戚朋友好心劝杜雪梅乘着年轻另做打算，免得一辈子遭罪。杜雪梅说："行呢，但无论嫁谁我要把杨兴华带上。"就这样一句话，从此再也没人敢提让她改嫁的事，更多的人打心眼里佩服这个倔强的女人，都夸她是个好妻子。

"她对杨兴华没得说。做妻子能做到这个份，不容易……"与杜雪梅同龄的邻居徐凤珍如是说。照顾瘫痪在床的丈夫，她的这种坚守，已经历经了 28 年的漫长时光。

最初的 3 年，杨兴华全身瘫痪，整个人只能躺在炕上，有时候小便失禁沾到皮肤上，就会出现大量湿疹和水泡。为保证丈夫不生褥疮，保持身体洁净，杜雪梅每天早上四五点就要起床，给丈夫做早饭，然后下地干活，晌午的时候又赶紧回家给丈夫送水、接大小便。晚上回到家，还得为他翻身擦洗，推拿按摩，经常忙到深夜。在杨兴华瘫痪后的近一万多个夜晚，她没有睡过一个囫囵觉。

28 年来，杜雪梅想方设法帮丈夫排遣孤独，鼓起生活下去的勇气。家里大到儿女们的成家立业，小到一日三餐，都征求丈夫的意见，让杨兴华觉得自己身上还有为子女、为家庭而承担的责任。20 多年来，光看病就花去了近 20 万元，家中经济困难，但她每年要宰掉四五只羊、十几只鸡，买几十斤鸡蛋为丈夫补充营养。无钱购置衣物，她就坚持每天勤洗勤换，确保房间、丈夫的衣裤没有异味，让丈夫精神上保持积极乐观。

1990 年，在杜雪梅的悉心照顾下，杨兴华两只胳膊能够轻微活动了。1991 年7 月的一天，杜雪梅套车拉草料，骡子受到惊吓带车翻滚入院外的深沟，担心妻子安危的杨兴华情急之下猛然侧身翻了起来。丈夫的反应让杜雪梅惊喜万分，自此，在她的帮助下，杨兴华能够翻起身靠着墙坐一两个小时了。虽然丈夫的下半身依然丝毫没有知觉，但她已经备受鼓舞，觉得有了盼头。为了让丈夫尽快恢复双臂的功能，她每天都拿枣子之类的小物件放在丈夫的膝前，让他练习自己去拿。她决心教丈夫坐起来吃饭，由于杨兴华手指全部扭曲，无法正常活动，根本无法握住碗筷，从喂着吃到教会丈夫自己进食，杜学梅用了整整 5 年时间。

谈到妻子对自己无微不至的照顾，68 岁的杨兴华有着太多的感慨和唏嘘。瘫痪之后的最初几年，他也曾劝妻子再嫁，但杜雪梅却说："人活着图啥？不就是图个家庭圆满、生活安宁，图了进门有个说话的人。有你才有家！有你在，我就有精神！"2010 年,杜雪梅有事离家 3 天。杨兴华说:"她走了 3 天,虽然儿孙在照顾我,但她不在身边,我感觉时间好像过了 3 年一样漫长。"

28 年的岁月,让杜雪梅承受了数倍于人的艰辛,而生性倔强的她却从来没有放弃过对生活的希望。家里没有壮劳力,杜雪梅就和孩子一起应对生活中的风风雨雨。百十来亩旱田,能种的只有糜谷,不会撒种的大女儿用碗盛着种子在炕上撒给父亲看,在父亲的指导下逐渐学会了各种农活,成为种庄稼的行家里手。大旱之年,村子里其他人都没有心思到田里去干活,而杜雪梅却领着孩子将地里的杂草拔得干干净净,她这样做只是为了多打三两升粮食。在孩子的眼里,母亲是世上最坚强的女人,总是一身泥土地回到家,总是弯曲着身体给丈夫按摩,总是拖着疲惫的身躯在锅灶前给兄弟姐妹们做饭。她总希望时间能过得慢些,因为她的地还没有耕完、羊要吃的草料还没有备好……

不幸似乎总是伴随着杜雪梅一家人。她的二女儿在 1994 年生育后得了抑郁症,最后成为精神分裂症,让她多年来操碎了心;最小的孙子在两岁时发高烧,在医院救治时因医疗事故,最终成为痴呆儿,至今还需要她照顾;二儿子先后两次遭遇车祸,骨折两次,身体状况欠佳,不能干重活……诸多的变故让杜雪梅一次次地遭受打击,但她却一再地鼓励丈夫和儿女们:只要咱们一家人都还在,比啥都强,我们都要好好地活下去!

2000 年,新庄集乡居民整体搬迁至红寺堡区。杜雪梅却为没钱盖新房而愁眉不展,最后,她把老家旧房子的材料拉来用,又从亲戚朋友家东借西凑,才盖起了现在的 3 间新房,为此又背上了 3 万多块钱的债务。搬到红寺堡区十年来,杜雪梅一家人生活渐渐有了起色,丈夫的病情也基本稳定,谈及十多年的变化,她欣慰地说:"树挪死,人挪活。只要一家人团结一心过日子,再大的困难也不怕。"

"人活着,要有骨气,要堂堂正正地站着,不要让人戳脊梁骨骂。"杜雪梅说。她虽没有多少文化,但她在对儿孙的教育上却让很多人折服。有一次,她的儿媳妇在街上捡到一个存有 3400 元的存折,她得知情况后和儿媳妇一起按照存折里夹的一个纸条上的电话号码,联系到了失主并主动送还;2010 年,上高中的大孙子在放学的路上捡到一个钱包并带回家中,包里有一部手机、现金 80 元、一串钥匙和一叠单据。杜雪梅让孙子按手机中存储的电话号码联系其他人以此确定失主的身份,最后在第一时间将所有物品送到红寺堡一中丢失钱包的老师手中。同

年秋天某日,杜雪梅发现院子外水渠边有 3 只走失的羊,她担心羊被别具用心的人赶走,就急忙将羊赶回自家的院子。随后她让儿子到附近的牛羊肉市场和清真寺一带寻找失主,等到最后找到丢羊的人时,已是 9 天之后。失主是一位回族青年,当他多次表示要付给杜雪梅养羊的草料钱和辛苦费时却被婉拒,十分感慨:"这 3 只羊最少也值 1500 元,你老人家却一点好处都不要,你算是给我上了一课,教会了我以后怎样做人。"

28 年的坚守,28 年的努力,杜雪梅用自己最朴素的方式演绎了一段感人至深的真爱故事,让一个曾经濒临破碎的家庭,一步一步地走上了幸福的坦途。如今,杨兴华 5 个子女均成了家,杜雪梅再也不用下地干活了。她总希望有一天奇迹会发生,那就是丈夫能够站起来,尽管已经 28 年过去了,这种希望越来越渺茫,但她却固执地坚持:"哪怕让我老头能站起来一天也好,我想带着他到大地方、风景好的地方走一走,这样他这一辈子就不亏了!"

酸甜苦辣话沧桑,二十八年恩爱长。杜雪梅,正是以一颗无私的心演绎了相濡以沫的现代传奇,书写了人世间最为感人的亲情篇章。2009 年,她被评为红寺堡区"孝老爱亲"道德模范;2011 年,先后被评为吴忠市家庭美德先进个人和"感动宁夏"2010 年度十大人物。

红寺堡是一个移民开发区,在创业历程中,需要无私奉献的精神。这些英雄模范人物,用自己的忠诚、智慧和辛劳谱写了感人的诗篇。

校园文化亮明灯
移民生活添滋润

　　红寺堡开发建设的初期,在环境文化方面也是一片空白。虽然从各个地区搬迁来的老百姓都有自己所掌握的传统文化,但要让各自的文化在这里生根发芽也是一个艰难的过程。许多仁人志士用自己的忠诚与智慧,通过校园文化,带动地方文化的发展,用精神文明促进红寺堡创业发展。1999年12月19日下午,红寺堡开发区工委、管委会在刚刚落成不久的工委、管委会临时办公大楼(这栋大楼建在红寺堡镇中学正北边50米处,共3层,第三层上面只建了一个小会议室。这也是在当时条件下工委、管委会办公临时所用,之后移交给红寺堡镇政府,成为红寺堡镇镇政府办公场所)四楼会议室举行庆祝澳门回归祖国文艺活动。参加活动的有来自红寺堡开发区的全体干部职工。当时在红寺堡工作的干部职工总共加起来不足百人。参加这次活动的干部职工占比例最多的是教师,表演文艺节目的也主要是教师。由于当时条件异常艰苦,有些学校连必需的课桌凳也没有,更谈不上有其他教育教学用具了。一时急需什么用具,即使自己有钱也无法买到。红寺堡开发区方圆几百里一片荒芜,没有可购物的地方。但表演节目的教师发扬乐观主义精神,在一穷二白的艰苦环境中自制道具表演节目。大河五小(固原县移民点学校)青年教师在表演自创的快板《我爱红寺堡》时由于没有竹板,就用一根大铁钉子敲打废旧的铁锁当竹板用,虽然没有竹板好用,但也能发出铿锵有力的声音,惹得大家阵阵大笑。其实大家的笑声中包含着一种感动、一种无奈。正是教师在文艺表演中所表现出的面对现实、不怕困难、勇于创造的精神感动了与会领导,特别是感动了工委书记、管委会主任姚建国。姚建国在文艺活动结束

时讲话,他深情地告诉大家:今天表演节目的几位教师,他们所使用的道具虽然让大家见笑,但这正反映出我们的教师不怕困难,敢于面对、敢于创造的精神。不知同志们怎样想?我被他们的精神深深感动了。(后来姚建国在出差时特意买了一副竹板,送给当时用铁钉铁锁当竹板用的老师)姚建国还讲道:我们马上要在红寺堡建一所完全中学,开发区工委、管委会将向自治区政府及时递交申请,一是建好校舍,二是配备好教师,三是地方政府大力支持。这所学校建成后,不但解决移民孩子上学难问题,它还将带动红寺堡的文化发展。姚建国说:我们要让校园文化带动红寺堡文化的发展,让文化推动红寺堡精神文明建设,让精神文明促

文艺表演

进红寺堡创业大发展。

后来,学校把校园文化建设作为一个大任务来抓,红寺堡中学的第一个学期将要结束时,校长传达了红寺堡开发区教育局通知。通知要求学校组织教师,利用假期时间创作、排练文艺节目,节目要力求反映红寺堡各条战线上的移民群众在开发建设中所表现出的面对现实、不怕困难、顽强拼搏、无私奉献的创业精神,弘扬宣传开发区工委、管委会提出的"宁可苦自己,绝不误移民"的号召。文艺节目排练好之后,要走向基层,走向移民群众。为了认真贯彻落实上级要求,切实做好此项工作,校长做了具体安排:学校成立了文艺活动领导小组,音乐教师担任组长,全面负责此次活动的创作、排练和下乡演出。大多数教师在假期里参加了这次文艺活动。开发区工委、管委会举行春节"三下乡"活动。红寺堡中学教师创作、排练的相声、小品、话剧,以及男声独唱、器乐演奏等6个节目全部选入参加开发区"三下乡"活动。校领导和12名参加节目演出的教师跟随"三下乡"活动小组,顶风沙,冒严寒,先后到大河乡、沙泉乡、新庄集、红寺堡镇移民点进行节目表

移民文化生活

校园文化亮明灯
移民生活添滋润

演和其他慰问活动。

　　许多教师还记得当时学校抓文化建设的情景。由于红寺堡开发区暂时没有专业的文化部门和文艺演出单位,这项艰巨的工作任务就落到了红寺堡中学,红寺堡中学要为红寺堡开发区排练出一场大型文艺节目,在 2002 年元旦期间上演。文艺节目要上档次,多一些自创元素,节目主题要尽可能地反映广大移民群众、反映红寺堡开发区各条战线上可歌可泣的开发奋斗壮举,教育、激励广大移民敢于面对困难,奋发向上。

校园活动

为了使这次文艺活动内容充实，质量过硬，学校还通过开发区工委、管委会联系了全区其他部门、单位、学校、农村的文艺骨干。

　　学校高度重视这次文艺活动，对元旦节目表演场地提前进行了规划、设计、布置。红寺堡中学青年美术教师张世铎创作了大型绘画——《大罗山》——作为舞台背景。绘画长7.2米，宽2.4米，为了移动方便，绘画拼粘在6块木质展板上。《大罗山》以现实生活中的罗山为基础素材，把移民创业景象和开发建设成就汇集在绘画中，真实地反映了红寺堡移民群众的创业成果和拼搏精神。这幅画受到

了红寺堡开发区工委、管委会领导和广大师生以及书画爱好者的一致好评。

12月20日，红寺堡开发区管委会领导到学校检查工作，主要检查内容是元旦文艺节目的创作排练准备情况。领导检查完工作准备回单位的时候，领导坐的越野轿车陷在学校大门口的沙土中，司机加大油门试图从沙土中冲出去，但折腾了好几次越野车都没能从沙土中出去。后来学校教师找来铁锹，铲除沙土，好多人前拉后推，车才从沙土中走出去。面对这种情景，在场的教师都有点不好意思，很是难为情，领导也看出了大家的心思，对大家说：我们这里刚刚开发建设，风大沙多这是环境特点，这不是大家工作上的疏漏。我遇到这样的陷车情况不下10次了，已经习以为常了。过些时间，有水了，树长高了，我们生活的环境自然就变好了。

12月31日，庆祝元旦文艺演出在红寺堡中学大厅举行。红寺堡开发区工委、管委会领导以及开发区工委、管委会各个部门的领导和工作人员观看了文艺演出。由于演出场地狭小，学生和许多移民群众无法进入到大厅观看，只能挤在大厅窗外。这次文艺演出由于准备充分，体裁新颖，切合实际，演出人员态度诚恳，表演认真，取得了圆满成功。节目演出结束后，工委、管委会领导等走出大厅后，上前同演员、工作人员握手致谢并合影留念。演出结束已经是深夜11点钟，但工委、管委会领导在合影结束后与演员、工作人员又进行了长达近一个小时的谈话交流，对这次节目的成绩给予了充分肯定，对节目中还需要继续努力的方面提出了意见和建议。工委书记、管委会主任姚建国说："今天参加节目演出的主要是红寺堡中学的老师。你们是老师，不是演员，但演得很好。希望你们继续努力。红寺堡的教育事业，需要你们；红寺堡文化事业的发展，也需要你们。"元旦之后，按照开发区工委、管委会领导的要求，这台节目先后到大河乡、沙泉乡、白墩乡、红寺堡农贸市场等地进行演出，受到了广大移民群众的一致好评。

自此，以教师为主体的开发区文艺团队在节日里为移民带来欢乐，也开启了红寺堡文艺工作先河。

五年六迁书艰难
贴心移民共甘甜

　　2002 年 12 月，红寺堡开发区工委、管委会综合办公大楼竣工了。历经了酷暑严寒和狂风沙暴的干部们兴高采烈地搬进新的办公楼。看着宽敞明亮的办公室，忆起开发之初在银川租用的那间 48 平方米的办公室，仅有的两张办公桌和一张高低床……大家的思绪久久难以平静。

　　1998 年入冬后，寒风肆虐，大多数移民很难适应红寺堡的寂寞与寒冷，人去室空，只有少数移民散居于大河乡的 8 个移民试点村。为稳定移民情绪，刚刚成立的开发区工委、管委会决定由银川办事处迁入红寺堡办公，同移民一起渡过难关。但当时没有办公场所，根据移民安置情况，决定在大河设点办公。工委、管委会的工作人员查看了好几处地方，最后在离大河较近的双井子借了两栋刚刚竣工的砖瓦房暂做办公地点。

　　隆冬时节的一个下午，工委、管委会的 11 名干部来到了双井子。一下车，几位第一次来到这里的干部傻眼了，这地方咋这样！周围连个树影都不见，这哪像个办公的地方？能住下去吗？这些干部都是从临近各县抽调来的，之前他们的工作环境较为优越，有的没有在偏远的基层单位工作过，突然一下子进入这样的不毛之地，对环境的艰难适应可想而知。

　　麻烦最大的是食宿问题，宿舍和办公室都是刚刚建成的新房子。荒漠的冬天，奇寒无比，屋顶上结着白花花的冰凌，窗户上的冰花一层压着一层。办公室门外的细沙晚上扫掉，早晨起来时又堆积得一浪一浪。地下、床上都落满了沙尘。最难耐的是夜晚，下班了，想散散步，但天冷风大，连门都出不去。坐在宿舍里闷得

151

五年六迁书艰难
贴心移民共甘甜

红寺堡开发区工委、管委会双井子办公旧址

慌,没有电视,没有电话,只有静听风吹沙打……生活所需的油盐酱醋都得租车去二三十公里外的中宁购买,有时因为工作太忙耽搁了采购,同志们就吃白开水煮面条。后来,几位同志干脆批发了整箱的方便面,吃得久了直反胃口,想改善一下伙食,得去几十公里外的地方,可当时工委、管委会连辆车都没有。

熬过了冬天,人熬黑了、熬瘦了、熬土了。但红寺堡的许多宏伟蓝图和发展大计就是在这里勾画出来的,移民们的许多艰辛和后顾之忧就是在这里消除掉的,自治区领导对移民安全问题和生活困难的忧虑也是通过他们的辛勤工作化解掉的。

1999年春天,从宁南山区搬迁的移民陆续在开发区安家落户,开始平整土地,准备春播。这些刚刚定居的移民,祖祖辈辈都是种山地的,对他们来说,种植水浇地真可谓一窍不通。为了便于了解和掌握移民的生产生活情况，及时指导移民科学种植、科学管理，工委、管委会搬迁到现在的大河乡政府驻地办公。

移民忙了，工委、管委会的干部更忙了，工作不能只坐在办公室里。工委、管委会专门召开会议，将本来就不多的几名工作人员分成几个小组，分赴各移民点，深入到田间地头指导移民进行春播。从双井子到大河任何一个移民点，少则十多里，多则二三十里，靠步行是不行的，单位也没车，怎么办？工委、管委会根据当时的实际情况，提出了"正视困难，创造条件，迎难而上，扎实工作"的号召。一石激起千层浪。为了工作，为了不耽误移民的春耕生产，干部纷纷行动起来，有的把在老家的摩托车骑到单位上来，有的干脆骑着自行车穿梭于田间驻地。

在大河办公期间，一个干部顶几个人用，有的干部累了、病了，也顾不得休息，带病坚持上班。工委、管委会领导既要全面谋划发展大计，协调各方面工作，还要自己撰写整理材料，常常加班到深夜。红寺堡寂寥的大地上，夜间，天上最美

红寺堡开发区工委、管委会大河乡办公旧址

五年六迁书艰难
贴心移民共甘甜

的是星星一闪一闪,地上最明亮的总是工委、管委会办公的地方。

1999 年后半年,根据工作需要,工委、管委会的办公地点由大河迁往红寺堡镇。在这个小楼上,工委、管委会度过了在红寺堡的第二个冬天。在这个小楼上,工委、管委会勾画出了红寺堡的城镇建设蓝图,随后,一座崭新的城镇神奇般地崛起在这片荒原上。

2001 年,工委、管委会职能部门逐渐完善,工作人员越来越多,原来的办公小楼已很难适应工作需要,规模较大的单位已租房办公。在这种情况下,办公地址又迁移到红寺堡供电局东侧的小楼上。但所有工作人员的住宿问题无法解决,绝大多数家不在开发区的干部都是自己租房住宿。

2002 年 12 月,工委、管委会综合办公大楼竣工。不到 5 年时间,工委、管委会 6 次迁移办公地址,移民走到哪里,干部就扎根在哪里。同移民一起,沐黄沙、裹黄尘、饮黄水、风风雨雨、起五更、睡半夜、举大计,勤勤恳恳,汗洒创业路,真情系移民。看移民安居乐业了,看荒漠变为绿洲了,看新城拔地而起了,但渗透在这其中的苦辣酸甜,每一个参与过红寺堡开发建设的人都不会忘记。

红寺堡开发区工委、管委会红寺堡镇办公旧址

五年六迁，经历过这段艰辛的每一位工作人员都不会忘记，来到红寺堡这片热土上开发创业的每个移民不应忘记。

红寺堡的移民，应该都记着这句话："宁可苦自己，绝不误移民。"说来话就长了，红寺堡开发建设初期，根据自治区党委、政府的要求，红寺堡灌区农田开发配套与移民工程由宁夏扶贫扬黄灌溉工程总指挥部负责规划设计、计划下达、资金拨付、检查指导、监督审计、组织验收等工作。红寺堡开发区管委会负责承建、管理、实施。总指挥部已经建成的工程(包括支渠以下的农田配套、中小学校、乡村公路、农电线路、部分自来水工程)陆续向红寺堡开发区管委会移交。红寺堡区管委会按照属地管理原则，在总指挥部资金、技术、人员的支持下，继续完成农业和移民工程的后续建设。

根据工程建设和移民搬迁安置进度，红寺堡开发区管委会制定了相应的移民接管办法和管理政策。2001—2002年，按照"边开发、边搬迁，成熟一项、接管一项"的工作方针，红寺堡开发区成立工程接管领导小组，并设立办公室，全面负责接管工作。截至2002年6月，前期从固原、隆德、泾源、中宁等县搬迁安置的共17个移民村2.3万移民全部交由红寺堡开发区管委会管理。

移民安置为天下第一难。每一件事都是从零开始，所有的工作都是创新，扶贫与开发建设没有先例可循，干好每一项任务都需要付出十倍甚至百倍的努力。大规模的搬迁移民，由八县移民建设工程指挥部完成搬迁后陆续向红寺堡开发区进行移交，各项工作千头万绪，各种难题层出不穷。

由于移民安置采取插花安置、成建制安置等多种安置模式，这些模式既有优化组合的科学因素，但同时也不可避免地出现各种各样的矛盾。从山区搬迁到引黄灌区，耕作方式上的转变令许多移民难以适应，无论是生产上、生活上，一旦有了困难和问题，他们都会找管委会。"在红寺堡，管委会这个概念在移民心中还不等同于老县政府的概念。老县区的县政府是行政管理机构，在这里，管委会既要承担起管理的职能，更多的时候，还需要扮演移民群众婆家人、娘家人等多个角色。"最早参与移民开发建设的干部都这样说。

邻里之间农田地界灌溉用水纠纷、各地移民风俗习惯不同而引发的各类矛盾、部分群众因建房等基础设施投入过大而导致的生活困难等等，都是摆在工委、管委会各级领导和干部面前亟待解决的难题。正是在这样的情况下，工委、管

155

委会在深入移民村实地调研、积极向宁夏扶贫扬黄灌溉工程总指挥部汇报争取支持的基础上，集中一切人力物力，动员一切力量，整合一切资源，采取非常措施，创造性地推进移民搬迁安置工作。

尽最大可能、最大力量帮助解决群众的生活难题，这是工委、管委会对移民的承诺，同时也是对干部职工的工作要求。一方面，通过与老县区移民工程建设指挥部加强协调联系，确保各项优惠政策、补助资金及时落实、兑付到位，解决群众生活困难；另一方面，在短时间内迅速建立起"县级领导包乡镇、科级干部包村、一般干部包户"的移民安置帮扶机制，一层层梳理问题，一层层解决问题，确保移民群众安心生活、顺利落户发展。按照"移民的事情村上解决不了的交给乡镇和管委会，干部解决不了的交给领导"的原则和要求，开发区刚刚组建的为数不多的几个乡镇和部门百十号干部走村串户，认真帮助群众解决困难和问题，各乡镇搬迁来的移民对管委会和乡镇有多少干部、他们都在哪些部门负责什么工作十分了解，每有问题，自行寻找，相应困难在较短时间内都能得到妥善解决。

红寺堡开发区工委、管委会罗山林管局办公旧址

短短十余年，红寺堡区先后妥善安置23万扶贫移民和生态移民，既要全面解决他们的生产生活问题，还要带领他们走向小康之路，这是对红寺堡移民建设者和管理者最大的考量。正是在"宁可苦自己、绝不误移民"的红寺堡创业精神的激励下，红寺堡历届党委（工委）、政府（管委会）把"稳得住、管得好、能致富"作为移民工程的关键，带领广大移民负重前行，全力建设新家园，在红寺堡这片百业待兴的创业热土上，谱写下了"沙丘起高楼、荒漠变绿洲，万民得温饱、德政获丰酬"的宏伟壮举。

如今，红寺堡大地一片生机，绿阴环绕，渠水潺潺，庭院整洁，瓜果飘香，移民安居乐业，社会和谐稳定，一片欣欣向荣的繁荣景象，所有这一切，都与红寺堡广大干部移民当初的誓言和矢志不渝的奋斗是分不开的。

红寺堡区委、政府现办公地址

157

因地制宜建乡镇
凝心聚力促创业

红寺堡开发区在开发创业之初，根据移民生产生活的实际需要和地理环境特征等重要因素，在开发区的东部地区设立了买河乡。

买河乡在发展过渡完成后，于 2004 年 3 月撤乡，合并到红寺堡区太阳山镇。由于设乡时间短，许多人很少了解这段史实。经历了这段创业过程的人们回忆起当年的切身经历，百感交集。

买河乡位于红寺堡开发区的东部，与同心县东北部、盐池县西边、灵武西南、利通区东南毗邻，东西长 14 公里，南北宽 36 公里，行政区划面积约 290 平方公里，1999 年开发建设，2000 年 9 月经自治区人民政府批准成立买河乡工委、管委会，2001 年 1 月正式挂牌开展工作，下辖 10 个行政村 3524 户 16278人，回族人口占 86.4%，有耕地 6.8 万亩，其中水浇地 2.63 万亩，旱耕地 4.17万亩。

买河乡移民主要来自同心县韦州镇东部，属于生态移民整体搬迁。他们世代以养牛养羊为主，以旱耕农业为辅。根据这些移民的实际情况，无论是在管理方面还是发展方面，都需要特殊情况特殊对待。红寺堡开发区工委、管委会领导在调查研究的基础上，从移民生产生活实际出发，尊重移民的生产生活习惯，把移民养牛养羊的经验作为一种重要技术来研究、扶持，使当地畜牧业得到快速发展。为稳定移民情绪，促进创业发展，大力推进红寺堡养殖业发展奠定了重要基础。

2002 年，买河乡农民人均纯收入达到 913 元，较 2001 年增长 27.5%，农民人均有粮 500 公斤左右，群众的生活得到有效保障，农民生活水平总体有所提高。

畜牧业发展势头良好,在农业生产中所占比重逐步加大,创业发展走在了红寺堡开发区前列,特别是在畜牧养殖方面取得的显著成绩,为红寺堡开发区大力发展畜牧养殖业提供了生产养殖方面的技术和宝贵经验,也为红寺堡开发区研究如何发展当地养殖业,并让移民的养殖技术走向市场提供了难得的经验和创业实践。红寺堡开发区抓住有利时机,建立了两个养殖基地,一是以豹子滩村为主的80户桑蚕养殖基地,二是以水套为主的220户山羊养殖基地。在买河乡8个行政村建成舍饲养殖圈棚265座。经过一个时期的发展,全乡羊只饲养量达到5.8万只,存栏达到3.7万只,其中小尾寒羊1280只,牛存栏550头,有舍饲养殖大户223户,其中100只以上养羊大户增加到207户,10头以上养牛大户增加到20户。在重视养殖业大发展的同时,乡政府高度重视畜禽防疫,全乡畜禽防疫率达到100%。

买河乡从一开始就高度重视生态环境的保护工作,在开发建设的历程中,全乡完成人工造林面积3万亩,围栏封育面积5万亩。在红塔村、西泉村、豹子滩村栽植桑树3000多亩,建成了千亩桑园经济林基地。2003年元月,买河乡全面实行封山禁牧工作,使全乡生态环境得到有效保护,生态环境的变化为移民各项事业的发展奠定了基础。

在创业发展中,各项社会事业全面发展。教育教学质量整体水平迈上新台阶,办学条件得到逐步改善,教育事业得到了发展。在短短两年时间里,全乡有初级中学1所、小学13所,在校学生达到1400人以上,适龄儿童入学率达到96%以上。乡政府抓住机遇,积极落实县域经济工作举措,建设高标准养殖示范园区,占地面积110亩,可容纳50户规模养殖户,形成栈羊存栏1万只、肉牛存栏1000头的规模。重视发展农村商业集市贸易,建成综合农贸市场商业用房60间;拓宽集市场地,建成牛羊交易市场,壮大发展以牛羊交易为主的农村集贸市场。在红塔村建成100座蘑菇温棚,在豹子滩村建成50座蔬菜桑蚕两位一体温棚。

乡政府重视农村道路交通建设,启动了村通乡油路工程,各村也利用当地地势优势,积极筹措资金,发展村道建设,使乡村道路交通建设得以快速发展,为老百姓农业发展及外出贸易提供了极大便利。

在创业的过程中,乡政府始终重视民主法治工作,积极开展社会治安综合治理和严打整治工作,社会治安状况和社会风气进一步好转。与此同时,乡政府重

视村民管理工作，2003年3月20日，依法开展了第一届村民选举工作，召开了红寺堡开发区买河乡第一届人民代表大会，圆满完成了乡人大、政府的选举工作。重视加强党的领导，党的建设得到进一步加强，扎实有效地开展了"三个代表"等重要思想学习活动，提高了干部素质，加强了党的建设。2002年10月召开了中共买河乡第一届党代会第一次会议，圆满完成了乡党委的选举工作。乡党委、政府审时度势，坚持开展三级联创活动并不断丰富其内容，乡基层党组织建设再上新台阶，全乡形成了12个基层党支部，建立了村级党员活动室，全乡共有党员155人，其中女党员12名，回族党员120名。乡党委重视共产党员的先锋模范作用，共产党员定期或不定期地深入移民群众当中，了解移民生产生活情况，了解移民的生活需求和愿望，让移民群众真正感受到党的温暖与关怀。

红寺堡开发区买河乡从2000年设立到2004年撤乡，只有短短的4年时间，许多后来的移民和年轻人并不知道或不清楚这段史实，当初的买河乡随着时光的推移已成为历史，但买河乡在当地第一批移民心中永远存在，因为它曾是移民立足家园、建设家园的主心骨。

精神文明促创业
移民文化谱新篇

　　1999年春天,红寺堡这片广袤的荒原上有了定居的移民,定居地点在大河。从中宁县恩和乡向东20公里处,自西向东分别安置了来自于中宁、海原、西吉、彭阳、固原、泾源、同心、隆德8个县的移民。一县一个移民点,各个移民点上的学校也先后开学。

　　开发建设之初,红寺堡开发区工委、管委会高度重视文化建设对于凝聚移民开发建设力量,弘扬艰苦创业精神,激发移民热爱红寺堡、建设红寺堡的重要作用。根据开发建设初期的实际情况,首先从学校文化建设入手,带动移民文化建设。这样,开发区刚刚起步中的任何一所学校的责任不仅仅是教书育人,提高教育教学质量,更肩负着打造校园文化生活,重视挖掘移民文化潜能,带动地方文化发展,用文化的凝聚力和感召力温暖移民,鼓舞移民创业斗志,推动移民地区文化事业发展的重大使命。

　　红寺堡开发建设初期,学校领导认识到校园文化建设是与移民文化生活息息相关的。在校园文化建设方面,始终结合移民生活,打造独具特色的校园文化。以开发区建校较早的红寺堡中学校园文化建设为例。红寺堡中学在办学之初,在办学环境极其艰苦的条件下,高度重视学校文化建设,以开拓创新的精神创办了校园文化生活刊物——《创业报》。《创业报》没有局限于发表师生作品,报道校园信息,开展教育教学交流活动,宣传学校文化建设,而是把目光投向正在开发建设的红寺堡广阔大地,关注轰轰烈烈的移民开发建设真实生活。有步骤、有目的地引导教师和学生主动贴近移民生活,发现、挖掘移民文化潜能。通过师生的真

实生活,通过师生的所见所闻,通过师生对移民创业精神的感悟,反映移民生活,弘扬创业精神,进而达到教育学生、弘扬移民特色文化的目的。也使学生通过具体的教育活动体会到,学校文化来源于真实的生活,学校文化来源于衣食父母,学校文化也来源于热情探索和及时发现。学校需要文化,学校要传播文化,学校文化离不开移民群众的生活。《创业报》从实际出发,要求教师和学生,结合自己的工作和学习,利用业余时间和节假日深入到移民群众当中,潜心观察移民,真实反映移民。教师和学生收集、创作、报道了大量来自于移民创业生活中的真实画面、生活故事、重要事迹等。《创业报》的发行范围也没有局限于学校内部,而是面向广大移民群众、面向开发建设部门、面向开发区领导。用师生的眼光,把发生在移民生活中最值得让大家关注的感人故事、值得弘扬并铭记的创业精神传递给大家。《创业报》虽然只是红寺堡中学的校报,但在红寺堡开发初期的文化条件下,在红寺堡这片广袤的处女地上,不但活跃了校园文化,充实了师生的文化生活,更重要的是激发了广大师生深入社会生活、深入移民群众,弘扬了来自于移民的文化。继《创业报》之后,结合红寺堡开发建设的发展进程和文化发展景象,学校审时度势,抓住机遇,又创办了校园文化杂志——《绿沙》。《绿沙》的宗旨依然是立足红寺堡,宣传红寺堡,建设红寺堡。师生所创作的文艺作品,大都来源于自己身边真实的生活,而师生真实的生活自然离不开红寺堡这片纯洁而广袤的土地,离不开纯朴而勤劳执着的移民群众。在红寺堡开发建设之初,红寺堡中学《创业报》和《绿沙》立足校园,贴近移民,结合实际,挖掘搜集到生动典型的故事,弘扬移民创业精神,这在一定意义上是对红寺堡移民文化生活的关注、对移民创业精神的发扬光大。在红寺堡中学《创业报》《绿沙》的影响和带动下,当时的大河中学、沙泉中学、买河中学以及很多小学,都以不同的形式和方式,通过强有力的学校文化建设举措,反映当地移民创业生活,弘扬移民创业精神,推动了学校文化乃至当地文化的形成和健康发展。

红寺堡开发区在开发建设中,始终重视利用各种节日开展形式多样、丰富多彩的群众文化活动。由于开发建设初期文化和教育同属一个部门管理,各种文化活动首先都是以学校为中心来展开的。以学校为核心,联系移民群众,走进移民群众,积极开展形式多样的文化活动。

1999年六一国际儿童节来临之际,开发区工委、管委会要求各个学校要高度

《红寺堡之光》系列丛书

重视,开展形式多样的文化活动,让移民的孩子过好在红寺堡的第一个六一儿童节;并要求这些刚刚建立起来的学校,要结合少年儿童生活,结合红寺堡开发创业实际,深入移民群众,创作出能够反映红寺堡移民生活的文艺节目。要利用这个节日,搜集整理来自于移民创业生活的文化素材,通过加工提炼,教育学生热爱红寺堡,建设新家园;也让移民群众通过学校,通过自己的子女,通过来自于自己身边的文化故事,看到希望,坚定信心。各学校按照上级要求,组织师生认真开展庆祝六一的准备工作。有的教师深入移民群众当中体验生活,创作出了反映移民真实生活和艰苦创业精神的快板书、相声、小品、话剧、校园故事舞蹈等节目。大河乡固原点学校教师创作的快板书《大罗山下新校园》不仅给师生带来了文化大餐,也让移民感受到新学校盎然的生机,受到了红寺堡开发区领导的肯定和好

精神文明促创业

移民文化谱新篇

评。这次活动后，上级领导、学校教师都认识到学校文化建设对于移民的重要影响。移民需要文化，创业离不开文化。学校在地方文化发展中具有不可替代的重要作用。

在纪念中国共产党成立 78 周年的光辉日子里，在红寺堡开发区工委、管委会统一组织和要求下，以学校为中心，各个移民点开展了各具特色的文化活动。大河乡彭阳点学校教师创作的快板书《共产党是移民的大恩人》，大河龙坑小学教师创作的表演唱《吃水不忘挖井人》，以真诚的情感、真实的生活感动了师生，也感动了众多移民百姓。

1999 年 12 月 19 日，在庆祝澳门回归祖国的喜庆日子里，红寺堡开发区工委、管委会组织开展了丰富多彩的群众文化活动，这次活动的主体仍然是各个学校，各个学校都通过学校文化活动让移民群众和全国人民一道喜庆澳门回到祖国的怀抱。

利用重大节日，通过开展移民喜闻乐见的文化活动，不但丰富了校园文化，

红寺堡区地方文献

加强了校园文化建设,更重要的是宣传、弘扬了移民自力更生、艰苦创业的可贵精神,也让移民认识到,无论在哪里,他们始终有党和国家的关怀,有广大人民的支持。

学校文化建设要立足实际,关注移民生活,发现、收集地方文化素材,仅仅依靠学校显然是不够的。要有"走出去、请进来"的意识,要清醒地认识到移民群众当中有许多优秀文化人才,他们才是地方文化的领军人物。积极发现、寻找来自于移民当中的文化人才,通过这些文化人才活跃学校文化,带动移民的文化参与意识。红寺堡中学音乐教师在发现移民文化人才方面做了大量的工作。通过走访、打听、邀请等办式,发现了一批来自于移民群众中的文化人才,并把这些移民文化人才邀请到学校来,让他们与广大师生一道,丰富学校文化生活,推动移民文化建设。

红寺堡镇光彩村农民王小军,来到红寺堡时已经四十多岁了,他自青年时代就热爱文化事业,在长期的探索和努力下,具有独立创作、编排和表演节目的文艺特长,在当地移民群众中有很好的影响。王小军创作的反映移民生活的《护林员》《枸杞红了》《共产党圆了我的梦》《黄河水甜了咱山里人》等作品,通过他的生动表演,在移民群众中产生了较大影响,反映出移民群众在红寺堡开发建设中所创造的奇迹,在创业历程中对党和政府的感恩,对移民智慧的赞颂。他还来到学校,义务为师生、为移民演出,产生了非常好的文化宣传带动作用。

柳泉乡甜水河村农民杨红霞,热爱文艺表演,擅长歌唱和秦腔演唱,有很强的歌唱功底。在繁忙的农活和家庭料理之余,凭借听录音机和放光盘钻研秦腔表演与歌唱,在村民中有很好的影响。来到红寺堡之后,多次参加各类文艺活动,深受观众喜爱。红寺堡开发初期,她经常参加各种类型的文艺活动。她多次来到学校,与师生一起参加各类文化活动,她的文艺表演深受师生喜爱。

红寺堡镇兴旺村农民陈永胜,酷爱文艺活动,擅长小品表演。多次参加红寺堡开发区组织的大小型文艺活动,表演独具个性,深受观众的喜爱。他曾多次来到红寺堡中学,为文艺活动献计献策。

他们都是农民,一边种地一边打工,参加活动时连一件像样的衣服也没有。但只要受到邀请或者通知,不计任何报酬,总是积极地参加活动,没有任何怨言,不求一丝回报,尽职尽责。在红寺堡开发初期,为丰富学校文化活动,满足移民的

文化需求，推动红寺堡移民文化建设作出了一定的贡献。这些人，至今仍然活跃在红寺堡各类文化活动中。

在红寺堡区，各个学校文化建设是与时俱进的，既有形式多样的活动，也有扎扎实实的举措。

红寺堡区第三中学自 2011 年建校以来，始终重视学校制度建设，从学校制度建设入手，打造校园文化。学校管理制度本身就是一种文化，第三中学的制度由管理者和师生共同参与制订，这样形成的制度，更表现出它的合理性，最后能够转化为全体师生主动遵守的制度。学校在开展具体的文化活动过程中认识到，校园制度文化作为校园文化的重要组成部分，包括学校的办学理念、方针、规章制度，是维系学校正常秩序必不可少的保障机制，是校园文化建设的保障系统。"没有规矩，不成方圆。"只有建立起完整的规章制度，规范了师生的行为，才有可能建立起良好的校风，才能保证学校各方面工作和活动的扎实开展与具体落实。

走进红寺堡区第一中学、红寺堡区回民中学和新庄集乡中心学校、红寺堡镇中心学校就能看到，校园环境规划体现一定的文化内涵，巧妙设计各景点，花草树木布局错落有致、疏密合理，边边角角也不放过，力争做到春有花、夏有荫、秋有香、冬有绿。课余时间则播放轻松欢快的音乐，让师生在其中得到美的享受。学校教学区、活动区、生活区等区域布局合理，幽静、雅美，具有现代气势。校园地面、墙面、门窗、食堂等无杂物、无积尘，卫生无死角。实验室、图书室、微机室、仪器室、运动场等设计科学规范，布置科学合理，彰显着浓郁的文化氛围。

红寺堡区第二小学、柳泉乡新泉小学、红寺堡镇甜水河小学，根据学生的年龄特征，在教学楼走廊内创设文化长廊，墙体立面有宣传窗、报刊栏、黑板报，小学生日常行为规范、教风、学风、校风、校训及名人画像和名言警句等，让墙体说话，体现素质教育、全面育人的理念。教室、办公室等装饰新颖、美观、大方、实用，给人舒心的感觉和美的享受。

红寺堡区第二中学重视开展师德建设活动，与建立和谐师生关系紧密结合起来，突出开展以师德建设为中心的文化教育活动，使师生凝心聚力。举办开学典礼、校庆等大型活动，增强师生对校园精神的认同感和自豪感，从而增强凝聚力和向心力。坚持每周一次的升国旗仪式，通过内容生动具体的国旗下讲话，鼓励学生积极向上；利用各种纪念日，组织开展读书宣传活动。结合本校实际，培养学生的集体荣誉感。重视校风、教风、学风、班风建设，让师生形成良好的价值取向、行为方式和学习工作态度。校风、教风、学风要立于学校醒目处，让师生耳濡目染，受到校园精神文化的熏陶和激励。

红寺堡区回民中学、红寺堡第一小学积极倡导创建书香校园，学生读书成为习惯。开展美文诵读、讲故事比赛、读书笔记展评、读书手抄报展览等活动，组织"书香班级"及"书香少年"的评比。保证阅读时间，做好晨诵、午读。为教师推荐书目并购置相应书籍，让教师的知识、能力、人格在专业阅读中得到提高、升华。做好氛围营造工作，教学楼以读书为主题设计走道文化、墙壁文化、教室文化。举办文艺会演、板报、手抄报展评、影评等活动，加强学生心理健康指导，防止非理性文化的负面影响。

自 1998 年 8 月移民入住红寺堡以来，已有 19 年的发展历程。移民在远离故土、满怀希望重建家园的岁月里，已经逐步形成了红寺堡移民区独具特色的地方文化。作为移民区的学校，应当更加重视这种属于自己的文化，学习这种文化，弘扬这种文化。培养学生热爱家乡的良好品质，是学校教育义不容辞的责任。热爱

红寺堡区香园村高台社火表演

家乡,就要熟悉家乡,学习家乡文化,弘扬家乡优秀文化精神。

红寺堡区有一支强大的文化宣传队伍,要让学生了解他们、走近他们、学习他们。

了解红寺堡书法名人。红寺堡开发建设以来,涌现出一大批书法爱好者,他们的书法作品在宁夏区内外有一定影响,这是在红寺堡这片土地上发展、壮大起来的书法队伍。他们对移民区学生学习传统文化产生了深远影响。

了解红寺堡的作家队伍。红寺堡移民区有一大批文学爱好者,从初期的散文随笔到后来的长篇小说创作,以移民生产生活和红寺堡开发建设为题材,创作出了许多优秀作品,深受移民群众喜爱。文学爱好者中有干部、有群众,尤为可贵的是有一大批青年文学爱好者,他们才是红寺堡文学的未来。

了解赵秀兰刺绣艺术。赵秀兰是红寺堡区秀兰传承刺绣福利有限公司总经理,现为宁夏赵氏刺绣第六代传承人、宁夏非物质文化遗产项目代表性传承人、宁夏工艺美术协会理事、宁夏妇女手工制品协会理事、宁夏第二届"巾帼创业之星""全国农村科技致富女能手",享受吴忠市政府特殊津贴。赵秀兰在挖掘赵氏家族刺绣手法的基础上,借鉴现代著名苏绣工艺,打造出了具有地域文化、民族特色的秀兰刺绣艺术品。她的刺绣艺术,形象地再现了宁夏回汉两族人民的生活,特别是红寺堡移民的精神风貌,成为红寺堡乃至塞上江南的一个亮丽名片。她的刺绣艺术品多次在国内博览会展出,并远销非洲、欧洲等。

当然,红寺堡地方文化不仅仅限于上述这些,诸如绘画、剪纸、秦腔表演、社火表演、广场舞蹈等都已经发展壮大并形成一定规模且具有一定影响。

红寺堡区的广大移民在近20年的创业实践中,在生产劳动、工作和生活中,在自己生活的这片热土上自然地彰显出具有移民特色的精神文化。

"共产党好,黄河水甜"的真诚感慨,是红寺堡广大移民在红寺堡这片土地上创业实践中发自肺腑的呐喊,是移民感恩精神的真实写照。没有共产党,哪有这样美好的富民政策?哪有红寺堡移民今天富裕和谐的美好生活?没有黄河水,哪有移民的甘甜?哪有荒漠上的绿洲?这种来自于移民群众创业实践历程中自然流露出的感恩精神,人们要铭记,更要发扬光大。

不忘故土,记住乡愁的情怀。乡愁是对家乡故土的眷恋,对亲人的牵挂,是一种美好的情感。红寺堡区是全国最大的异地生态移民区,移民分别来自西吉、彭阳、隆德、海原、固原、泾源、同心、中宁八县和甘肃、内蒙古等不同地区,各地都有各自的方言和风俗习惯,使得许多生态移民带有独特的文化元素。生态移民后,移民原有的生活方式和生活格局被改变,一些传统文化逐渐被淡化甚至被遗忘。无论故乡多穷多落后,但它是生养我们的地方,也是我们伟大祖国的一部分,故乡有许许多多我们应当永远记住的人和事,故乡有灿烂的文化,这些是我们应当记住的。生活在红寺堡的青年一代更应当珍重。不忘故土,记住乡愁就是不忘本。移民远离曾经生活的地方,怎能不思念故土,这是一种对已经逝去的文化岁月、生活方式的追忆、留恋和缅怀,是中华民族传统文化中所重视的。

开发之初,红寺堡开发区工委、管委会就重视带领广大移民艰苦创业,提出了"一年脱贫,两年致富,三年奔向小康"的奋斗目标,提出了"宁可苦自己,绝不误移民"的红寺堡精神,这是一种艰苦创业的精神,以干就干好、追求卓越的必胜信念,以永不言败、绝不服输的昂扬斗志,与艰苦的生存环境斗,与落后的生产方式斗,顽强拼搏,奋发有为,真正实现了"一年脱贫,两年致富,三年奔向小康"的目标。这种艰苦创业的精神每一个红寺堡儿女都要学习它。

曾经荒芜的红寺堡,随着黄河水的引入,变成万亩良田。一批批来自南部山区的移民群众在这里抗旱魔、斗风沙,用辛劳和汗水浇灌出一片绿色家园。经过近20年的发展,红寺堡荒漠上的新城拔地而起,城内街道整齐,商铺林立,城外阡陌纵横,绿树成荫。这是广大移民热爱家园、建设家园的成果。

现在在红寺堡校园里读书的学生,不论是中学生还是小学生,绝大多数都是红寺堡开发建设之后出生的,他们对红寺堡过去的情况只能是听老人说说而已,对红寺堡开发之前的情况和过去的历史知道的比较少。让学生了解红寺堡的历史文化、地理文化,是学校文化建设不可或缺的文化内涵,也是素质教育的要求。

对于红寺堡这个移民新区来说,文化显得尤为重要。学校文化建设应当重视发掘和弘扬来自于移民群众当中的优秀文化,重视保护存在于人们身边的珍贵文化,重视探索学习本土历史、地理文化。让文化建设推动教育教学质量的提升,让文化建设服务于广大移民群众。

开发大地争艳丽
"六朵金花"初长成

在吴忠市红寺堡区大地上灿烂绽放的"六朵金花"：李娜、刘豆宁、李妍蕾、马如兰、马琰、张凤丽，她们在这片土地上书写着"80后"的责任与锐气，用智慧和劳作刷新了"80后"的形象。

大学生李娜，钢笔字写得很漂亮，到红寺堡区原太阳山镇甜水河村当支书助理还不到一个月，就写下了决心书。决心书有一股初生牛犊不怕虎的气势："村官之路我才开始走，这条路或许会遇到寒风暴雨，但有纯朴可爱的村民支持，我有足够的勇气和信心面对一切。"

前辈张凤丽看完李娜的这些文字，忍不住乐了：哭鼻子的时候在后头哪。张凤丽在红寺堡南川乡白墩村当村支书助理已经两年了，一直孤身住在村部。孤单、寂寞让这名好强的女大学生村官在被窝里哭了好几次。"白天上班，心情还可以，下班后，一幢大楼空荡荡的，就住我一个人，很想家，很心慌。但再一想，带着不好的心情面对身边的人，别人会说我太娇气。我学会了伪装，在别人跟前永远表现得很坚强。"

如果说，流泪是女孩当村官的孤独过往，那么，哺育孩子的艰辛和思念孩子的扯心，则是已婚女大学生村官嚼咽的生活滋味。

李妍蕾是原太阳山镇柳泉村的大学生村官，上任后一直在忙人口普查。由于白天超负荷工作，晚上睡得太实，经常是孩子从床上"扑通"掉在地上，惊醒一家人。为此，她受了婆婆的不少唠叨。

红寺堡镇光彩村大学生村官马如兰2009年春天在村里宣传中央一号文件，

大学生村官相互学习

正好遇上农民修剪枸杞树。小马就一边帮村民干活，一边说中央政策，好几次都忘了接孩子的事。有一次，小马去幼儿园接孩子时，孩子哭着说："妈妈你能不能早一点，幼儿园只剩下我一个人了。"马如兰含着泪答应了孩子。可到了下次，由于太忙，还是不能按时接孩子。

原太阳山镇沙泉村女大学生村官刘豆宁在 QQ 空间里说："儿子 10 个月时，我忍痛把儿子送回老家。现在，想儿子就是一把泪。每次去看儿子，我是哭着去，哭着回来。儿子看见我就像见到陌生人一样，我抱他会吓哭他。儿子刚熟识了，知道了我就是妈妈，我却又该走了。"

开发大地争艳丽　「六朵金花」初长成

每个人都有不一样的困难,每个人都需经过磨砺才能实现涅槃。

红寺堡区委组织部要求大学生村官每年做一次深入调研,写一篇发展调研报告,联系一名党员致富示范户,帮扶一个贫困户,给村子出一个好点子,抓一户少生快富户,上一堂时事政治课,记一本民情日记,每周吃一天农家饭、干一天农活等。

落实组织的要求,就必须俯下身子开展工作。

张凤丽与枸杞种植户南秀娥成了忘年交。在一次闲聊中,张凤丽了解到南秀娥渴望了解更多的枸杞种植技术,就在网上找了好多资料打印出来给她送过去。一来二去,两人就走得近了。一次,做饭的阿姨说:"小张,这是有人给你送的东西。"在此地没亲没友的张凤丽很奇怪,打开装着黄瓜、西红柿、鸡蛋的袋子一看,一张纸条说明了缘由:"小张,这些东西是我家自己产的,你别嫌弃——南秀娥。"

现在,张凤丽成了村庄的一分子。有时候在路口等车,村里人碰见她,就笑着问:"去城里啊? 来坐我的摩托走吧!"那一刻,很温暖。

红寺堡集中了宁夏各地方言,各说各的土话,连村镇干部都不说普通话。起初,红寺堡镇团结村大学生村官马琰好像置身于外国。一次,镇上开一个重要会议,镇长让马琰做会议记录。会议结束时,记录本上每隔几行"点缀"着几个字,一共才记了一页。发现将来要留作资料的会议记录是一张"白纸",镇长着急了:"你怎么不记呀?"马琰快急哭了:"我听不懂。"在场干部全笑了起来,镇长也笑了:"女子,你咋不早说啊!"

马琰从此就下了狠工夫学方言。每天工作、吃饭跟着镇干部,边听边学着说,听不懂就一字一句请教,后来能听懂了,就找农民说。慢慢地,有人夸她精灵。

2010 年 11 月 3 日,强降温,刘豆宁入户填写人口普查表。没找见桌子,刘豆宁就找了个椅子,打算趴在炕沿上填写。就在刘豆宁找纸准备擦椅子上的灰尘时,刚进屋的大娘急忙用袖子抹灰尘。嘴里说着:"看这灰尘,你别介意。"说着又来抹残余的尘土,不等她再抹,刘豆宁就一屁股坐下了。大娘着急地说:"看这死女子撒,还有灰呢。"大娘说话的口气和动作像妈妈,一下子让刘豆宁浑身暖和起来。

村部来了大学生,村部的档案、资料整齐了,写汇报材料、做统计不再是天下最难的事了,村干部们学会了在网上学技术、查信息了。女大学生村官们也深深地爱上了红寺堡这片土地。

2010年初，太阳山镇柳泉村决定办预制厂，壮大集体经济。为了筹资，李妍蕾每天都奔波在相关单位之间。有时，李妍蕾为了等领导签字，能在楼道站一上午。几经周折，投资60多万元的预制厂建成投产，其中，李妍蕾经过多方努力筹资23万元。

除了新村官李娜，红寺堡其他5名女大学生村官都在"超期服役"：两年聘期满后，都提出续聘申请，选择继续留在农村。

"女大学生干村官好像有点另类，我觉得这种另类表现在繁忙的工作消退了大学生的娇气，表现在基层务实工作校正了'80后'眼高手低的缺陷。""其实想说的是，那些困难，那些磨砺，那些温暖的流泪的过往，都是生活的馈赠，满满的回忆，以后都会懂得，都要感恩。"她们都这样表达对过去经历的看法。

如今，她们有的人已经走上了乡镇领导岗位，有的通过努力招考到其他单位，但大学生村官的经历，对她们的人生确实起到较好的航标作用，培养了她们俯下身子做事、一心为民服务的品质。她们给红寺堡年轻一代起到了很好的榜样；她们也被移民牢牢挂在嘴边、记在心间。

开发大地争艳丽
"六朵金花"初长成

生态立区战略高
绿色屏障家园美

　　今天的红寺堡山清水秀,风光旖旎,但在以前,却不是这样的。

　　红寺堡,从一片荒芜中走来,从往昔"天上无飞鸟,地上砂石跑"的荒凉与冷清发展到今天,历经了十余年艰辛的探索发展之路。伴随着"生态立区,绿色崛起"的步伐,历届党委、政府深化区情认识,立足再造新优势,谋求新发展,着力优化生态环境,构筑绿色屏障,加快培育优势生态产业,全面推进美丽红寺堡建设,努力实现生态文明建设和经济发展"两不误""两促进"。如今,良好的生态环境、日益壮大的葡萄产业成为红寺堡亮丽的名片和特有的优势,也是 23 万回汉儿女长期以来不变的骄傲和坚守。

　　红寺堡降雨稀少,旱灾频发,年降水量不足 277 毫米,蒸发量高达 2050 毫米以上,原始植被破坏殆尽,森林覆盖率不足 2%,这是开发建设初期万千搬迁移民所面对的严峻挑战。正是在这样的形势下,生态立区的战略定位才如此深刻地在这片大地上演绎出翻天覆地的变迁气象。

　　红寺堡地处宁夏腹地,被烟筒山、大罗山和牛首山环绕,是宁夏中部干旱带的核心区域,土地面积占干旱带总面积的 10%,为资源性严重缺水地区,是宁夏生态环境最为脆弱、荒漠化最为严重的地带。这里位于毛乌素沙地前缘,年大风日达 50 天以上,沙尘暴达 20 次左右,"一碗面半碗沙""一年一场风,从春刮到冬,天上无飞鸟,风吹沙石跑",是开发建设初期恶劣自然环境的真实写照。正因为如此,许多刚搬迁来的移民萌生了退却之意。

　　1998 年 11 月,第一批移民从宁夏固原市中河乡搬迁至红寺堡大河乡,不少移民盖好房屋后，因风大沙多，地里的庄稼一次又一次被风沙掩埋，又返回原居住地。

为给移民创造一个搬得出、留得住、能致富的良好生活环境，红寺堡历届党委、政府确定了"生态立区"发展战略，带领广大干部移民，全面掀起生态建设攻坚战，以此带动社会各项事业长足发展。建设绿色新家园成为萦绕在每一个拓荒者和建设者心头的梦想。

一位来自宁夏南部山区的移民如是说："那么大的一个沙滩，没有草，没有树，连个拴牲口的木桩子都找不到。"在这片近2000平方公里的土地上，只有在现红寺堡镇旧城遗址附近能够看到三棵杨树势单力薄地伫立在旷野中，也就是这三棵树，让人们看到了荒漠中那可贵的一抹绿色，由此催生出了人们征战荒凉的大无畏气概和不怕困难、不怕挑战的坚定信念。

塞上江南添新绿

城在林中

　　从来没有哪个地方像红寺堡开发区这样迫切地需要种出一片绿来。恶劣的自然环境严重地阻碍着红寺堡经济社会快速、健康、和谐发展的步伐。要想在短期内改变红寺堡脆弱的生态环境，必须加快生态建设，治理风沙，保护环境，走大生态、大建设、大发展之路。自生态立区战略确立以来，红寺堡坚持"南保水土、中治沙，扬黄灌区林网化"的生态建设方针，坚持"宜林则林、宜封则封、封造并举"的原则，采取管理措施和工程措施相结合的办法，因地制宜、全面规划、渠路林田综合治理、同步建设，终于找到了一条治理风沙、锁住黄龙的路子，通过大力实施重大生态建设工程，大规模营造骨干林带和农田防护林，实现了从"沙逼人退"到"人进沙退"的历史性转变，为农业生产建立了生态屏障。

　　以防风治沙和营造人工绿洲为主要目标，红寺堡加大荒漠植被保护和生态工程建设力度，坚持"水随村走、适地适树，先易后难、由近及远"的做法，以植树造林为重点，以公路、支渠道路、干渠沿线为骨架，以农田林网为网格，以城市重点区域、村庄居民点、机关、学校绿化为补充,积极营造生态建设工程。

以营造灌区边缘大型防风固沙林带为抓手,生态建设逐渐由移民村庄向农田外围延伸,重点加强新开发区域和荒山、高地的造林绿化,逐步消灭裸地。采取营造农田防护林、围栏封育、荒山造林、围城造林等措施,构建良好的绿地生态系统。通过加强"围城、围乡、围村"造林工程建设,超前规划,组织实施环城、环乡、环村宽幅林带建设,提升平原绿化标准,防风固沙与美化环境齐头并进。通过加强公路主干道两侧新开发土地和新搬迁移民点防护林带建设,形成了规模宏大的百里绿色长廊。以改造提升,精心构筑城北、城西防护林体系建设为抓手,红寺堡在城市周边形成了数万亩的绿色屏障,实现了农田林网化、沟渠林带化、道路林荫化、村庄园林化。

十几年来,红寺堡积极探索造林绿化与生态建设的新机制,采取捆绑资金、承包造林的方式,整合资源,引进大公司、大企业参与生态建设,加快了区域生态建设整体推进的步伐。为提高生态建设效益,制定了严格的生态建设及植树造林实施验收办法,采取重奖严罚的措施,对苗木的采购、林带开挖、林木栽植、管护等各个环节进行监管,确保资金到位、人员到位、任务落实到位、技术要求实施到位,极大地提高了工作效率,确保了生态建设"三年迈大步、五年上台阶、十年大变样"目标如期实现。

村容村貌

　　通过封、造、管、护多措并举，全方位推进"山、田、路、林、渠"五位一体综合治理，建成了以滚红高速、盐中高速及盐兴、滚新、黄同公路及城北生态公园为主的生态大屏障，逐步形成了以支斗渠、生产路、条田窄林带为主的小网格。"围城林，围乡林，围村林"建设和居民点绿化同步推进，生态建设走过了从一片荒芜到林网交错的发展历程，植被得到极大恢复，风蚀沙化状况全面遏制，生态环境持续改善，为各项事业的发展提供了持续发展的绿色平台。一个个昔日流沙地段，如今绿树成荫，一片片丰收在望的庄稼地、一道道严阵以待的防风林相互映衬，映衬出好一片田园风光。

　　红寺堡开发建设以来，虽然经过广大干部多年绿化改造，条田林网基本建成，但由于区域气候特殊性，大风扬沙天气频繁，土壤沙化严重，植被覆盖率低，生态环境尚未得到根本性治理。立足解决灌溉用水不足的瓶颈问题，以解决群众增收问题、改善生态环境为目标，红寺堡探索发展以酿酒葡萄和高酸苹果、枸杞、红枣为主的生态经济林，加快林产业转型发展步伐，经过不懈努力，如今的红寺堡，道道绿色屏障，条条经济林带，生态环境大为改观，人居条件明显提升，生态经济林成为红寺堡亮丽景观和支撑经济发展的有力保障。

思想解放谋发展
新型产业富移民

2005年3月8日，宁夏中部干旱带生态建设暨产业开发会议在红寺堡开发区罗山宾馆召开。自治区党委副书记韩茂华、自治区副主席赵廷杰出席会议。自治区有关厅局和各市县主要负责人参加了会议。

会议总结回顾了2002年以来中部干旱带发展的成绩和经验，着重研究了如何更好地把生态建设和产业开发结合起来，做到生态良好、经济发展、农民增收。自治区党委、政府决定，要以科学发展观加快推进中部干旱带生态建设和产业开发，以生态建设、经济发展、农民增收为目标，实现由传统农牧业向现代生态畜牧业的转变，把干旱带建设成为宁夏重要的草畜产业基地、中药材基地和无公害特色农产品基地，实现宁夏中部干旱带经济和社会的跨越式发展。

在这次会议的推动下，红寺堡坚持向生态建设和产业开发要效益，认真处理好生态建设与扶贫开发和农民增收的关系，加快生态产业结构调整步伐。以发展节水、优质、高效农业为主攻方向，种植业逐步压缩玉米、小麦的种植面积，引导套种、葡萄、药材等经济作物，栽植枣子、枸杞、高酸苹果等经果林，逐步向打造以生态经果林产业引领特色产业发展的新模式奋力迈进。

红寺堡可利用水资源极其有限，农业灌溉用水全靠扬黄水，由于年分配给红寺堡水权指标为1.5亿方，灌溉定额为每亩366.5方，40万亩土地全部种植传统作物每年短缺0.5亿方，灌溉用水不足已经成为制约红寺堡经济发展、社会稳定、群众安居乐业的瓶颈。

2006年，红寺堡提出围绕农业产业化项目，发展"三个十"节水高效特色产

业，即 10 万亩酿酒葡萄种植及加工项目、10 万亩菜用马铃薯种植及销售项目、10 万头黄牛养殖及沼气入户项目，大力调整产业结构，加快农业产业化进程。2007 年，采取龙头企业带动与农户规模连片种植双线推进的方式，新发展酿酒葡萄 2 万亩；发展菜用马铃薯 5 万亩，建设马铃薯贮藏窖 1000 座；以乡为单位，整村推进"一池三改"项目，使肉牛养殖达到 3 万头，沼气入户达到 1 万户；设施温棚达到 1000 座。通过实施生态项目建设，努力改善生态环境，林木覆盖率达到 38%。

通过不断加快道路基础设施建设，红寺堡依托高标准农村公路网建设现代农业园区和基地，桑蚕、枸杞、人参果、葡萄、棉花、籽瓜等特色种植初露端倪，形成了一村一品产业格局。先后修通了乌沙塘、玉池等设施园区道路，帮助 20 万移民实现了从雨养农业向高效农业的转变，将全国 50 多个蔬菜批发市场的销售网络连到了红寺堡。

温棚蔬菜

辣椒采摘

2008年,红寺堡开发区工委、管委会认真贯彻自治区第十次党代会精神,按照自治区"六个百万亩"和吴忠市"十大农业产业基地"的战略部署,认真实施资源禀赋,准确把握区情,提出了"3211"的产业发展战略。计划利用5年时间,发展30万亩酿酒葡萄、20万亩以高酸苹果为主的经果林、10万亩设施农业和10万头黄牛养殖,实现人均1.5亩葡萄、1亩经果林、0.5亩设施农业,农民人均纯收入达到6000元以上,进而把红寺堡建成全国最大的酿酒葡萄基地、全区最大的节水示范区和中部干旱带最大的生态区。

坚定不移地发展高效节水避灾农业,全面提升农业产业化水平,是红寺堡实施产业结构调整的重头戏,但也经历了一个极其艰难的过程。经过几年的摸索,红寺堡高酸苹果、枸杞等特色产业发展并不理想,除个别大面积种植枸杞的行政村外,其余各乡镇成效并不明显,群众收益受到一定影响。在政府的主导下,各乡镇、各部门逐渐引导群众调整产业发展方向,大面积种植酿酒葡萄,发展设施农

业和黄牛养殖产业。由于群众对"3211"工程认识不到位,不统一,抵触情绪大,加之产业前期投入大,群众自我发展能力有限,经果林产业"高低、长短、远近"的关系很难处理。

立足解决群众的思想认识问题,围绕前期投入和群众当前的生活问题,红寺堡区党委、政府加大宣传力度,充分尊重群众的意愿和首创精神,变指手画脚为示范带动,变强迫命令为政策引导,采取召开群众会、专题培训、组织外出观摩、算账对比、党员带头等多层次、全方位、灵活多样的方式,大力营造发展"3211"工程的良好氛围,努力使广大群众与党委、政府思想同心、认识同步、工作同向。通过进一步加大政府扶持力度,坚持适当集中资金重点扶持,把加大政府投入作为推动产业转型发展的主要动力,整合农业发展项目资金,统筹安排,集中财力加大对"3211"工程的示范基地、种子种苗、科技推广、质量标准、信息化、产业化以及合作经营培育、基础设施建设等的扶持力度,加大水、电、路等基础设施配套投入,使有限的资金用在刀刃上。与此同时,切实落实各项支农惠农政策,大力发展"铁杆庄稼",鼓励剩余劳动力外出务工;制定相关政策,采取临时救助、制度性救助等灵活多样的方式,对群众给予生活救助,解决群众前两年没有收益、生活无着落的问题。在加快发展上,采取民间投资等多种方式,引进能人、技术和企业,租赁土地,让有能力、有本事、会经营、善管理的人示范带动,先发展。

通过不懈的努力,红寺堡以生态经果林为主的高效节水现代农业发展保持了良好的势头。2010—2012年,红寺堡新增葡萄种植2.5万亩,累计建成凯仕丽、中圈塘等12个示范基地,葡萄种植11.6万亩,销售收入达5940万元,成为群众脱贫致富的第一主导产业;累计建成城东、乌沙塘等5个设施农业园区,发展设施农业12.9万亩,亩均收入万元以上,设施农业成为效益最高、农民增收最快的朝阳产业。启动实施了优质肉牛标准化养殖项目,建成壹加壹、伊盛园等22个养殖园区,肉牛饲养量达到10万头,畜牧业产值从2009年的1.9亿元提高到2014年的2.4亿元,占农业总产值的比重进一步加大。成功引进东港海逸、红山河辣椒、正鑫源等产业化项目,争取落实各类惠农补贴1.8亿元,建成科技示范基地4个,规模流转土地5万亩,发展露地蔬菜4万亩,培育自治区级龙头企业5家,培育农民专业合作社68家。

红寺堡地处宁夏贺兰山东麓,北纬37'10" ~ 37'29",与法国波尔多纬度相近,又与贺兰山东麓葡萄酒地理标志保护核心区玉泉营的地理特征相同。属中温带干旱气候区,干旱少雨,境内大气污染源少,空气透明度高,光照充足,年均日照时数、无霜期、年降水量、年有效积温和最热月平均气温等条件,完全能够满足葡萄一个生长发育周期对活动积温的要求。因春季回暖较快,昼夜温差大,所产葡萄含糖量高, 所以被自治区政府确定为宁夏三大葡萄产区之一。经过多年的发展,葡萄产业已经成为富民增收的支柱产业。

红寺堡大规模实施生态移民扶贫开发,引起了社会各界广泛关注。这里适合发展葡萄产业,也受到了企业家的青睐。

2002 年,美籍华人、企业家郭俊伟、魏平夫妇被国家的移民扶贫场景所震撼,决心在红寺堡投资农业,为农民创出增收路子。2003 年,他们请来宁夏葡萄产业首席专家、宁夏农学院原院长李玉鼎教授,以及中国农学会葡萄分会理事、上海交通大学博士生导师王世平在这里启动了"宁夏科冕五万亩酿酒葡萄种植加工产业化项目",实施"龙头企业 + 科研基地 + 葡萄农庄 + 上班农户"的农业产业化经营新模式,带动当地少数民族贫困移民进农庄打工致富。项目投产后直接安排万余名农村剩余劳动力就业,当地移民每年增加劳务收入 6000 万元。该项目被国家发展和改革委员会于 2004 年批准为西部高技术产业化专项项目,并被列入国家高技术产业发展项目计划及资助计划。这是全国唯一列入国家项目的葡萄产业。

如今,在红寺堡扬黄灌区边缘,昔日流沙遍地的荒滩上崛起一处绿色扑眼的葡萄农庄——科冕万亩酿酒葡萄种植基地。科冕公司已经开发沙荒地种植葡萄 2 万亩,1.2 万吨灌装生产线投产,项目投资累计近亿元。漫步葡萄园,成熟的红提,串串晶莹剔透,紫红如玛瑙。公司与 1260 户农户已签订长期用工合同,为他们带来了稳定的收入。

科冕公司的成功尝试,打造了一种全新的产业发展模式,是促进农业产业化发展的一种创新,政府在扶贫工作中不能再唱"独角戏",而是调动市场和企业的积极性,让农民与龙头企业形成双赢利益链。

榜样引领方向明
优惠政策暖人心

2006年9月20日,红寺堡开发区红寺堡镇中圈塘村万亩酿酒葡萄基地开工建设,工委、管委会各部门、各单位及红寺堡镇、村两级干部群众共800人参加了农田建设大会战,开启了红寺堡农户大面积推广种植酿酒葡萄的先河。

中圈塘村是2002年由同心县原新庄集乡搬迁而来的移民组成的,有804户3059人,640公顷耕地,是红寺堡确定的第一个酿酒葡萄种植区。这里位于罗山脚下,背靠大山,昼夜温差大,光照时间长,生长期积温适宜。土壤多为沙壤土,通透性强,土层深厚,土壤较肥沃,有机质含量为0.39%～0.91%。加之有较稳定的扬黄水灌溉,农田基本设施完善,沟、渠、路、林网配套合理,园区道路畅通无阻,主、副林带纵横交错,对预防晚霜冻和调节小气候起到重要作用,非常适宜种植葡萄。

2007年,中圈塘整村推进酿酒葡萄种植。为进一步提升农户自发种植葡萄的积极性,红寺堡给予免费开沟、免费提供苗木、免费架杆及架丝的优惠政策,并对种植户前两年给予每亩200元的生活补贴。据统计,前期亩均投入1700元,全部由开发区管委会扶持,为农民解除了后顾之忧。

由于政府亩均补贴资金与农户种植其他粮食作物年亩均收入尚有一定差距,加之葡萄前三年除了政府补贴资金外,没有其他收益,很多群众对此抵触情绪很大。2009年本来该挂果了,突遇雪灾、冻害,很多葡萄树被冻死了,很多人蹲在地里哭鼻子。

2010年秋天,辛苦了3年的中圈塘群众终于盼来了葡萄的大丰收。当年,该村先期种植的 4000 亩葡萄首次挂果成熟。管护好的农户,亩产达到 1.2 吨,管护一般的,亩产在八九百千克,亩均产值在 2600 元以上。很多农户刚采摘下来的葡萄就被一家葡萄酒生产企业按照 3.3 元/千克的统一价到地头抢购一空。由于此地葡萄含糖量达到 22%~23%,是当年宁夏幼龄酿酒葡萄质量最好、酒厂在发酵过程中唯一不加糖的产区,并且原酒酒精度达到 13 度以上,因而中圈塘村的葡萄一下子成为远近闻名的畅销品牌。葡萄种植大户、土专家乔文生说:"我一共种了 27 亩,刚摘了 1 亩地,有 1000 多公斤,卖了 3800 多块钱,比以前种玉米多赚3000 块。辛苦了 3 年,终于等到了这一天。"

2010 年八月十五日前夕,中圈塘村举办了盛大的"葡萄见面会",邀请周边的大河乡、南川乡、太阳山镇的农民前来品尝,现场热闹非凡。中圈塘村以实实在在的收益为其他种植葡萄的移民村树立了典范。几年来,中圈塘村群众在专家的指导下,形成了中圈塘荒漠化酿酒葡萄丰产栽培技术,总结摸索出了一套富有特色的葡萄种植管护模式,在全区得到广泛推广。

2011 年,中圈塘的万亩葡萄基地酿酒葡萄产量达到 3500 吨,产值 1570 万元,农民人均葡萄收入 5876 元,收入过 10 万元的居民达 30 多户;每亩收入最高的突破 7000 元,是种植玉米的 5 倍,还节水 40%。没有尝到甜头的村民都眼红了,纷纷表示要重新种葡萄。次年 4 月,该村开始对管理不善的 1500 亩酿酒葡萄地补苗,前一年毁苗的村民开始重新栽种。

贺兰山东麓处于最佳葡萄生态带北纬 38° 附近,这里还是国内少有的无污染农业生态区,少病虫危害,是业内公认的中国最好的酿酒葡萄种植基地;自然条件优越,被认为是中国的波尔多葡萄产区。相对于国内其他三大产区而言,从自然气候、土壤结构、光照时间、降水条件等相关因素来看,贺兰山东麓优势非常突出,发展潜力非常巨大。而红寺堡恰恰是贺兰山东麓葡萄产区重要集聚区。红寺堡酿酒葡萄的最大卖点是:绿色生态无污染。这是红寺堡酿酒葡萄产业的最大竞争力和品牌。

红寺堡区委、政府前瞻性地在《关于发展红寺堡区葡萄及葡萄酒庄产业的实施意见》中提出:"以发展红寺堡区葡萄酒庄产业为切入点,把发展酿酒葡萄产业和生态治理、防沙治沙有机结合起来,充分发挥特色优势,形成不同档次、不同品味、不同风格、不同规模的酒庄群,力争使红寺堡区的葡萄酒走向全国、走向世

界。""把发展酿酒葡萄产业和生态治理、防沙治沙有机结合起来"是一项使命,必须不惜代价完成;是一项策略,让绿色屏障成为"绿色银行"切实可行。随后,红寺堡区决定将葡萄产业确定为九大特色优势产业之一,重点扶持做大做强这一产业。

红寺堡区委、政府像呵护眼睛一样珍惜这一金字品牌。通过采取政策驱动、政府推动、项目带动和市场拉动等手段,引导产业化龙头企业拉长葡萄产业链,实施了"宁夏万亩荒漠优质葡萄节水栽培高技术产业化示范工程",取得了明显的经济、社会和生态效果,为进一步发展葡萄产业奠定了坚实的基础。

红寺堡区采取引进企业示范种植和重点村整村推进的发展模式,葡萄产业取得长足发展。截至 2013 年年底,葡萄种植面积达到 12.6 万亩,其中:酿酒葡萄10.75 万亩,鲜食葡萄 0.85 万亩。大罗山北侧建成科冕、朝阳、中圈塘、上源、杨柳等 5 个万亩以上葡萄基地,甜水河、兴旺、沙泉、豹子滩、城西、南源、红崖、红塔、

茅头墩等9个千亩以上葡萄基地。在中圈塘建设66.67公顷自治区级葡萄示范基地1个。2011年开始大面积挂果，经济效益逐步显现，其中2011年采收酿酒葡萄6500吨、鲜食葡萄500吨；2012年采收酿酒葡萄9300吨、鲜食葡萄2000吨；2013年采收酿酒葡萄8000吨、鲜食葡萄2000吨。3年分别实现鲜果销售收入为3000万元、5940万元和5900万元，累计达到1.484亿元。

2010年，红寺堡区6.7万公顷土地被国家质监局扩入宁夏贺兰山东麓酿酒葡萄原产区地理标志保护范围内。2012年，红寺堡区葡萄挂果面积约1000公顷，葡萄产量6750吨，其中鲜食葡萄产量750吨，酿酒葡萄产量6000吨，产值3150万元，最高收入突破10.5万元／公顷，相当于种植玉米的7～8倍。2012年后葡萄挂果面积和产量以30%以上的速度逐年递增，到2015年发展葡萄1.3万公顷，规划到2020年发展葡萄总面积达2万公顷。

2011年，宁夏编制了《中国(宁夏)贺兰山东麓葡萄产业带及文化长廊发展总体规划》，着力打造贺兰山东麓葡萄产业集聚区，目标是通过文化打造、生态引领、产业推动，把贺兰山东麓建成竞争力强、辐射面广、影响力大、国内最大、全球知名的葡萄文化长廊生态经济带。在规划中，将红寺堡定位为贺兰山东麓葡萄种植面积最大，以葡萄酒文化城、区域旅游集散中心、葡萄小镇与酒庄集群多元发展的宁夏中南部葡萄产业及葡萄文化发展中心，这为红寺堡地区发展葡萄产业提供了有力的区域发展保障。

如今，红寺堡葡萄产区已经成为宁夏葡萄产区中的明星产区。高效、节水、优质、避灾的葡萄种植，已是红寺堡农业发展的必然选择，真正成为红寺堡农业产业发展的主导产业、朝阳产业。

宁夏瑞丰葡萄酒业有限公司，是红寺堡区大力发展葡萄产业以来引进的一家大型葡萄酒业公司。该公司2009年落地，总投资2200万元筹建的瑞丰葡萄榨汁厂，占地40亩，建成年生产能力1.2万吨的葡萄榨汁加工车间及配套设施，项目分三期建成投产。经过几年的发展，形成了"公司＋专业合作社＋基地＋农户"的运行模式，为红寺堡葡萄产业发展注入了新活力。

在与当地葡萄种植农户共同发展的过程中，瑞丰葡萄酒业有限公司与葡萄种植专业合作社签订供货合同，并联合为农户担保贷款，将葡萄种植、收购、销售等问题一并打包解决。每年的葡萄收购季节，公司都指派专人深入葡萄种植区，协助合作社帮农户完善合作社注册登记资料、完善合作社章程等,同时向农林等部门申请,争取项目及项目资金,推动"公司＋专业合作社＋基地＋农户"运行模式科学发展。

公司投产以来,根据市场对葡萄品种的需求变化,指导种植农户根据市场需求调整品种结构,拉动葡萄种植品种的换代升级,促进葡萄新品种的选育;同时带动红寺堡及周边县市农户积极参与到葡萄种植行列,促进葡萄产业健康发展,带动农民致富;通过直接或间接的方式,解决了近4000名农村剩余劳动力就业,每个劳动力年均收入3000～6000元不等,每年的工资收入超过1700万元,不仅提高了公司的效益,也为红寺堡区的发展作出了应有的贡献。

几年来,优质的红寺堡葡萄以及日益扩大的种植规模,吸引了"张裕""王朝""中粮"等多家葡萄酒生产企业前来洽谈收购。凭借独特的区位优势和宽松的投

葡萄种植基地

资环境,红寺堡通过招商引资先后引进了宁夏凯仕丽实业有限公司、宁夏罗山国际贸易有限公司、瑞丰农产品加工有限责任公司、内蒙古汉森酒业集团有限公司、宁夏紫尚葡萄酒业有限公司、汇达等11家企业前来投资,总投资额近8亿元,基本建成葡萄酒厂6家,建成"卓德"和宁夏昌红农牧发展有限公司500吨酒庄2家,葡萄年加工能力近4万吨,形成了"千红裕""紫尚""罗山""红粉佳荣""汉森""凯仕丽""加宁""红瑞宝"等10个在区内外走俏的知名葡萄酒品牌。

在政府政策的扶持下,在产业帮扶和优化服务措施的推动下,红寺堡葡萄产业正奋力迈向区域化布局、规模化发展、特色化取胜的发展之路。

窖藏红酒

因地制宜出特色
分类指导显优势

尝红寺堡葡萄美酒,话红寺堡发展变化。不管是外地客商,还是红寺堡人民,茶余饭后或休闲娱乐,品味红寺堡葡萄干红成为不可或缺的内容。红寺堡的葡萄酒招牌逐渐走出宁夏,打向全国,乃至全世界。

近年来,红寺堡区委、政府提出了"以发展高效节水特色农业为重点,大力推进农业产业化,实现农业发展新转变"的发展策略。以发展葡萄酒庄产业为切入点,围绕葡萄生态资源、文化旅游资源和区位优势,大力发展葡萄产业和与其相关的旅游产业。通过生态引领、文化打造、产业推动,着力把红寺堡建成竞争力强、辐射面广、影响力大、带动葡萄产业共同发展的产业发展区。

按照"因地制宜、分类指导、突出特色、发挥优势"的原则,依托罗山的自然风光及红寺堡的移民文化特色,以扩大葡萄种植基地建设为重点,以区域产业化发展为目标,以增加农民收入为核心,以移民、水利文化为特色,兼顾生态环境改善和人民生活水平提升,着力优化提升开发葡萄酒旅游、度假功能,提升葡萄酒加工转化能力,面向国际国内两个市场,培育一批带动力强的龙头企业,打造一批具有市场竞争力的知名品牌,实现红寺堡葡萄产业的跨越式发展。

借助所产葡萄优质、高效,市场前景好,产品加工链长的特点,红寺堡全面发挥酿酒葡萄最佳生态区位优势,发展葡萄旅游观光产业,拉长酿酒葡萄链条,着力形成集鲜食葡萄、酿酒葡萄种植为主导,生产、加工、旅游观光为一体的葡萄基地,造就一个宁夏的"吐鲁番"。葡萄产业旅游观光的建设,将成为一种纽带,将红寺堡区境内旅游景点整合起来,形成大旅游体系和大整体机制,打造一条"葡萄

之旅"。通过以葡萄产业旅游为主轴,强化各个旅游景点的特色,突出几种文化形态在旅游景区上的功能体现,形成独特的风格。

在未来葡萄产业文化的发展格局中,红寺堡将以研发、种植、葡萄酒酿造、葡萄博物馆展示等为抓手,延长全产业链条,将其纳入区域旅游线路,打造葡萄景观廊道,并将当地诸如乡村博物馆、城堡、葡萄酒、酿酒作坊、手工艺作坊等丰富的文化遗产和历史遗迹连接起来,在途经之地建设酒店、客栈、露营地、自主餐厅等,从而进入市场体系推广旅游产品。与此相连接,充分发挥罗山生态文化带上罗山文化、云青寺及移民旧址等旅游资源,使其在整个红寺堡旅游观光带之中发挥重要功能,扩大现有的旅游影响,全力打造以葡萄酒文化为核心的红寺堡大旅游产业。

每年到了丰收季,红寺堡的葡萄园忙忙碌碌,充满了丰收的喜悦。远远望去,农民在郁郁葱葱的葡萄园中辛勤劳作,甚是热闹。熟透了的葡萄一大串、一大串地挂在绿叶之间,颗颗晶莹剔透,似紫宝石,惹人喜欢。葡萄梗上挂着几片翠绿的叶子,恰似一顶顶小巧玲珑的遮阳伞,给葡萄挡着阳光。

宁夏的"吐鲁番",中国西部的"波尔多",中国最大的生态酿酒葡萄产业基地,正在红寺堡孕育而生。

短短十几年移民开发建设,红寺堡在生态建设、基础设施建设等方面取得了令人瞩目的成就,从一个不适宜生存生活的地方变成现在的绿树成荫、鸟语花香之地。生活在这里的人们深切地感受到国家的战略方针给他们带来的实实在在的好处。在新一轮西部大开发和新型城镇化建设热潮中,红寺堡紧紧把握住历史发展机遇,建设美丽红寺堡,努力走出一条别具特色的发展道路。

城市园林绿化是一个城市的亮丽名片。随着城区建设范围的扩展,红寺堡区城区生态环境建设发生了巨大的变化,城市绿化品位逐渐提升,城区绿化由原来的"保活栽绿"转变为"绿化美化","一轴、八园、多点"的城区绿地系统结构框架、"八路十街"的路网架构彰显出这座移民城市欣欣向荣的全新气象。

2009年,红寺堡启动建设居安园、金水园、文化园3个游园和城北水系景观区;2012年,建成城区沁弘园,优美的街区花园以植物造景为主,乔、灌、花、草相结合,实现了三季有花、四季常青、绿树成荫的绿化效果。柳岸曲桥、湖波荡漾、美不胜收的生态公园,成为当地居民休闲活动的主要场所。几年来,红寺堡加快城

硕果累累

区道路两侧林带、绿地建设，加快裸露地绿化整治，建成宽幅林带 343.9 公顷，城区 18 条街巷绿化道路总长 64.2 公里，城区绿化总面积 375.2 公顷。

　　漫步城区，生态之美净收眼底：罗山路国槐枝繁叶茂，撑起浓浓绿阴，为行人送去几缕凉爽的清风；金水街榆树苍翠欲滴、遒劲挺拔，构成一片迷人的绿洲；黄河路两侧旱柳迎风摇曳，平添了几分妩媚，形成了一条绿色的长廊。这里，正在营造"天蓝、水清、树绿、花香"最宜人居的绿色家园。2013 年底，红寺堡城区顺利通过申报创建"自治区园林城区"验收，被命名为自治区级园林城区。

　　建设生态文明，加大自然生态系统和环境保护力度是一项重要任务。近年来，红寺堡实施重大生态修复工程，全面推进荒漠化、水土流失综合治理，坚持预

因地制宜出特色　分类指导显优势

防为主、综合治理，以解决损害群众健康突出环境问题为重点，强化水、大气、土壤等污染防治。积极推进重点流域和区域水污染防治、重点行业和重点区域大气污染治理，加强重金属污染和土壤污染综合治理，以扎实的工作举措，全力呵护生态建设成果。

红寺堡坚持"工业项目进园区、设施农业靠边、整合分散庄点、盘活存量资源"原则，加快国土空间规划体系建设，严格按照主体功能区定位发展，调整空间结构，促进生产空间集约高效、生活空间宜居适度、生态空间山清水秀。以实施农田防护林和绿色通道建设为抓手，着力构建可持续利用资源支撑体系，制定《红寺堡区林木资源保护管理办法》，明确林木、林地、野生动植物等资源保护管理范围、种类和方式方法，建立健全林木资源分级管理制度，切实保护好现有林木资源；加强城市水系景观、湿地恢复保护等生态绿化和综合治理，构筑贯通城区、辐射2公里的生态防护林体系，建成集绿化美化、湿地保护、生态保护为一体的城市带绿色景观长廊；以自治区打造贺兰山东麓百万亩葡萄长廊为契机，沿红寺堡南川乡一带，建设青、红葡萄产业长廊；以罗山国家级自然保护区为核心，积极融入盐、同、红大罗山生态经济圈建设，形成中部干旱带防风固沙长廊；启动矿山治理项目，加快荒坡矿山生态修复步伐，努力营造城市周边良好生态环境。以自治区实施道路大整治大绿化为契机，坚持交通延伸、林网跟进原则，全面形成绿色交通网。加强现有农田林网管护，及时补植断带枯死树木，实现农田林网全覆盖。健全完善"政府投资、全民参与、部门包干、社会认养、建管并重、奖惩分明"的绿化工作机制，巩固扩大城乡造林绿化成果。坚持开展全民义务植树活动，动员广大党员、干部及社会各界人士，营造"党员林""双拥林""劳模林""慈善林"等。扎实开展"绿色机关""绿色学校""绿色医院""绿色企业""绿色社区""绿色家庭"等系列"创绿"活动，并纳入文明单位考核验收的重要内容之一，努力形成"人人种树、家家护绿"的良好格局。紧紧抓住国家天然林保护工程和森林生态效益补偿资金项目建设等重大战略机遇，大力实施天然保护林工程，以森林资源保护和培育为中心，以加快生态环境建设、发展林业经济为目标，累计实施天然林保护工程102.3万亩。城区绿化总面积375.2公顷，其中公共绿地60.4公顷。城区绿化率达到34.1%，绿化覆盖率达到39%，人均公共绿地27.5平方米。

红寺堡区15年来累计组织完成林业建设任务169.7万亩，实施人工造林面

葡萄走廊

积 129 万亩,使昔日戈壁荒漠、茫茫沙丘,如今嬗变为处处绿洲,绿树成荫,森林覆盖率达到 10.9%,土地沙化治理比例达到 40%,农田林网化率达到 85%,村庄绿化率达到 85%,城区绿化率 53%,城区人均公共绿地 19.3 平方米,林业事业取得了良好的生态效益、经济效益和社会效益。

如今,红寺堡区生态发展活力彰显,生态环境明显改善,城乡面貌焕然一新,移民生态之城魅力日益显现。随着中部干旱带生态环境建设步伐不断加快,人民群众不断增长的生态需求得到了较大的满足,一个美丽的红寺堡,正在悄然升起。

红寺堡落实最严格的水资源管理制度,以水资源配置、节约和保护为重点,加快节水型社会建设。通过合理开发和综合利用地下水资源,规划城镇集中式饮用水源保护区及备用水源地,加快农村饮水安全工程建设,禁止非法开采地下水。目前,红寺堡各乡镇已实现了集中供水。通过严禁向罗山重要水源涵养地排放工业、生活、畜禽养殖等污染物,坚决取缔水源保护区内的直接排污口,不断改

195

因地制宜出特色
分类指导显优势

| 葡萄酒窖

善水环境质量,不断加大河道、湖泊、沟渠的治理建设力度,畅通水系,扩大景观水面,建设亲水平台,促进人水和谐。以改善空气质量为目标,全面减少污染物排放,严禁引入高耗能、高污染企业项目,提前完成"十二五"节能减排任务,使红寺堡真正成为项目建设的"生态净土"。积极整治城市扬尘,大力发展公共交通,加大三轮车淘汰力度,推广使用节能环保型汽车,城区空气环境持续向好。

环保新区建设,一直是红寺堡区持续努力的方向所在。通过提高风能、太阳能、生物质能等清洁能源使用比例,全面推行建筑节能,推进城市和工业园区集中供热、供气工程建设,在弘德移民新村、马渠移民新村大力推广使用太阳能,高举清洁能源使用和推广的"风向标"。积极开展餐饮服务业油烟污染防治,不断加大焚烧垃圾、柴草管禁力度,确保天蓝。借助加快发展生态农业,严格耕地保护,防控农业面源污染,保留净土。几年来,大力发展绿色农产品基地,围绕确定的葡萄产业、清真牛羊肉、设施瓜菜等主导产业和优势特色产业,按有良好生态环境、有技术操作规程、有质量标准、有品牌和包装、有营销载体的"五有"要求,不断扩大生产规模,提高产品质量安全水平。实施"种子种苗"工程,推广重大病虫无害化治理技术、生物技术和无公害生态养殖技术等,提高绿色农业配套技术的应用率。培育和扶持龙头企业等经营主体参与绿色农产品基地建设,实行生产、分选、包装、运输、销售一条龙作业,以保证产品的整体质量,形成规模效益。建立健全生产、加工、流通环节相衔接,覆盖农产品产前、产中、产后全过程的农产品质量安全检验检测网络,实施绿色农产品的市场准入制度,确保生产和消费安全。以"综合利用,化害为利"为原则,积极推广沼气工程建设,实现废弃物减量化、无害化、资源化、生态化,有效削减农业生产排污量,减轻对环境的污染。加强对农业投入品的监管,推广应用无公害的低毒低残留农药和生物农药,推广应用杀虫灯,搞好测土配方施肥工程,以达到农业生态良性循环的目的。

黄花菜种植基地

因地制宜出特色

分类指导显优势

以农为本稳民心
调整产业增效益

　　十余年来,红寺堡铸扬黄工程伟业,谱生态移民新篇,广大移民摆脱了受制于老天的雨养农业的樊篱,在这里种上了水浇地,以"节水、高效、生态、绿色"为特色的现代农业高歌猛进、不断壮大,葡萄、红枣、设施农业和黄牛养殖等优势主导产业成为移民增收的主渠道,科冕葡萄酿酒、壹加壹农牧科技、瑞丰葡萄榨汁等一大批以农副产品加工为主的龙头企业纷纷落地……十余年的艰辛探索与发展,见证了党的扶贫移民政策对贫困地区不遗余力的支持和彻头彻尾的变革,也让23万红寺堡人有了更大的底气和动力,奏响更加美好的田园牧歌。

　　在我国,地处宁夏南部的西海固,是贫困的代名词;在世界,西海固被联合国列为最不适合人类居住的地区之一。这里干旱少雨,山大沟深,土地贫瘠。放眼四望,山岚连着山岚,难见树木,植被稀疏。满目都是黄土,一片疮痍。大风起时,黄沙肆虐,成为南去的沙尘暴。西海固不仅靠天吃饭望天收,而且靠天喝水望天下雨。清代名臣左宗棠途经这里,见到的是"赤地千里,十室九空",因此他在给同治皇帝的奏折中叹曰:"苦瘠甲于天下。"百余年来,这里的自然条件没有多大的改善。这里的人们,苦苦挣扎在温饱线以下,世代相继,艰难度日。

　　水是生命之源,西海固的人民体会更加深刻。20世纪八九十年代,由于长期干旱,水贵如油,大多数群众吃水要从外地拉运,每方水的价格高达二三十元,还不包括运输费用。长期以来,由于严重缺水,人们将用水的智慧发挥到了极致。他们在光秃秃的山脚下、地势低洼的地方,挖出深浅不一的窖井,用来收集雨水,即便如此,也不能保证收集得到。因为此地年降水量不足300毫米,蒸发量却是降水量的 7 倍,有时候降雨量太小,一落地就被干涸的土地吸收得无影无踪,无论怎么仔细收集,雨水都装满不了窖井。有些农户在家里也建有窖井,通过房屋滴水檐下的集雨系统,将屋顶上的雨水收集流进管道,再进入家里的窖井。在这片土地上,一滴水也不能浪费。雨水好的时候,人畜饮水是分开的;雨水不好,人畜共饮一窖水并不鲜见。因长期的干旱,缺少洗漱用水,女人和娃娃的脸上蒙上一层土垢,男人们也不敢豢养太多的家畜用于农耕。许多家庭女儿择偶的标准,首先是将要出嫁的那个地方不能缺水,而拥有三五个水窖的人家,无疑会将其当作一种财富的象征。

西海固人,最大的渴望就是老天爷能下一场透雨。每逢下雨,场院里、沟梁上、山丘上,到处是人们往来采集雨水忙碌的身影,那是一种迫不及待地与雨水亲近的快乐,更是一场西海固罕有的展示生命张力的盛典……

西海固地区是全国 18 个集中连片的特殊贫困地区之一。干旱的气候,决定了这里的人们只能靠天吃饭。在起起伏伏的沟壑和陡峭的峁梁上,到处都是不规则的农田,由于地势不平、山路崎岖,长期以来这里基本上都是传统的"二牛抬杠"的耕作方式。许多地方,山上不长树,也不长草,缺少水分滋润的田地里,自然也长不出庄稼来。这里主要种小麦、荞麦和马铃薯,但产量非常低。1 亩小麦,要撒下 40 多斤的种子,碰上雨水稍多的年份,能收上 200 斤,已经算是好收成了。雨水不好的年份,有时候连种子都收不回来。地里的高粱,不仅长不高,有时完全结不了果,看起来就像野草一样。"种一毡帽,打两毡帽",成为许多西海固人习以为常的收获理念。

远处群山向阳地带开辟出来的坡地,是村民每年的生活来源,收成只能看老天爷的眼色。许多西海固人只能靠养羊和种地生活。由于土地无法产出足以维系生存需要的粮食,人们只能把目光投向更为陡峭的沟壑山峁,他们在那里,几乎是掠夺式地开垦出更多的土地,把更多的希望撒播在那里,满心期待着能下一点雨水,多收获一些庄稼。西海固,就这样周而复始地延续着"越穷越垦,越垦越穷"的怪圈和轮回。

面朝黄土背朝天,在黄土地里刨着吃,这就是西海固人民的生产生活状态。有人说山区人民穷,有人说山区人民懒,可是,在这样恶劣的自然环境下,一方水土养不了一方人,再肥沃的土地,如果缺少了雨水的滋润,能获得怎样丰硕的收

以农为本稳民心 调整产业增效益

成？西海固人是勤劳的，在这片干旱贫瘠的土地上，发展基础薄弱，生存条件艰苦，生态环境脆弱，人们却世世代代在这里坚强地生存着。他们不缺少勇气，不缺乏对美好生活的向往，在与命运的顽强抗争中，他们无数次地抬起头，向着遥远的山外望去，那里，是一片广阔的、全新的天地，他们的憧憬、他们的希望，或许就在那里。

"有水路走水路，没有水路走旱路，水旱不通另寻出路。"20世纪末，根据国家"三西"扶贫的思想方针，宁夏在总结吊庄移民有益经验的基础上，启动实施宁夏扶贫扬黄灌溉工程，在红寺堡实施大规模异地扶贫移民开发，开创了"以川济山，山川共济"扶贫开发典范。红寺堡，这片曾经黄沙滚滚的荒原，引来黄河水，浇灌万顷田，20余万西海固地区贫困群众来到这片创业的热土，点燃了脱贫致富、加快发展的希望之火。

经过近15年的生态移民迁徙，大规模的移民形成了红寺堡开发建设史上特有的风景，30年的迁徙历程及时间积淀，生态移民改变的不只是生产生活的面貌和方式，促生的还有产业化的快步发展，文化上的包容和改变。

水，在西海固人民的心中如同金子般金贵。而红寺堡有引黄灌溉之利，这里便成了万千西海固群众迁徙落脚的地方。"渠网纵横引活水，一朝不再望天收。"在红寺堡，扬黄渡槽凌空飞架，滚滚黄河水经此缓缓流到移民的田里时，他们世世代代种上水浇地的梦想便成了现实。

有水，就有了希望。十余年来，23万移民在红寺堡这片生机勃勃的土地上勤劳垦殖，加快发展，逐步致富。他们的生产生活方式，也因水而发生了巨大的变化。

在山区老家，由于山川阻隔、交通不便，群众穿着打扮相对保守。而在发展了十余年的移民村，山区移民在穿着打扮方面和川区人的差异已不明显。在集市上，甚至可以看到穿着丝袜、超短裙的年轻时尚的女子。虽然大部分移民依然保持着吃面食的习惯，但在老家"早上馍馍洋芋，中午洋芋馍馍，晚上馍馍加洋芋"的生活状况已经发生了翻天覆地的变化，许多移民家庭的伙食，就连城里人也羡慕不已：自家种着温棚，一年四季吃的都是绿色无公害蔬菜，茶缸里泡红红的枸杞，也不是什么稀罕事。

在老家，条件一般的群众都住窑洞，条件好一点的人家住瓦房，石墙、木头拱顶，这样的结构既防漏水，又便于接雨水。而在移民新村，许多移民已经过了从土坯房到砖瓦房再到楼房的三次变迁，移民的居住条件和许多川区的老住户也没什么差距。在不同县区移民间的融合交往中，山区移民的许多习俗都受到全新的移民文化的影响，在悄悄地发生着变化，许多人已经改变以前的老传统，将子女们的婚礼现场也搬到了县城的大餐馆里；回族老人在上寺归来后，到街道或社区去下下棋、聊聊天，已经成为一种惬意的生活方式。

对于习惯了在宁夏南部山区靠天吃饭的移民群众来说，红寺堡灌区十余年的发展，让他们远离了贫苦，收获了富足，也增添了对未来美好生活的无限憧憬。

来自宁夏彭阳县的移民马富莲，搬迁到红寺堡时已经年近五旬，儿女有的已经成家，膝下有一个乖巧伶俐的小孙女。常年劳作的她，在红寺堡依然是家里的主要劳力，和子女们一样顶着烈日耕作在田地中。但是，扬黄灌区全新的耕作方式却让这个与田地打了半辈子交道的庄稼人有些不适应。"不习惯，主要是没有见过，也没有种过水浇地，刚开始灌水采取的是大水漫灌，打开水渠的闸口，那水一下子就冲进田里来了，像个野兽一样不服管教，有点控制不住。"她如此形容第一次给田里灌水的感受。由于刚开垦的土地平整度不够，灌溉时农田里有的地方已经积水过膝，而有的地方却因地势较高而浇灌不到。"没法子，我只能拿着一把铁锹，赤着脚走进水里，到水淹不到的地方用铁锹拉开一道一道的壕沟，把水再引过来。那时候给地里灌水可是大事，有时候排在晚上，头上得顶着矿灯，深一脚浅一脚地在地里摸索着灌溉，浑身都是泥沙，狼狈的不行，灌一次水过后，人就像生了一场大病。"如今，60多岁的她早已不去田间劳动，说起农田灌溉，笑意漫上眉梢："现在好了，搞成了小畦田，田地都平整了，一块地多长时间能灌足水，时间上很好把握，娃娃（儿子）一个人拿一把锹去就行了，主要也就是开闸和关闸需要动手，空闲时间娃娃还可以和别人聊聊天，舒服得很！"

从同心县搬到红寺堡镇团结村的移民冯志生、冯志学兄弟谈及搬迁后生活的发展变化，十分感慨："以前就是二牛抬杠么，祖祖辈辈都这样过来的，到这里来种水浇地，耕地不用牛，收割都用机械，刚开始很不适应。以前在老家种庄稼还算是个好把式，到这里感觉原来的手艺几乎都用不上。"生性好强的冯家兄弟不甘于现状，通过认真谋划，瞅准机会干起了甘草种植和贩运。"刚开始还是小打小闹的，后来一看这个行当有奔头，就开始先向别人租赁土地，再后来就搞大面积流转，每年种植规模都在一两千亩。有规模、有产品，就不愁销路了，收购商都是

每年提前和我们签合同,主动上门收购。我们现在搞起了甘草销售合作社,发展农户扩大种植规模,有钱大家挣,路子更宽广。"冯志学说。如今,冯氏兄弟成了远近闻名的甘草大王,两个人都在自家的宅基地上盖起了小别墅,买上了高档小轿车,个人资产达到数千万元。

从搬迁之前的年人均收入不足500元,到2016年的8000元,红寺堡移民生活水平的提升也见证了一段非凡的农业大开发、大发展的光辉历程。红寺堡镇中

圈塘村移民乔文生,以前家居隆德县,生活极为贫困。2002年搬迁到红寺堡后,他的生活发生了连自己都意想不到的变化。"最初想搬到这里发展,是因为国家有扶持政策,我们刚来5年内免征农业税、牧业税、农林特产税,免交粮油定购任务和各种提留费,感觉生活上有盼头。但是由于搬迁前生活就十分困难,来了以后盖房子之类的花销也大,还背了一屁股债,生活依然很紧巴。"2007年,红寺堡

晾晒枸杞

大力发展高效避灾节水农业,中圈塘村作为整村推进试点村,开始大面积种植酿酒葡萄,乔文生怀着忐忑不安的心情,在所有地里都种上了葡萄。由于前3年葡萄没有任何收成,他也曾经迷茫过,同时也经受了妻子无数次的抱怨,但他最终还是选择了坚持。为了掌握种植技术,他每天都坚持到田里去,细心地将温度、水分、光热变化对葡萄的影响都记录在小本子上,四五年下来,居然记录了有十几本之多,他也因此成为被专业技术人员和群众认可的"土专家"。2009年葡萄正式挂果后,由于懂技术、舍得投入,乔文生当年收入超过6万元,不仅将此前几年的投入全部收回,并且有了很大的盈余。"葡萄是多年生木本植物,一次性投入多年可以获得回报,我对将来的生活非常有信心,选择这条

路子,看来是走对了!"乔文生说。

在红寺堡,像马富莲、冯志学、乔文生这样的移民有很多。他们的农作方式经历了从旱作农业到雨养农业,再到高效节水现代农业的两次转变,红寺堡这片创业热土给予了他们全新的生活。他们,也凭着对生活的憧憬和执着,以及勤劳朴实和艰苦创业,走上了发家致富的康庄大道。

红寺堡建区之前的十年发展,实现了雨养农业向灌溉农业的转变,并基本实现了灌溉农业向现代农业的二次转变。结合扬黄灌区实际情况,农业产业发展经历了传统种植业向草畜产业、桑蚕产业、特色养殖业及经果林、葡萄产业、设施农业和黄牛养殖业的数次转变,特别是以"节水、高效、生态、绿色"为特色的现代农业加速发展,让红寺堡广大移民趟出了发展新路子,鼓起了钱袋子。平畴绿野间,生态移民新村百业兴旺,葡萄园里枝头上挂满了沉甸甸的生态"金"果,一排排整齐的高效节能日光温室在阳光下闪着银光,伸向遥远的天边……现代农业为红寺堡的发展提供了广阔的平台,广大移民阔步走在幸福的康庄大道上,欢笑充满了希望的田野。

让搬迁移民在较短时间内适应从雨养农业向灌溉农业的转变,帮助他们解决温饱问题,是红寺堡开发建设初期农业生产的根本任务和主攻方向。立足实际区情,红寺堡开发区管委会初步确立了种草养畜、种桑养蚕及中药材种植三大主导产业,以畜牧业为突破口,以桑蚕、中药为补充,建基地,树龙头,全面推进农业产业化,将可持续发展定位在生态农业上。

在开发建设初期,红寺堡灌区第一次有了灌溉农业的收获,当年种植粮食作物 1.7 万亩,总产量达到 234.7 万公斤。到 2001 年底,红寺堡灌区农作物种植面积达 11.65 万亩,粮食总产量 2532.2 万公斤,人均有粮 439 公斤,农民人均纯收入达 709 元。2002 年,农作物总播种面积达到 20.6 万亩,夏粮总产量达到 1245.5 万吨,羊只存栏 26 万只,人工种草 2.6 万亩,栽种桑树 1 万亩,种植甘草、枸杞、黄芪等沙生中药材 12595 亩。长期以来,受传统放牧思想的影响,草原超载放牧、过度放牧,导致草场严重退化沙化。2003 年以来,红寺堡以优化生产环境为目标,全面实施封山禁牧措施,坚持"林草结合、灌草结合、造封结合、农林牧结合、草畜一体化"的发展原则,对封育区、治理区实行全年禁牧,大力实施退牧还草和草原围栏工程,不断扩大草原绿地面积。五年间,全区 28.36 万只羊和 3.36 万头牛全部舍饲圈养，累计完成草原围栏面积 60 万亩，完成草原补播改良 5 万亩，部分封育治理区植被恢复面积达到了 90% 以上，森林覆盖率达到 29%，土地沙漠化实现逆转，草原建设实现了良性循环，流动沙丘被丛丛新绿覆盖。农业的稳定发展，对红寺堡移民安心定居、加快发展起到了积极的促进作用，一个以扶贫开发为中心、以农业生产为基础的新型引黄灌溉区崛起在宁夏中部干旱带上，移民开发建设的生态效益、经济效益和社会效益日渐凸显。

有了艰苦创业的经验，红寺堡认真审视资源禀赋，准确把握区情，积极调整产业结构，倡导发展高效、节水、避灾农业。2007 年，按照自治区"六个百万亩"和吴忠市"十大农业产业基地"的战略部署，开创性地提出"321"产业构想，计划用 5 年左右的时间，发展 30 万亩葡萄、20 万亩以高酸苹果为主的经果林和 10 万亩设施农业。实现人均 1.5 亩葡萄、1 亩经果林、0.5 亩设施农业，农民人均纯收入达到 6000 元以上，力争把红寺堡建成全国最大的酿酒葡萄基地、宁夏最大的节水示范区和中部干旱带最大的生态区。2008 年，红寺堡共整合各类项目资金 4300 余万元，制定出台了政府补贴、金融扶持、温棚产权承包和科技扶持等一系列助推产业发展的优惠政策，采用乡镇、部门包干的方式，定任务、定指标、定责任，抓督察，7 个月内建成乌沙塘设施农业园区，870 座高标准日光温室当年发挥效益。乌沙塘高效节水示范农业设施园区如一座"设施农业博物馆"，不同类型的温棚应有尽有，造价近 10 万元的砖混墙体、无立柱、全钢架温棚更是让人耳目一新，所有温棚都规划安装滴灌、卷帘机和暖风设备。同时，聘请自治区专家团长期驻守设施农业园区，为农户搭建温棚、田间管理提供技术指导，并优先使用新技术、新品种、新工艺。2008 年被自治区人民政府评为全区建设速度最快、标准最高、连片规模最大、定植长势最好的设施园区。

短短几年的时间，红寺堡又规划建设了集育苗、设施园艺、设施养殖、农产品加工为一体的城东万亩高效农业综合示范园区，政府出让土地，鼓励企业和大户参与开发，温棚全部采用砖混全钢架无立柱结构，每座平均投资近 10 万元，使农民真正得到了实惠，农民的生产积极性空前高涨。

针对开发区 57% 的回族群众有养殖黄牛的经验，红寺堡于 2008 年底提出了发展 10 万头黄牛的设想，将"321"产业调整为"3211"产业，使红寺堡特色优势产业定位更为准确，展现了广阔的发展前景，呈现出强劲的发展势头。

以农为本稳民心
调整产业增效益

为了拉长主导产业链条，吸纳更多农民参与到产业链中受益，红寺堡集中资金扶持兴建了一批龙头企业。引进联众、鹏胜、春盛、陈老大等龙头企业，带动农户发展设施农业、经果林；建成壹加壹、兴骏等4个标准化养殖场，重点发展黄牛饲养；扶持科冕、瑞丰、北京老马等发展葡萄产业、清真牛羊肉加工及泡菜、酱菜、牛肉酱等系列农产品。龙头企业与农户建立了风险共担、利益共享的生产模式，带着主导产业向前冲。截至2008年，红寺堡葡萄、设施农业、黄牛养殖和经果林等产业已初具规模，农民人均纯收入的1/3来自"3211"产业收入。当年红寺堡农民人均纯收入达到2660元，比开发初期增长了5倍，这里，逐步成为宁夏中部干旱带上可持续发展的典范。

| 马铃薯丰收

节水灌溉创思路
科学种植提质量

红寺堡地处宁夏中部干旱带,水资源严重短缺,当地水资源量少质差,可利用的水资源十分有限。扬黄水全部用于农业灌溉,在节水工程配套不齐备、节水措施没有全面推广的情况下,自治区水利厅每年分配给红寺堡的灌溉用水指标核定为 1.5 亿立方米,种植传统作物平均每亩需要灌溉用水 500 立方米,只能种植传统作物 30 万亩,如不采取节水措施,已开发的 40 万亩土地中就有 10 万亩无法灌溉,水资源短缺问题日益凸显。红寺堡要发展,不能只停留在解决 20 万老百姓的温饱问题。在农业稳步发展,生态环境大为改善,工业企业开始起步的同时,水资源供需矛盾突出,如何提高水资源利用效率是摆在红寺堡决策者面前的一件大事。

红寺堡在节水这个突出问题上醒得早、起得早、走得快,在不断探索中,全面统筹规划,走节水发展之路,以发展高效节水农业和打造节水示范区为核心,提出了《红寺堡区节水型社会建设实施方案》《红寺堡区高效节水灌溉五年规划》等,提出了实现水资源有效供给、农民增收和生态保护三大目标,加大节水灌溉工程的推广示范,建立健全节水技术管理体系,广泛动员宣传节水灌溉理念,通过重点产业节水、全民节水,解决灌溉技术落后、群众观念落后的问题。

以节水挖潜改造为中心,强化工程节水措施。通过整合实施灌区节水改造与续建配套、节水增效示范、末级渠系改造、农业综合开发、土地整理等工程项目,大力推广以小畦灌溉、喷灌、滴灌、补灌和小管出流等为主的高效节水灌溉模式。转变输水模式,采取管道输水,有效减少输水损失,提高水资源利用率。建设高位

207

蓄水池,变季节用水为常年供水,扩大灌区外围高效节水补灌面积。

以发展高效节水现代农业为主攻方向,大力提高用水效益。按照"33211"种植模式(50万亩土地中,按照30%即15万亩土地种植麦套玉米,30%即15万亩土地发展葡萄和经果林,20%即10万亩土地种植马铃薯和油料作物,10%即5万亩土地种植中药材、秋杂粮和牧草等特色种植,10%即5万亩土地发展设施农业,建立优质、高效、节水的农业种植模式),优化特色产业区域布局,种植结构得到合理化发展,灌溉高峰期得以缓解,单方水的效益不断提高。

针对农民水商品意识谈薄的状况,通过下乡宣讲、印发材料、发布公告等形式,全方位宣传节水灌溉知识,使节水农业家喻户晓,强化节水宣传教育。同时进一步加大对农民的种植技术、节水灌溉技术的培训力度,切实提高农民从事节水高效农业的生产能力。

节水蔬菜

大力实施农田水利基本建设，进一步完善灌溉管理制度，细化水量指标分解，层层签订目标责任状，强化节水管理。农田水利基本建设结合灌区水资源短缺、灌溉形势严峻的客观实际，紧紧围绕高效节水这一核心，把农田水利基本建设与地方经济社会可持续发展规划、生态移民产业发展、特色产业发展、产业结构调整、土地流转和订单农业发展、节水灌溉技术的推广运用、节水灌溉工程的运行管理以及灌溉水指标有效结合起来。将农田水利基本建设与各乡镇的灌溉管理、产业结构调整、节水指标控制与安排水利项目挂钩。把节水灌溉指标控制作为农田水利基本建设年终考核的重要内容，实行超指标灌溉一票否决制，通过农田水利基本建设，最终实现高效节水这一目标。

通过多年治水，红寺堡摸索出一个经验——"短蓄长用"，即通过建蓄水池，在灌溉用水较宽松的4月、5月、8月及冬灌期尽可能地蓄积扬黄水，解决渠道停灌期间设施农业、生态、工业等的用水问题，变季节供水为全年供水，延长供水时间，满足各业用水需求，提高水利用效率。在不断地摸索发展中，红寺堡治水经历了"三个转变"。一是输水方式的转变。通过渠道输水向管道输水的转变，不仅解决了蒸发、渗漏的问题，也解决了直接到田块、到农户的水计量问题，亩均灌水时间缩短20多分钟，入渗量降低30%，亩均节省水费15元。二是产业结构的转变。按照"压减玉米等高耗水低产出作物种植面积，增加葡萄、红枣、设施蔬菜等高效节水作物种植面积"的基本思路，大力发展"3211"产业，通过各种措施，打包计算水账、经济账，以最低的耗水量追求最大的经济效益。从节水上看，以葡萄种植为例，采用滴灌措施，亩均灌溉定额按270方计算，比核定的366.5方定额节水96.5方，以现有11.6万亩葡萄计算，仅此产业一年就节水1119.4万方。辖区7.45万亩设施农业，按亩均灌溉定额240方计算，年节水942万方。从效益上看，根据2010年农牧业收益情况的调查显示，种植传统作物亩均最高纯收益223.85元，种植葡萄和设施农业，亩均纯收入可达1700元和6000元以上，实现了单方水的最大效益。三是灌水方式的转变。红寺堡自开发建设以来，经历了从旱作农业到大水漫灌，从大水漫灌到小畦灌溉，从小畦灌溉到滴灌、管道灌、补灌的转变，红寺堡人民一步步向现代节水农业迈进。灌水方式的转变，一方面节约了水资源，另一方面使群众的用水观念发生了重大转变，节水意识明显增强，为全方位、高标准打造节水农业示范区奠定了坚实的群众基础。

通过这"三个转变",红寺堡灌溉水利用系数由 0.48 提高到 0.56 甚至 0.6,在移民人口增加、灌溉面积增加、用水指标不增加的情况下,保障了农作物的适时灌溉,保障了生态用水和工业用水需求,增加了农民收入。

红寺堡正式设区以来,农业生产迎来了新一轮的大发展、快发展。立足区情和资源特色,红寺堡坚持因地制宜、分类指导、突出特色、发挥优势,倾力打造宁夏中部干旱带节水农业示范。通过积极调整优化农业结构,把发展高效节水农业作为主攻方向,以建设农业示范园(基地)为抓手,引领地方特色产业发展,突出建设"二带一园"农业示范区(一带:罗山大道现代农业产业带和苦水河流域现代节水农业示范带,一园:红寺堡高效节水生态农业示范园),使以酿酒葡萄、设施农业、草畜产业为主的"三大优势主导产业"和以马铃薯、中药材、露地蔬菜为主的"三个特色产业"继续保持了良好的发展势头,农业的专业化、标准化、规模化和集约化水平大幅提高,农业综合生产能力、抗风险能力和市场竞争能力明显增强。截至目前,酿酒葡萄、设施农业、肉牛三大主导产业大发展催生出红寺堡农业兴旺、农村繁荣、农民富裕的新气象。

以大力调整农业产业结构调整为抓手,把发展节水高效农业作为主攻方向,大力推进"三大主导产业"(葡萄、养殖业、设施农业)和"五大特色产业"(枸杞、马铃薯、中药材、露地蔬菜、优质牧草)发展。紧紧围绕稳粮增收的目标,狠抓粮食生产安全,突出抓好小麦、玉米两大粮食生产的发展。同时,切实落实马铃薯、豆类等种植计划,做到夏粮不足秋粮补、土地不足套种补,确保了粮食播种面积稳定。在玉米、马铃薯栽培推广过程中,整合农技、种子、植保、土肥等部门技术力量,全面推广"六统一""六推广"工作措施,重点推广生物灭虫、秸秆生物反应堆等 10 项技术。以推动强农惠农政策落实为抓手,广泛调动农民种植的积极性,建立健全了农民各类补贴网上信息录入制度,全部以"一卡通"兑现到户,有效地保障了粮食生产健康发展。

蔬菜产业加快发展。在保证粮食生产的基础上,进一步调整优化农业区域布局,挖掘农业内部增收潜力,加快节水高效农业产业实现"一村一品""多村一品",推进专业村、专业户和专业基地建设,打造宁夏中部干旱带节水高效农业示范区。

打造设施农业全新品牌。全力巩固提高日光温室示范园区设施功能,全面推进日光温室定植工作，按照"一园、两翼、多补充、带周边"的发展思路，大力发展以红寺堡镇城东园区为中心，以太阳山镇孙家滩设施园区和大河乡乌沙塘设施园区为两翼，以杨柳、水套、玉池、龙泉、梨花等为补充的设施农业产业带，已基本形成了以城东、乌沙塘、水套为主的设施园艺，以玉池、杨柳为主的设施蔬菜，以梨花、柳泉、沙草墩为主的拱棚西瓜，以龙泉、柳泉为主的拱棚甜瓜，以杨柳、沙草墩为主的拱棚辣椒"五大设施基地"。通过引进宁夏东港集团投资建设，全面推进乌沙塘园区万亩日光温室扩建工程，设施农业的规模和效益得到明显提升。

露地蔬菜基地初具雏形。按照统筹城乡发展方略，坚持用工业化理念发展现代农业，通过引进甘肃陈老大食品有限公司与农户结成利益共同体，按照统一品种、统一技术、统一管理、统一收购的要求，发展订单生产，建设企业基地，探索建立风险共担、利益共享生产经营模式。按照"公司＋合作组织＋农户＋基地"的订单农业方式，建设鲁家窑生态移民区、红寺堡玉池、大河乡大河蔬菜基地 2 万亩，主要以种植娃娃菜、辣椒、胡萝卜为主。

小畦田

草畜产业稳中有增。按照"大力发展养牛,稳步发展养羊,适量发展养猪,规模发展滩鸡"的思路,继续调整优化结构,加快品种改良步伐,使畜牧业继续保持了强劲发展的良好态势。建设规模肉牛养殖园区(场)3个,东源、红塔、康庄、大河等肉牛养殖示范村7个,团结、水套、龙兴、东川等肉羊养殖示范村8个。通过由宁夏嘉荣担保公司与红寺堡区政府共同担保,国家开发银行为红寺堡辖区群众贷款的融资新模式,有效缓解了肉牛产业发展融资难的问题,得到了自治区、市党委、政府的充分肯定,并在全区推广。累计培育发展肉牛养殖重点村19个,建设标准化养殖场(区)22个,培育龙头企业7家,其中养殖业4家(壹加壹、天源、兴俊、义禾)、饲草配送2家(宁夏正鑫源饲草配送中心、城东兴牧饲草配送中心)、加工业1家(宁夏红寺堡老马清真牛羊肉加工),自治区龙头企业2家(壹加壹、宁夏正鑫源)。龙头企业的引进,不仅带动了红寺堡地方企业的发展和壮大,也为红寺堡这个正在发展中的移民地区注入了活力,推动了地区各项事业的健康发展。

引进项目夯实力
农牧科技见成效

　　坚持项目带动战略,合理规划,科学安排,高标准,严要求,大力实施现代农业项目和工程建设,有力促进现代农业发展,切实让群众得到实惠。

　　自 2009 年实施畜牧良种补贴项目以来,积极开展奶牛冻精和肉牛冻精的引进与冷配技术的应用、滩羊(肉用)种公羊的调购,先后引进奶牛冻精 2500 枚、肉牛冻精 6 万枚,改良奶牛 1200 头次、肉牛 2 万头次,调购滩羊种公羊 2500 只、肉用种公羊 50 只,累计改良滩肉羊 6 万余只,项目扶持 300 余万元。

　　2009 年开始,红寺堡引进南部设施养殖项目,全面推进肉牛重点村建设,补贴良种基础母牛,项目扶持棚圈及三贮一化池建设。累计投入资金 710 万元,推广肉牛重点村 22 个,补贴良种母牛 7000 头。之后,又开始了标准化规范化养殖基地建设项目,2009—2012 年,先后建成壹加壹肉牛科技示范园、天源良种肉羊繁育场。

　　2011 年,实施现代农业生产发展项目(畜牧养殖)以来,共建设肉牛示范村 13 个,肉羊示范村 8 个,棚圈 3000 座,三贮一化池 1500 座,规模化标准肉羊场 4 个、肉牛场 2 个。累计项目扶持 1805 万元,其中 6 个规模场扶持 159 万元。2012 年,重点村扶持 606 万元,2013 年对 15 个重点村扶持 1040 万元。

　　2012 年至今,实施国家退耕还林后续产业项目,累计建设羊棚 1250 座,选育滩羊 2 万只。项目资金扶持 575 万元。

　　在此基础上,围绕高效节水农业发展,实施农村能源建设项目,大力推进农村沼气建设及农村改圈、改厕、改厨工作,不断提高农民生产生活质量。截至

2013年底，已累计推广建设户用沼气18050多户、大中型沼气池2处。其中2013年新建农村户用沼气池1300座，推广太阳灶840台，建设大型沼气池1处、联户沼气12处、沼气服务网点15处。

2013年以来又抓产业化项目，对饲养5头以上的肉用基础母牛农户，每产一头犊牛以奖代补500元，共奖补母牛1800头，扶持资金90万元；对饲养30只以上滩羊基础母羊的农户进行扶持，凡达到国家二级以上标准的滩羊基础母羊，每只一次性补助100元，共选育滩羊3.78万只，扶持资金达378万元。

积极推广新品种、新技术、新农药、新肥料和新型农机具，不断提高农业综合生产效益。主推"先玉335""迪卡656""掖单19"等玉米新品种，推广种植面积14.5万亩。分别从内蒙古和陕北引进"夏菠蒂""克新""紫花白"等一级种薯，推广种植面积10.21万亩。引进美国"红提""乍娜""维多利亚"等葡萄品种，"春雪桃""中油3号"等油桃品种，"航椒4号""欣喜2号""新早密"等辣椒、西瓜新品种并进行示范推广。辐射带动全区推广瓜菜新品种11.45万亩，其中露地蔬菜2万亩、设施蔬菜7.45万亩、西甜瓜2万亩，全区粮菜良种覆盖率达100%。肉牛主要以推广"夏洛来""西门塔尔""利木赞"冻精改良黄牛为主，肉牛冷配改良覆盖面达62%。

在发展过程中，始终重视推广新技术，在城东、乌沙塘5个设施农业园区建设瓜菜高产示范40棚，并引进企业参与建立日光温室无土栽培、基质栽培及良种引进等示范20棚。在龙泉、杨柳等村建设全塑钢架精品大拱棚示范基地4个，全面实施无公害、绿色、有机蔬菜标准化生产技术。以实现肉牛良种繁育、科学饲养和产业化经营为目标，整合"一池三改"、圈棚建设、良种改良等项目，扶持指导19个肉牛养殖重点村和18个肉牛养殖园区（场），累计建设标准化养殖圈棚1000座，累计建饲草青贮池3.2万立方米，农作物秸秆利用率由原来不足20%提高到75%。动物耳标佩戴率、动物免疫率均达到100%。以推进马铃薯脱毒种薯三级繁育体系建设为重点，在红寺堡镇灰家窑建设马铃薯原种生产基地1000亩、一级种薯生产基地2万亩，带动全区种植马铃薯10万亩。

针对红寺堡风大沙多、气候干燥、水量蒸发大，加之灌区开发之初，只对干支斗农渠道进行了砌护，末级渠系全部为土渠灌溉，跑水漏水现象十分普遍的实际，积极整合各类项目资金，工程措施、生物措施、农业措施一起上，全力打造宁夏的节水灌溉示范区。通过水资源优化配置和合理保护,推广高效节水、外围补灌新技术,坚定不移地走节水型社会建设之路。

近几年,红寺堡区坚持转型升级发展,全力促进特色产业开发形成新优势。做大做强特色产业。坚持以工业化理念发展农业,使红寺堡由农业大县向农业强县转变。实施"倍增计划"和"3+X"产业,依托中拉共同体酒庄集群示范园,打造15万亩优质酿酒葡萄基地;依托百瑞源等企业带动,打造10万亩枸杞产业基地;依托富阳公司等企业,打造10万亩优质牧草基地;依托壹加壹现代农业社会化服务体系和天源宁夏滩羊工程技术中心,打造10万头肉牛基地和100万只滩羊基地;依托罗山中药材等企业,打造10万亩中药材、黄花菜等特色基地,形成"一圈一城三带四园"产业布局。建立以交易、保鲜、加工、储运为一体的农产品加

圈养

工产业链，打造绿色、生态、有机、富硒的"红"字号品牌。

　　加快转变农业发展方式。大力发展高效节水农业，节水灌溉面积达到40%。坚持"市场＋合作社＋农户"的产业化发展模式，引导和规范专业大户、家庭农场等做好土地流转，推动龙头企业与农户建立紧密型利益联结机制，让农户分享更多的加工销售收益。

　　积极改善农业发展条件。大力推进土地整治，深入推进高标准农田建设。积极推广农业新技术、新品种、新机具。加强农业防灾减灾建设，不断提升农业综合生产能力。健全农产品从田头到餐桌的全过程质量安全监管体系，落实好农业支持保护补贴政策。

肉牛养殖

阳光家园助残障
菊花台村爱心行

菊花台

你的泪光　柔弱中带伤

惨白的月弯弯　勾住过往

夜太漫长　凝结成了霜

是谁在阁楼上　冰冷地绝望 ……

走进红寺堡区新庄集乡菊花台村,你的耳边也许会响起周杰伦的《菊花台》,歌声抑扬回环,婉转感伤,引人思绪飞扬。

菊花台村,诗意的名字却难掩残酷的现实:这里是红寺堡区残疾人比例最高的村庄。全村居民 278 户 1405 人,却有残疾人 76 户 99 人,其中一家有 2 名以上残疾人为 19 户 44 人,许多重度残疾人生活不能自理。

贺小雪,一个如花似玉的名字。然而 19 岁的她智力障碍,至今不会说话。贺小东,是贺小雪的弟弟,智障,已经 10 岁的他每天穿着开裆裤满院子乱跑。这个不幸的家庭共有 4 人是重度残疾。2006 年,从隆德县移民至此。因为没有任何生活能力,贺小雪的叔叔贺福成便担当起照顾他们一家的重任,60 岁的他至今未婚。

48 岁的蒙耀军一家也是 2006 年从隆德移民到菊花台村的。蒙耀军 14 年前视网膜脱落导致双目失明,妻子杨彩灵(2013 年去世)从小患小儿麻痹,四肢已变形,双脚失去行动能力,年迈的母亲也已失明 7 年。全家人的唯一收入就是每年老家给他们发的 2000 多元退耕还林款。但因遗传所致,17 岁的女儿也高度近

视，为了减轻家里的负担，女儿初中刚毕业便到银川市一家餐厅打工，每月收入七八百元，用柔弱的肩膀挑起一家的重担。

王旺生经常戴着一顶豹纹暖帽，见到别人总要絮絮叨叨地诉说自己的不幸：老婆带着儿子离家出走、老母亲瘫痪在床、哥哥总是受人欺负、女儿上不了学等等。他患有严重的精神疾病，有时候控制不住情绪，总会对身边的人大打出手。

当别人提出任何问题时，村民邵希阳只会用"就是，就是"来应答。邵金阳、邵希阳弟兄俩都是智障残疾人，生活完全不能自理，全靠近60岁的哥哥邵贤阳照顾。"哥哥不在了他们咋办呢？！"村支书高堆仓话语中透出深深的伤感。

郭秀华，儿子外出打工，家里留下了4个未成年的孙子和疯癫的儿媳妇。每天，她除了照顾4个孙子的生活，还要寸步不离地跟在儿媳妇旁边，儿媳妇已经走丢过多次，每一次都要跑好几个村子才能找回来，有一次大冬天跑出去，因为没有穿衣服，差点冻死……

在菊花台，很多不幸的家庭，有着近乎雷同的不幸故事。在老家西海固地区因山大沟深出行困难车祸频发而导致的肢体残疾、因水质含氟量较高和近亲结婚等因素造成的智力残疾、因遗传类疾病导致的目盲耳聋乃至身体畸形……

这个村庄，似乎一直在与命运进行着无力的抗争。然而，因为短期内难以根本改变这种现状，这个村庄的群众一直苦苦地挣扎在温饱线以下。

村支书高堆仓心中装着一本账，从他的诉说中可以看出，这个村庄发生的很多事情都是极为棘手的难题。有的智障家庭，组织上每年都会赠送一定的被褥和粮油，但是他们只是将其随意堆放而不知道拿来用；有的家庭所有人口都为精神类疾病患者，动辄走失，村上要组织人力物力一次次地寻找；有些肢体残疾的家庭，因为缺乏劳力，土地无人耕种，全村此类情况导致的撂荒土地高达千亩以上……他说，村"两委"班子面临的最主要问题不是怎么发展，而是如何先把这些残疾人家庭的基本生活问题解决好。

党和政府不会忘记生活贫困的移民群众。菊花台，因为极度贫困而吸引了更多关注的目光。2010年8月21日，宁夏回族自治区党委书记张毅参加全区县域经济观摩活动，在红寺堡区新庄集乡菊花台村调研残疾人生活情况时，看到菊花台残疾人比例非常高、整个村庄没有产业支撑、群众生活整体贫困的情况后，心情十分沉重。他对随行调研的自治区、市相关领导说："不要把残疾人当成一种包袂,要换个角度看问题,想办法将其变为促进发展的优势,要打慈善牌,引进福利企业,发展光彩事业,帮助残疾人实现就业,增加收入,为残疾人解愁。"

在各级党委、政府的关心和社会各界的鼎力支持下,菊花台——这个曾经名不见经传的移民村庄迎来了命运扭转的曙光。

在自治区相关厅局和吴忠市、红寺堡区两级党委、政府的高度重视下,红寺堡菊花台村"阳光家园"残疾人日间照料中心和幼儿园立项建设。项目总投资1500万元,建筑面积3721平方米,北京中联环设计院免费进行设计,宁夏发电集团提供了太阳能光热系统方面的基础设施,宁夏燕宝基金提供善款100万元用于项目建成后的正常运营。菊花台"阳光家园"项目于2011年10月22日建成并投入使用,这个可供120名残疾人吃、住、健身、娱乐、康复的集中供养中心,是菊花台村最漂亮、最现代化的建筑,通过对全村失去劳动能力的残疾人进行集中照料,这里成为残疾人温暖的家。

人间真情,大爱传递。菊花台,这个村庄里,爱心接力一直在延续。

2012年1月5日,自治区党委书记张毅再次来到菊花台,为阳光家园残疾人照料中心建成揭牌。他看望慰问了接受照料的残疾人,并指出,在村里成立残疾人照料中心,这种模式在全国来说都是一种探索,发现问题要及时解决、及时研究,不断完善,做到标准化建设、标准化管理,切切实实为残疾人谋福祉。张毅书记说,既要让残疾人充分感到党和政府的温暖及社会各界的关爱,也可以尝试着组织一些适宜的或游艺性的生产活动,让残疾人做一些力所能及的事,让他们的价值有所体现,让他们享受照料,心里踏实。

2012年2月16日,世界杰出华商协会慈善公益中心主任卢星宇个人捐赠25万元,为菊花台村阳光家园幼儿园购置"平安校车",承担起了接送孩子们上下学的重任。

2012年4月21日,北方民族大学法学院与菊花台村建立结对帮扶关系,并向菊花台小学捐赠民族团结进步创建款3000余元及课外书、工具书、学习用具等,给予孩子们真切祝福。

2012年5月20日全国助残日,宁夏广播电视总台"安琪爱心汇"栏目举办的"走基层、学雷锋、献爱心——黄河善谷特别行动"在红寺堡举行现场捐助。来自自治区内外的爱心人士共募集8万多元善款,用于红寺堡区残疾人事业。同时还

购买了价值 3 万元的生活物资,专程捐赠给菊花台残疾人照料中心,用于解决照料中心物资不足等问题……

　　"菊花残,不再殇。"当慈善的星火点燃了残疾人主动融入社会、自尊自信体面地生活和发展的希望,这片土地,不再寂寞,不再忧伤。慈善大爱的涓涓细流,在这里,必将汇集成磅礴的力量。

雨轻轻弹

朱红色的窗

我一生在纸上

菊花台村残疾人日间照料中心

被风吹乱

梦在远方

化成一缕香

……

在红寺堡菊花台，触摸慈善大爱的涓涓细流，耳边总会有动人的歌谣……

今天的菊花台，已经是一个农民年人均收入逾 5000 元的和谐村落，吸引着不少游客到这里观看、走访。

黄河善谷核心区
慈善产业发祥地

2011年,宁夏回族自治区党委、政府创造性地提出打造"黄河善谷"发展战略,依托黄河文明发展区域经济,在黄河两岸形成慈善盆地,将传统的救助型、输血型慈善提升为现代的产业型、造血型慈善,以慈善事业助推经济发展。红寺堡,因为残疾人口多,扶贫开发任务重,自身基础薄弱,由此成为黄河善谷发源地、宁夏培育和打造慈善产业的核心区和先行先试区。在这片爱心与慈善充溢的大地上,一种力量正在悄然积蓄。不负善名——新的故事,新的篇章,新的红寺堡,因特色而变,因希望而变。

红寺堡区历经十余年移民开发建设,经济社会取得长足发展,移民群众生产生活条件得到较大改善,但发展落后、民生困难问题仍然比较突出,尤其是各类困难群体的脱贫致富问题更需要下大气力去解决。红寺堡贫困群众特别是残疾人的生活困难,引起了自治区、吴忠市各级党委、政府的高度关注,一个以集聚慈善产业资源、探索扶贫助残新模式为目标的重大发展战略由此诞生。

2011年,自治区党委书记张毅在一篇调研文章中这样写道:2010年下半年,我们在吴忠市红寺堡区一个叫菊花台的村子调研时了解到,该村1405人中,残疾人多达99人,其中重度残疾29人,他们的生存生活状况,深深地触动着现场的每一位同志,使我们感到寝食难安。之后,我们又到一家名为汇川爱德福利制衣有限公司的企业调研,该企业有160名员工,其中吸纳了44名有劳动能力的残疾人就业,占员工总数的27%。公司对残疾员工实行每月1000元的最低工资保障,并且每年拿出销售收入的5%设立企业残疾人扶助基金。这家企业的做法和这里残疾人的精神面貌，也深深地打动了我们，引起了对如何帮助残疾人脱贫致富、共享美好生活的思考……我们决不能把残疾人当作包袱，也不应该单纯依靠"输血"救济，而要看到残疾群体中蕴藏的精神财富和创造能力，努力搭建助残扶贫平台，调动一切积极因素，走慈善兴业之路，这正是残疾人脱贫致富的希望所在……实现好、维护好、发展好包括残疾人等特殊困难群体在内的最广大人民的根本利益，是我们工作的重要出发点和落脚点。要积极推进慈善兴业，助残扶贫，努力帮助包括残疾人在内的特殊困难群体同步进入全面小康社会。

2010年9月2日，中民慈善捐助信息中心起草的一份针对宁夏慈善事业发展的计划书送至自治区主席王正伟的案头。王正伟主席在详细阅读后当即作出批示：请民政厅拿出工作方案，吸收有关方面参加，并支持推进。12月6日，自治区党委书记张毅、自治区政协主席项宗西视察红寺堡区菊花台村和汇川爱德福利制衣厂。在随后召开的座谈会上，张毅书记提出了创建慈善工业园区的思路，并要求相关方面研究实施意见。12月13日，张毅书记针对协调落实创建慈善工业园区有关情况作出批示，要求相关领导和部门进一步研究创建慈善工业园区相关事宜，以解决红寺堡1.46万残疾人发展问题为重点，并将此作为向东部招商引资的措施。

就如何解决像红寺堡菊花台这些残疾贫困人口的生计问题，宁夏回族自治区党委层面，提出了一套解决方案：让有劳动能力的残疾人，到福利企业实现就业；没有劳动能力的残疾人、失能失智的老人，则由专业的社会组织为他们提供照料服务。

自治区党委随即提出"创建慈善工业园区"：政府以优惠政策鼓励福利企业来贫困地区落户，吸纳残疾人就业；没有适合残疾人岗位的企业，则拿出一定比例善款，购买社会组织的服务，为弱势群体提供更专业的帮扶。

根据自治区党委关于慈善产业化发展的思路和主要领导相关批示要求，自治区民政厅全面开展慈善园区建设策划方案，研究提出慈善福利等方面优惠政策，并参与选址考察工作。吴忠市将发展慈善事业作为2011年的工作重点，高举慈善旗，加快规划在红寺堡和利通区建设两个慈善工业园区。

2011年2月，宁夏正式提出打造"黄河善谷"发展战略，即在沿黄地区建设产业聚集区，为当地有一定劳动能力的残疾人群和贫困人口创造就业机会，以慈

223

爱德制衣车间

善事业助推经济发展，在黄河两岸形成慈善盆地，探索一条由政府主导、企业参与、市场带动的"造血型"慈善新路。

　　按照黄河善谷总体构架，宁夏全力打造现代慈善发展平台。"一部"就是慈善总部，在银川市建设宁夏慈善大厦，为企业家们提供服务，吸引慈善家前来宁夏投资项目，成为宁夏慈善头脑中心、信息研究中心和公益组织孵化基地。"六园"

就是建设红寺堡弘德、利通立德、同心同德、原州圆德、西吉吉德、海原厚德慈善园区,成为聚集和承载慈善产业的核心区。"七城"即沿黄河的石嘴山、银川、吴忠、青铜峡、灵武、中卫以及作为"黄河金岸"延伸带的固原7个城市争创中国慈善城市,形成"善谷",成为全民慈善的基础环境。具体来说有"八大工程",即政策法规创新、体制机制创新、慈善园区建设、慈善组织培育、弱势群体救助、慈善城市创建、慈善人才培养、慈善文化建设工程。

黄河是中华文明的发祥地,开放、包容、和谐的文化生态,彰显海纳百川、源远流长、生生不息的精神;"善谷"则寓意现代慈善的发祥地和聚集区,代表慈善洼地和产业特区。由此,一个被业界广为称赞、被媒体竞相报道的新型慈善模式——"黄河善谷"出现在大众视野中。

"黄河善谷"是一种独具特色的西部开发战略,它让更多企业参与进来,为社会贡献一份力量。同时,为孤残人士提供更加直接、便利的服务,使其享受福利、照料与获得精神满足。

2011年,宁夏反复调研、讨论和上报的"黄河善谷"发展模式,得到了民政部和一些学者的肯定。曾任民政部社会福利和慈善事业促进司司长的王振耀认为:慈善产业化是慈善事业发展到一定阶段后的必然选择。将慈善事业产业化,这是与欧美发达国家慈善理念接轨的先进模式。宁夏既肯定社会慈善企业,又设立专门的园区,在缺乏经验的条件下先行先试,对慈善界是个贡献。

2011年9月5日,中共中央政治局委员、书记处书记、中宣部部长刘云山到弘德慈善工业园视察时指出:"现阶段,在贫困地区用慈善产业的发展来带动经济发展,解决贫困人口和残疾人的问题是一个创举,应当大力宣传。"

黄河善谷核心区 慈善产业发祥地

宁夏"黄河善谷"发展战略的目的就是以园区为依托，以产业为支撑，通过发展慈善工业园区，把残疾人的生活问题解决好，并从过去的救助型转变成现在的产业型，从过去的输血型救助转变成如今的造血型救助。通过吸引企业投资，发展工业，吸引残疾人就业，长期解决残疾人就业问题，也解决贫困人口就业问题，实实在在提高当地人民收入。这一发展战略的提出，引起了社会的强烈反响，宁

善谷献爱

夏各级各部门同心协力推进,社会各界踊跃参与共襄善举。塞上宁夏,春风涤荡,慈善兴业,呼之欲出。

作为慈善产业的先行先试区,吴忠市大胆实践,积极探索,规划建设了立德、弘德两个慈善产业园区,推出了"十大优惠政策",建立了规范透明的慈善基金会,创建了专门的残疾人职业教育培训基地,并通过形式多样的宣传推介和招善引资,引进了一批慈善产业项目,在慈善兴业、助残扶贫方面积极探索,迈出了步子。

红寺堡,因残疾人口多而备受民生多艰之负累,也因大胆实践先行先试,聚合社会力量创新发展慈善产业,从而成为中国慈善产业的发祥地、宁夏"黄河善谷"的先行区和核心区。几年来,红寺堡上上下下拧成一股绳,以推进政策创新为动力,以强化政策落实为抓手,快节奏地抓招商引善,高效率地促项目落地,在较短时间内开拓了慈善兴业、助残扶贫的工作局面。

用产业引领慈善,让爱心更有力量。红寺堡区坚持发展慈善事业与产业培育相结合,按照政府推动、政策引导、社会参与、企业实施的原则,全力推进经济社会发展。对生活困难的残障人士,采取提高残疾人补贴标准,扩大救助范围,推行残疾人全覆盖救助机制,让残疾人真正过上

227

黄河善谷核心区
慈善产业发祥地

幸福尊严的生活;对有一定劳动能力的,采取针对性的职业技能培训和教育,使其掌握1～2项职业技能并实现就业,尽快融入社会,享受平等待遇;对于重度残障人士,采取建设福利中心,实行集中供养的办法,彻底解决他们的基本生活问题,有效减轻了家庭与社会负担。通过举全区之力打造慈善家、企业家与贫困群众互利共赢的政策洼地、道德高地,慈善,已经成为一面旗帜,成为一种力量,更成为红寺堡实现转型发展、跨越发展的路径选择。

按照产业化发展的总体思路,红寺堡区规划建设了全国第一个把慈善和产业有机结合、联动发展的新型工业园区——宁夏弘德慈善产业园区,红寺堡慈善兴业的步伐从这里起步,"黄河善谷"核心区由此拉开建设大幕。

选择,决定视野;机遇,决定成败。在红寺堡,慈善产业激活一池春水,这里成为一片充满希望和活力的投资创业的热土。红寺堡区委、政府紧紧抓住自治区上下高度重视慈善产业发展的战略机遇,将之上升为全区社会经济发展的一号工程,举全区之力发展慈善产业。专门制订了推进慈善产业发展的实施方案,成立由区委书记挂帅,区委、政府主要领导、各职能单位一把手为成员的慈善产业发展领导小组,设立了工作目标,明确了工作任务,成立了慈善产业研究部、慈善产业推进部、慈善城市推进部、劳动力保障工作部、宣传协调工作部5个工作单位来各司其职、分头推进,为慈善产业的发展提供了强有力的保障。

随着慈善兴业步伐的不断加快,中央电视台等中央主流媒体对红寺堡发展慈善产业进行深度宣传报道,营造了良好的社会舆论氛围。弘德工业园区基础设施建设稳步推进,产业聚集和项目承载能力有效增强,招商引资成效显著,神华集团、中石化、中烟总公司等大型企业相继入驻园区。以慈善产业为突破,红寺堡全力打造吴忠增长极,为实现跨越式发展奠定了良好的基础。

宁夏"黄河善谷"发展战略实施以来,红寺堡积极着眼残疾人困难群体,通过慈善兴业助残扶贫,致力解决残疾人最关心、最直接、最现实的利益问题,努力寻找慈善事业和现代化建设的有效结合点与有力突破口。通过举全区之力规划建设全国首个慈善工业园区——宁夏弘德慈善产业园区,为发展慈善产业搭建了平台。红寺堡以实施"三争双招"为抓手,积极引进大型公益慈善企业,开辟了一片慈善洼地和产业特区,让越来越多有劳动能力的残疾人走上就业创业之路,物质生活不断得到改善,越来越多丧失劳动能力的残疾人有安身怡养之所,生存权更好得到保障,生命权更加得到尊重,真正做到了发展成果由最广大人民群众共享。

爱德制衣厂,是红寺堡区最早建设的一家集防寒服、工服、校服、劳保服装、棉被、被套等加工制造为一体的福利企业。后来,宁夏汇川服装有限公司与爱德福利制衣厂合作,建设年产30万件(套)服装和6万顶救灾帐篷生产线项目,将企业更名为汇川爱德福利制衣厂,成为宁夏"黄河善谷"发展战略实施以来,红寺堡区第一家专门安置残疾人就业的企业。

在爱德制衣厂,透过很多残疾人背后心酸的故事,可以深刻体会到这样一家福利企业,为他们带来的不仅仅是生活的基本保障,更重要的是帮助他们融入社会,让他们更有尊严地生活。

27岁的赵福霞,因为残疾被婆家视为累赘,5年前被丈夫赶出家门,她抱着5个多月大的孩子四处流浪。听到爱德制衣厂招工的消息,她本抱着碰一碰运气的想法报了名,结果厂子聘用了她。进入公司后,她小心翼翼经营着"这想破头都想不到的工作"。每天清晨,她早起,为其他职工做饭;上班后,她埋头苦干,任劳任怨;下班了,她拖着那条不听话的腿,在大院儿里收拾杂物……

"我们每次都说,你不要这么辛苦,做你正常的该做的工作就行了,但是她不听,一刻也停不下来!"董事长侯建军面对赵福霞也没了脾气,只好由着她去。考虑到她的实际困难,厂里分了一间母女房给她,加上辛苦工作,挣得1700多块钱工资,赵福霞幸福得一塌糊涂,经常流泪感叹:"原来我也有尊严。"

现在,赵福霞已经是厂里的标杆人物了,包吃包住还能拿到一千七八百元的工资,其他员工一边羡慕一边也想办法提高自己的工作效率。周玉萍也是其中之一。年幼时因为一次意外失去左臂的她,进入爱德制衣厂后,在工厂和吴忠市慈善总会的关心与帮助下,免费安装了假肢。"经过锻炼,现在已经适应了,可以骑自行车,干活时(假肢)的作用相当大。"周玉萍说,"来到这里,我的生活发生了巨大的改变,我不但能自食其力,而且克服了自卑心理,走在大街上也敢挺起胸膛,不再畏惧别人异样的眼光了。"

大学毕业的马小强,因为患有强直性脊髓炎,只能依靠拐杖行走。在爱德制衣厂,他找到了人生中的第一份工作。他和女友姜宁的感人爱情故事经中央电视台等媒体报道后,引起社会广泛关注。在当地政府和社会爱心人士的帮助下,一

引进新能源公司

家爱心医院免费对马小强进行治疗,取得了明显的疗效。

在这里,残疾员工享受到更多的福利待遇:工资比正常员工高出 20%,提供免费的食宿,大病不出红寺堡,小病不出厂子,每年拿出销售总额的 5% 作为残疾人的救助资金,主要用于工资补贴、福利补贴和大病医疗。月平均收入接近两千,最高的拿到 2800 多元,最低的一千五六百元。主要在专用机器上工作,操作起来比较方便。新盖的宿舍楼,专门为残疾人设置了无障碍通道。

能生存,有尊严,怎么活都温暖。汇川爱德福利制衣厂运营模式的成功实践,让一批特困群众实现了就业,不再是家庭的负担、社会的包袱。在他们看来,他们得到的不仅是一份工作,而是做人的尊严;收获的不仅是一份薪水,而是人生的价值;改变的不仅是一种生存方式,而是对生活的希望。

红寺堡区在宁夏"黄河善谷"发展战略中占据重要的地位。按照自治区党委、政府和吴忠市委、政府的统一部署,红寺堡全力规划兴建宁夏弘德工业园区,通过不断强化慈善园区基础设施建设,加快招善引智步伐,着力构建宁夏中部慈善家、企业家投资兴业、扶贫济困的道德高地,积极探索发展将传统的救助型、输血型慈善提升为现代的产业型、造血型的、以慈善事业助推经济发展的新模式,着力形成慈善事业与扶贫开发相辅相成、与经济发展互融互动的新局面。慈善产业,成为助推红寺堡经济社会发展的发动机。

依托风能、光热、煤炭和国有未利用土地四大比较优势资源,红寺堡通过聚合社会力量,举全区之力规划建成全国首个慈善工业产业园——宁夏弘德慈善产业园区。园区位于红寺堡区滚红高速连接线东侧、盐中高速北侧,距红寺堡城区3.5公里。园区远期规划面积为30平方公里,2014年规划面积为10.06平方公里。

按照构建产业与事业一体发展格局的思路,慈善园区进行了"一园五区"的规划布局。劳动密集型产业区主要发展服装、残疾人用品、穆斯林用品等轻纺产品制造产业;加工贸易型产业区重点引入葡萄、枸杞等果类加工、清真食品加工、绿色蔬菜加工等农副产品加工产业;新能源装备制造产业区大力发展风能装备制造和太阳能光伏设备制造产业;仓储物流产业区着力培育物流企业,发展现代物流配送,提供物资储备、集散、周转、配送等服务;行政商贸教育片区主要为园区提供行政管理、安检、工商、税收、贸易洽谈、职业教育等综合服务。与此同时,红寺堡还立足规划,做好项目配套,探索延长产业链,打造产业集群,着力构建完善的现代产业体系。

2011年3月,宁夏弘德工业园区完成了总体规划,4月正式启动4.4平方公里的启动区建设。这个被称为我国首个慈善园区的工业园,从规划到建设,得到了社会各界的高度关注和大力支持。

中石化集团公司承诺,投资9000万元在园区建设中石化燕山红寺堡塑料制品项目,完成建设后,将连同机器、设备全部无偿交给宁夏回族自治区政府。

中烟旗下公司在弘德工业园投资3.7亿元建设宁夏弘德彩印包装项目的同时,国家烟草专卖局决定一次性无偿给园区提供1亿元资金,用于园区基础设施建设。

自治区交通厅援建8.3公里园区道路,自治区水利厅援建380万立方米蓄水池及配套水厂工程,自治区发改委、财政厅、民政厅、残联……许多部门给予了最

大的关怀和帮助。

2013年3月，弘德慈善产业园区规划得到进一步深化，规划园区面积90.06平方公里，控制面积30平方公里，其中创新规划了14平方公里紧急救援物资产业基地，大手笔描绘了弘德慈善产业园区未来发展的蓝图。

截至2014年4月，红寺堡区共投入资金近10亿元用于宁夏弘德工业园区各类基础设施建设，完成启动区10平方公里的七纵六横39公里的道路、27公里给排水以及29公里的道路亮化工程；建成了380万方的鲁家窑蓄水库和水处理工程；完成35千伏兴旺变电站和110千伏戎家川变电站工程；铺设通讯光纤15.6公里，建成通讯基站2座；平整场地1.2万亩，植树1840亩14万株；建成2台20吨热水锅炉房及附属工程，铺设一级管网6.1公里，建成换热站7座；建成公共服务区公租房4栋400套18000平方米；拓展区18.5公里道路土方路基基本完成；紧急救援物资基地直升机临时跑道、慈善林及周边生态综合治理项目在抓紧建设。

如今，园区建设前的荒山丘陵早已改头换面，核心区主次干道纵横交错、绿树成荫、水电畅通。这里已经成为红寺堡发展慈善产业的主战场和新平台。

按照"边建设、边招商"的思路，宁夏弘德慈善产业园区规划建设伊始，红寺堡区就着力实施项目带动战略，创新招商与招善联动兴业模式，坚持"真举善""举真善"，全力打响招商引资和项目投产达效攻坚战。通过"走出去"与"请进来"，积极举办慈善产业投资环境推介会等方式方法，谋划大项目，瞄准大型企业，开展招商引资和合作洽谈，引资引善引智，吸引区内外专家学者、企业家、慈善家来红寺堡参观考察、举善兴业。

在宁夏弘德慈善产业园区，感受一种崛起的力量。在这片慈善兴业的热土上，一种全新的"慈善速度"，诠释着一个朝阳产业兴起的魅力和希望。在这里，引进的每一个项目都成为拉动园区经济发展的强力引擎。

2011年，从启动区基础设施建设破土动工，到园区初具雏形，短短数月间，已有13家企业落户弘德工业园，总投资达到92.7亿元，7家企业开工建设。8月22日，第一家入园企业宁夏白浪包装印务有限公司入驻；9月6日，宁夏黑金新型建材公司陶土干挂板及保温耐火材料生产项目破土动工；9月22日，神华集团援建红寺堡创业园项目奠基；11月底，神华集团投资1.2亿元无偿援建的20

风 电

栋标准化厂房,一期10栋交付红寺堡使用。

2012年,园区协议建设项目32个,已建成白浪包装印务、荣廷纺织品、艾依莎服装加工等7个项目,宁夏弘德包装材料、中石化燕山红寺堡塑料制品、黑金新型建材、金风嘉泽科技园、兴盛邦4万吨钢结构等21个项目开工建设,大唐国际热电联产、甜玉米加工等4个项目加紧实施前期准备工作……

2013年,弘德烟包、中石化塑料制品、嘉泽发电、荣廷纺织、白浪包装、红川辣酱、汉森葡萄酒、紫尚葡萄酒、中贺葡萄酒、康龙葡萄酒、精华电器等项目均步入正轨。园区12家生产经营企业共完成工业总产值2.17亿元,同比增长186%;

黄河善谷核心区
慈善产业发祥地

实现利税 47 万元,同比增长 85%……

　　涓涓细流汇成海。这是爱心的召唤,是社会责任的最好诠释。带着这份责任和良知,企业家们从全国各地来到了这里,将慈善的希望点燃。截至 2016 年年底,园区已完成固定资产投资 22 亿元,同比增长 33%;完成工业总产值 11.65 亿元,同比增长 19%;实现增加值 3.5 亿元,同比增长 21%;实现税收 600 万元,同比增长 19.5%。

　　园区重点抓好弘德包装、白浪包装、汇川制衣、凯仕丽酒业、嘉泽发电、红川豆瓣酱、东方盛达管业、紫尚葡萄酒、精华电气、新科新能源、嘉禾小杂粮、中国自动化等规模以上企业扩产能、提质量,同时做好弘鑫达塑料制品项目稳定复产工作,确保国有资产保值增值。

　　随着慈善兴业理念的不断延伸,在红寺堡大地,基本形成了以慈善产业为支撑,以城区和工业园区为轴线,以乡镇、社区、企业、农户为构架的核心商贸经济圈。

　　红寺堡区坚持解放思想,创新实践,将慈善与产业相结合,赋予了慈善全新的内涵。通过设立由政府监管的慈善壹基金,有效聚集了社会善源;制定出台了土地、税收、奖励等 10 项优惠政策,对现有福利企业制度进行大尺度突破,积极为残疾人和特殊贫困群众脱贫致富创造机会、开辟途径;通过引导落地企业将每年盈利部分按一定比例汇入慈善基金,有效解决了当地没有劳动能力的群体的生活保障问题。

　　按照"集聚生产要素,优化资源配置,营造生态产业,加快制度创新"的思路和"立足西北、面向全国、辐射中东"的原则,红寺堡区组织编制了紧急救援物资产业基地详细规划,聚集清真食品、农副产品深加工、装备制造、新型建材、救灾物资等产业,采取以商招商、以园招商、以会招商和驻点招商等多种形式,跟踪对接重点招商项目,积极参与招商项目的洽谈、客商会见、优势推介。四套班子领导多次带队到外省实地考察交流,通过上门邀请企业来红寺堡区考察投资、洽谈合作等形式,形成了领导带头、部门协同、上下联动的招商引资机制。

　　结合自治区打造"在西部最优、比东部更优"的投资发展环境要求,红寺堡区委、政府大力推行"一站式"办理、跟踪服务的运行机制,实行"一事一议""特事特办",通过制定"一站式"服务流程,对所有入园项目前期手续办理(工商注册、税务登记、规划选址、供水、供电等)实行"保姆式"服务,限期办理,做好项目入园建设的前期手续、办证等有关工作,力争入园企业早开工、早建设。坚持"洽谈项目抓签约、签约项目抓开工、开工项目抓进度、建成项目抓投产"的工作方针,完善和落实项目建设责任制,每周召开项目调度会,研究解决存在的问题,全力抓好重点项目的落实。针对小微入园企业困难较多的实际,协调联系中国烟草专卖局和神华宁煤集团捐资 1.5 亿元援建标准化厂房 39 栋,争取国家投资项目建设入园企业职工公租房 4 栋 400 套,切实为有需求的企业解决了实际困难。

这里,已经成为宁夏慈善产业发展的政策洼地和道德高地,对入驻企业实行土地出让金全部用于企业发展,税收减五免五,电价、水价参照居民消费标准……一切为了客商,一切围绕客商,一切服务于客商。良好的投资环境和投资优惠政策,吸引了埃及等阿拉伯国家和江苏、浙江、广东、上海等省市的客商前来考察慈善事业。

为了更好地帮助残疾人和贫困人口实现就业,红寺堡区下大力气发展劳务经济,设立移民村劳务输出服务站,与许多企业建立移民优先务工合作关系。依托重点项目建设、弘德工业园区和产业基地,按照企业用工需求,采取"菜单式"培训模式,建立企业用工人才储备库,广泛开展移民劳动力、残疾人就业培训。通过举办双向就业洽谈会、劳务输出服务月、招聘会等活动,不断拓宽移民务工渠道。"在外地打工挣的钱不经花,还不如在家门口就业,照顾家里方便,厂里还给交保险,相对稳定。"28 岁的李全福在弘德工业园中石化宁夏塑料制品公司就业后,深有感触地说。如今,在红寺堡像李全福这样通过慈善企业招工找到就业岗位的移民,超过了 1500 人,慈善劳务成为生态移民增收的"半边天"。

随着越来越多的目光聚焦"黄河善谷",越来越多有志于慈善公益事业的企业家和客商在宁夏弘德工业园区汇集,红寺堡区委、政府全力实施"三争双招"战略和产业化发展的思路,慈善兴业步伐不断加快。红寺堡,这片曾经荒芜、贫瘠、落后的土地,正以"只争朝夕、时不我待"的豪情全力实现新的跨越。

艰苦创业绘奇迹
中部荒漠崛新城

现在的红寺堡城区高楼林立,街道宽敞,商贾云集,市场繁荣,园林秀丽,风光迷人。可是,在 2000 年之前,这里还是一片荒原。

从零起步,百业兴起。红寺堡开发区建设的路途既充满荆棘,也蕴含无限发展的潜力和创新的机遇。为不断增强自我发展能力,实现在宁夏中南部地区率先脱贫致富,红寺堡开发区在总体规划上实行近期与远期目标相结合,按照"边建设边发挥效益"及"先地下后地上,建一片,形成一片,服务一片"的原则,以生态建设、城镇建设和交通基础设施建设为突破口,不遗余力改善移民生产生活环

清云湖公园

城市鸟瞰

境,夯实可持续发展基础。十余年来,坚持规划先行、项目带动、管理提质、服务增效的建设思路,白手起家,艰苦创业,一座新城在荒漠上奇迹般出现。抓住与包兰铁路、中宝铁路、京藏高速、福银高速的便捷联络,与定武高速公路、中太铁路及国道、省道连接,与盐兴、滚新公路交会的优势,以加强基础设施建设为保障,加快城乡道路、给排水、绿化、路灯设施和新农村的建设,全面推进社会各项事业建设,夯实民生保障基础,为改善移民的生活生产条件,实现移民区的腾飞,再次奏响了可持续发展的进行曲。

开发建设之初,红寺堡可见到的"建筑物"只有一个个稀疏分散在荒原上的土羊圈。十年弹指一挥间,在干旱的荒漠深处,昔日的滚滚黄沙被一座座高楼、宽广的街道所取代,一座绿树成荫的现代化移民新城悄然崛起。

艰苦创业绘奇迹 中部荒漠崛起新城

这座城市，规划有序，特色鲜明，完成了"五路六街"循环贯通、方便快捷的道路网络；这座城市，园林环绕、风静沙平，创造了人民适居、乐居、安居的良好生活环境。从常年干旱，一刮风就飞沙走石的不毛之地，到遍布白杨、青松、防护林带的新型生态移民城市，"敢教日月换新天"的红寺堡人，不仅播下了绿色的希望，也使这片热土发生了翻天覆地的巨变。

翻开移民开发的历史，红寺堡城市建设发展的脉络历历在目，沧海桑田之后的红寺堡正在向现代化的移民城市迈进。回顾峥嵘的岁月，红寺堡的美景浸渍着建设者辛勤的汗水。

1997年，《红寺堡开发区城市总体规划》编制正式启动，这是红寺堡荒滩上有史以来第一幅气势恢宏的城市美景图，它绘就了红寺堡人民战天斗地的胆识和美好生活的理想，规划出了红寺堡未来的生活环境、投资环境和社会生产力。随着城市建设推进，于2004年底进行修编，2005年5月组织实施。这个规划，根据红寺堡灌区的地方资源、交通优势、区域位置、工业基础等条件确定了城市性质，制定了城市人口发展规划，用地的近期、远期发展规模，明确划定了功能分区。按照"罗山连城、园林围城、三产兴城"的总体思路，确立了红寺堡未来建设新型生态移民城市景观轴、发展轴和生态轴，精心打造了一张展示移民开发建设成就的新名片。

根据城市总体规划，红寺堡城区规划面积为54平方公里，城市用地总面积13平方公里。采取北部大力发展、西部引导发展、东部适当发展和南部控制发展的模式，确定了"一心、二轴、三园、多带、一环"的生态园林城市形态，形成城市中心区、工业仓储区、群众居住区、文化体育区、旅游服务区五大功能组团，并充分利用红寺堡的交通优势、扬黄水灌溉优势，依托地形，因地制宜，因势利导，规划形成"三园、多带、一圈"的城市绿色网架。同时，对城区道路、给排水工程、电力电信、燃气供热、环卫环保、抗震消防等基础设施建设工程按照城市发展需求进行了详细规划。切合区情的科学规划有力地促进了城市建设，并为建设社会主义新农村打下坚实基础。

人民城市人民建，建美城市为人民。开发建设十余年间，红寺堡开发区积极争取国家投资近2个亿，以完善城市服务功能为重点，先后实施了一大批市政基础设施、公共服务设施、生态环境设施等重点建设项目。以道路建设作为拉动城

清云湖一角

市发展的引擎,于 2008 年全面完成"五路六街"的城市道路框架,修建 12 条总长
37.76 公里道路,铺设 41.16 公里的排水管网和 37.76 公里的给水管网,全面实现
了水、电、电信和电视光缆线一次性入地、道路景观和其他各项配套工程的建设,
逐步形成了循环贯通、方便快捷的城市道路网络,让移民出行更加方便舒畅。

以稳步解决城市居民住房问题入手,先后建设了创业小区、恒馨苑、建兴小
区、罗山花园、罗山福邸等居民新区并完善相关配套设施;以提升城市品位、聚集
城市人口为目标,投资 1000 万元建设红寺堡中心广场工程,使之成为居民文化、
娱乐、休闲的活动场所和城市一道亮丽的风景线;以提升城市对外形象、营造良
好发展环境为抓手,完成盐兴公路城区段道路、排水、电网及路灯工程的改造工
程;以提升服务水平、强化服务职能为要求,科学布局、合理规划,先后建成红寺
堡高级中学、二中、一小、二小、人民医院、妇幼计生中心等项目工程,有效缓解了
城区居民子女入学、看病等难题;建设管委会、广播电视局、检察院和法院等一大
批单位办公楼,全面推进各项社会事务管理工作步入正轨。

为解决城市建设的资金问题,红寺堡运用市场经济的理念,抓住项目与资源

艰苦创业绘奇迹
中部荒漠崛起新城

统筹配置,以项目带动资源开发,以土地资源支撑项目建设这条主线,按照"统一规划、有序开发"的思路和"谁投资、谁建设、谁经营、谁收益"的原则,大力吸引社会投资,活跃城区商贸。依靠优惠政策、优质服务,先后吸引陕西、山西、甘肃、内蒙古等区内外客商240多家,投资3.6亿元,建设清真牛羊肉市场、红寺堡综合市场、罗山商城、建材市场、商贸流通中心、面粉厂、中药材加工厂、沿街商贸楼等项目,完成建筑面积50多万平方米,充分发挥了以商业启动、以项目拉动、繁荣搞活城市经济的作用。

随着城市建设不断推进,红寺堡已形成以农行、农村信用社和保险公司为主体的金融体系,移动、联通、电信网络覆盖全境,邮政、供销等社会服务体系初步健全,仓储、外运、广告、劳务、星级宾馆、旅游服务等服务机构齐备,新型生态移民城工业化、城市化已初见端倪。

红寺堡以经营城市为理念,大力实施美化、亮化、净化、绿化工程,力求城市更亮、品位更高、人气更足。按照"建成一条、绿化一片"的原则,确立了"以块为主、条块结合、上下配合、多方联动、分工负责"的城市绿化工作总要求,采取以地换绿、公司化运作增绿、城市绿化队补植增绿、捆绑项目资金增绿、单位自筹资金增绿、干部职工义务植树增绿六种模式全面提升城市绿化面积。

红寺堡城市绿化主要围绕创建自治区级园林城市的目标全面展开,通过合理规划,全面构建点线相结合的绿地系统,努力塑造城市山水园林特色。以"全民义务植树,共建宜居新城"为序幕,成立城市绿化队,开展"见缝插绿"式城区绿化工程,对城区内所有宜林地进行整修绿化和原绿化带补植、新植;以政府投资、企业承包经营的模式运作,对城区主要居住小区、主干道路两侧和交叉口等处裸露闲置地块进行绿化;通过捆绑项目资金,采取改造提升和景观绿化的方式,先后实施了中心广场、管委会、中小学校、主干道路绿化改造工程;单位按照庭院绿地率必须达到30%、改扩建单位按照庭院绿化绿地率必须达到25%以上的规划要求,积极开展园林式、花园式单位创建活动,为城市绿化提供基础保障。

移民新城,绿意融融,风光无限。至2016年,红寺堡城区绿化总面积达到248.77万平方米,人均公共绿地增加到57平方米,城区绿化率为29.15%,绿化覆盖面积2.898平方公里,绿地覆盖率达到27.01%。站在红寺堡看红寺堡,红寺堡新城强势崛起于亘古荒原;跳出红寺堡看红寺堡,历经十年艰苦奋斗的大步前进，这座从零起步、功能日趋完善的塞上生态移民新城，正以新的面貌、新的形象、新的姿态展示了更加美好的明天。

城市建设全面启动以来，红寺堡始终树立"管理就是服务"的理念，以提升服务水平、建设美丽城市为目标，精心经营好、管理好城市。针对开发建设中移民大面积迁建、建筑垃圾集中堆放、商业街秩序混乱等问题，下大力气开展整治工作。在治理裸土地面硬化绿化方面，政府发出动员令：有物业的由物业单位负责绿化、维修自己管辖的地面，没有物业的由区直单位包保，各区、街、社区负责组织协调，单位、企业整饬自管院落，临街商家门前自包……在集中整治脏乱差上，全面打好三大战役：一是整顿城市的占道摊担和夜市，解决乱摆乱放问题。通过建立行政督察队伍，组织开展了户外牌匾广告、占道商亭、私搭滥建等专项整治行动，着力改变"房子前面有棚子、棚子前面有摊子、摊子前面有车子"的杂乱状况，还城市清爽、整洁的形象。二是集中解决"脏"的问题。健全清扫保洁队伍，区、镇、社区三级齐抓共管，严格按照"定路段、定人员、定面积、定标准、定报酬、定奖罚"的六定方针，将清扫保洁两项任务捆在一起，实行"门前六包"责任制，明确坐落单位和居民的保洁任务，确保环境的清新、干净。三是重点整顿交通，主要解决

城市一角

"差"的问题。各路车辆分流，实行定点停放，切实照章办事，分路行驶。同时建立健全专业执法执规队伍，全面负责城管执法工作，使城市环境得到了彻底解决。良好的管理措施，不仅使城市生态环境得到有效改善，也使群众生活质量得到明显提升，红寺堡生态园林移民城市的形象更加深入人心，建设发展也得到移民群众的认可与支持。

移民模式新探究
产业致富小康路

　　红寺堡区现辖 2 镇 3 乡和一个街道办事处, 65 个行政村和 5 个城镇社区, 行政区域面积 2767 平方公里。自 1998 年开始实施大规模移民开发建设以来, 累计开发水浇地 50 万亩, 搬迁安置移民 23 万人。红寺堡灌区移民模式是宁夏移民经验的集中展示, 为宁夏乃至全国探索出了一条移民脱贫致富奔小康的创新之路。

　　红寺堡移民开发是中国政府反贫困取得伟大胜利的成功范例。贫困不仅是困扰发展中国家的一大难题, 而且也是困扰发达国家的一大难题, 因此被人们称为"永久难题"和"超级难题"。中国作为世界上最大的发展中国家, 面临的反贫困任务尤为艰巨。改革开放前三十年, 传统的计划经济体制, 在抑制社会两极分化、共同承担贫困风险、有效缓解绝对贫困化状况等方面取得了一定的社会效果, 但同时也造成了中国社会整体的贫困化, 我国农村整体贫困局面没有从根本上得到改善。这一时期中国实行的是"输血型"救济扶贫, 如社会救济扶贫、自然灾害扶贫等, 没有从根本上提高贫困人口自我发展能力。

　　党的十一届三中全会以后, 推行农村家庭联产承包责任制, 极大地解放了生产力, 提高了农民的积极性, 增加了土地的利用率, 提高了产出率, 同时提高农产品的收购价格, 增加了农民的农业收入和非农业收入, 农村贫困现状得到很大程度的改善, 宁夏贫困人口从中受益, 贫困人口大幅度减少。至 1984 年, 宁夏贫困发生率从过去的 40.08% 降为 20.39%, 贫困人口从 121.18 万减少到 63.69 万人。

　　由于受自然资源匮乏、生存环境恶劣、交通不便等因素限制, 我国部分地区发展相对滞后, 难以摆脱贫困, 贫困人口中相当一部分人很难维持最基本生存。

为此,1986 年,国务院成立了"贫困地区经济开发领导小组",是国家专门反贫困的机构,统一规划和指挥全国反贫困工作。宁夏是少数民族聚居区,宁夏贫困多集中在南部山区,因此,宁夏成了这一时期国家反贫困的重点扶持地区,1983 年实施"三西"扶贫、吊庄移民,并且实行重点帮扶等,贫困发生率从 1986 的 23.53%减低为 1990 年的 21.53%,扶贫效果并不十分明显。

20 世纪 90 年代以来,随着农村体制改革推动扶贫和开发式扶贫,农村贫困人口大幅度减少,但同时贫困出现地域性特点,这些特点多表现在贫困人口较集中和贫困发生率较高的地区,多数是自然条件较差、基础设施薄弱的中西部地区,西海固就是其中之一。1992 年,宁夏贫困发生率为 25.93%。

1994 年,国家全面实施"八七"扶贫攻坚计划,力争在 20 世纪内最后 7 年,集中人力、物力、财力,动员社会各界力量,基本解决全国农村 8000 万贫困人口的温饱问题。宁夏随即启动"双百"扶贫攻坚计划,确立的主要奋斗目标为:1994—2000 年,力争基本解决近 100 个贫困乡、100 多万贫困人口的温饱问题。红寺堡灌区是宁夏扶贫扬黄灌溉一期工程("1236"工程)的主战场,1998 年底第一批移民到红寺堡灌区,按照"边开发、边搬迁、边建设、边发展"的思路,全面实施"1236"扬黄灌溉工程和生态移民扶贫开发工程。到 2000 年,宁夏贫困人口发生率从 18.69%降低到 17.64%。到 2009 年,宁夏扶贫扬黄灌溉工程一期工程红寺堡灌区累计投资 23.8 亿元,开发水浇地 50 万亩,搬迁 195585 人,移民基本解决了温饱问题。到 2013 年,红寺堡区实现地区生产总值 13 亿元,增长 15.2%;地方公共财政一般预算收入 1.46 亿元,增长 34%;全社会固定资产投资 56 亿元,增长 40.1%;社会消费品零售总额 3.55 亿元,增长 16.1%;城镇居民可支配收入 15790 元,增长 15.1%;农民人均纯收入从搬迁之初的不足 500 元达到 2014 年的 5317 元,年均增长 15.2%,基本实现了"搬得来、稳得住、逐步能致富"的目标。

红寺堡开发的历史,集中体现了中国政府扶贫开发的理念。中国推行让全世界都为之惊叹的反贫困事业,国家扶持、政策推动、社会参与,举全家之力,汇各界才智,共同完成扶贫攻坚任务。

纵看宁夏移民过程,无论是吊庄、扶贫开发还是生态移民,都是一个逐步探索、不断总结经验的过程,是一个逐步完善制度建设的过程,是一个从解决温饱到生活稳定、致富奔小康的过程,红寺堡区移民的发展道路是宁夏乃至全国反贫

城 区

困的集中展示。

　　红寺堡移民开发是以人为本、科学发展、探索创新精神的具体体现。"1236"
工程是在国家全面启动"八七"扶贫攻坚战略的背景下,宁夏"双百"扶贫攻坚计
划的具体实施,这是一项着眼全国、造福宁夏百万贫困人民的德政工程、民心工
程。红寺堡灌区是宁夏扶贫扬黄灌溉工程的主战场,开发建设15年来,初步迎来
了生态建设和移民脱贫致富的双赢局面。这项造福当代、惠及子孙的德政工程、
民心工程,创造了扶贫开发搬迁移民的高起点、严要求、重实效、有成果的成功范
例,体现了工程建设者干大事、创大业、顾大局、识大体的"1236"精神,同时也树
立起一座世纪丰碑。

　　红寺堡的建设发展,体现出了宁夏党委、政府科学决策,各级各部门齐抓共
管的创新发展思路。"1236"工程是一项涉及宁夏经济、政治、社会、科技、环境的
宏伟工程,为了对工程建设的重大项目进行统一领导和科学决策,1995年6月,
自治区党委常委会议研究决定成立宁夏扶贫扬黄灌溉工程建设委员会,自治区
水利厅、财政厅、农业厅等28个部门和全区4个地区作为成员单位,委员会下设

产业致富小康路　移民模式新探究

办公室,与同时成立的"宁夏扶贫扬黄灌溉工程建设指挥部"实行一套人员两块牌子,受自治区政府委托负责工程的建设、组织、领导、协调和实施工作。1998 年 9 月,决定成立中共红寺堡开发区工作委员会、红寺堡开发区管理委员会,并设立相关工作机构,为县级单位,受自治区党委、政府领导,具体负责移民的交接、安置、管理、安排生产等工作,为红寺堡移民的管理和发展及红寺堡行政区划的形成奠定了坚实的组织保障。十多年,移民开发建设走出了一条与以往吊庄移民不同的"各负其责""建管分离""科学发展"的新路子,加速了红寺堡灌区由开发建设向全面建成小康社会迈进的新步伐。

红寺堡的建设发展,探索出了一套行之有效的移民管理政策和工作举措。为确保移民搬迁工作顺利实施,切实解决南部山区贫困群众生产生活实际困难,宁夏扶贫扬黄灌溉工程实施以来,自治区政府先后制定出台了移民安置政策、灌区移民生产优惠扶持政策、扶贫政策、经济政策、生态移民政策和相关补偿政策等,从移民条件、移民安置、户籍管理、生产补贴、生态移民等诸多方面进行了全方位扶持和保障。自治区各厅局按照扶贫扬黄灌溉工程总体规划,加大对红寺堡灌区基础设施、产业培育、项目建设、社会事业发展的扶持力度,在政策支持、产业扶持、项目资金等多方面向红寺堡灌区予以倾斜。红寺堡严格执行自治区移民开发政策,不断加快灌区基础设施建设、生态环境保护、移民搬迁安置、特色产业培育、社会事业发展步伐,积极加强移民管理,全面提升搬迁群众生产生活条件,切实实现了移民开发高质量、快速度、高效益的预期目标,通过艰苦创业、艰难探索,事关创业就业、教育事业、医疗卫生、社会保障、公共文化等移民群众最关心、最直接、最现实的利益问题,得到妥善解决,以打好贫困人口扶贫攻坚战为抓手,移民区全力引导贫困群众增强内生动力,全力迈向造血型发展的移民开发新路。

红寺堡移民开发是新时期区域扶贫开发与协调发展模式的新探索。宁夏扶贫扬黄灌溉工程的实施,是宁夏深入实施西部大开发战略的巨大成果,通过把生活在宁夏南部山区贫困带上的困难群众,以异地扶贫移民、异地生态移民的形式,搬迁安置到生产条件相对优越的红寺堡灌区,不但使搬迁群众摆脱了传统低效益的靠天吃饭耕作模式,也在更大程度上解放了群众落后的思想观念,实现了宁夏南北发展差距进一步缩小的目标。通过把保障和改善民生作为扶贫开发的出发点与落脚点,在抓好移民区基础设施建设的同时,统筹抓好各项社会事业发展,让各族群众更多更公平分享改革发展的红利,为全面建设开放、富裕、和谐、美丽宁夏,实现区域协调发展作出了积极贡献。

构筑了生态文明建设与可持续发展的典范。建设宁夏扶贫扬黄灌溉工程,缓解了宁南山区干旱带、高寒山区人口过快增长的压力,使宁夏中部荒漠化土地得到有效性保护和治理,宁南山区农村的 20 万贫困人口通过自愿移民实现脱贫致富。而在红寺堡灌区,以可持续发展为目标,确立了生态立区发展战略,把生态建设放在首位,按照"南保水土、中治沙,扬黄灌区林网化"的生态建设方针,坚持"宜林则林、宜封则封、封造并举"的原则,通过对移动沙带和沙壤土进行综合治理,退耕还林、退牧还草、禁牧封育,围城、围乡、围村造林,实现绿染荒漠、人进沙退,为西部干旱荒漠地区生态环境建设与保护提供了丰富的实践经验。一座现代化的生态移民新城在宁夏中部干旱带的荒原上崛起。

红寺堡强力推进生态农业转型发展,培育壮大酿酒葡萄、以红枣为主的经果林、设施农业和黄牛养殖等高效节水生态农业,在风电、葡萄酒加工、煤炭资源利用方面推进产业化发展,正在成为宁夏中部干旱带上可持续发展和生态文明建设的典范。

开创了独具特色的移民安置与发展模式。红寺堡移民开发在宁夏乃至全国移民经济发展中具有特殊性和典型性,改变了过去计划移民、行政移民、补偿移民和被动式移民的思路与模式,生态移民走城镇化、市场化道路,丰富了移民经济的内涵和外延。移民安置坚持开发式移民的方针,市场机制与政府行为相结合,移民安置与就地稳定解决贫困人口温饱相结合,山区广开脱贫致富门路与川区土地资源开发利用相结合,充分利用河套及新灌区经济发展的有利条件,按照高起点、快步伐、多功能、高效益的要求,统一规划,合理布局,实施综合配套措施先行,在移民开发过程中,水利设施、农田建设、渠系配套、庄院配套等移民生产生活基础设施先行建设,高标准、高质量地把红寺堡开发区建设成为农业节水、高产、高效,村镇联网互补、服务体系完善配套、内有凝聚力、外有辐射力的现代化新灌区。

红寺堡坚持因地制宜、分类安置的模式,迁入地根据移民实际情况和安置条件,创新思路,多策并举,采取山川结合、城市乡村结合、有地无地结合、宜工宜农结合、集中插花结合等多种方式,对移民进行妥善安置。尤其是插花安置,打破了

不同地域、不同民族间的界限，彻底改变了移民自我封闭、思想保守的精神世界，形成了不同民族的相互了解、互相尊重，促进不同民族间的心理适应，不同习俗、不同信仰的移民在相互接触中形成了固有的心理认同，信息畅通，回汉交流频繁，对促进民族地区经济繁荣具有非常重要的作用。这种独特的移民安置模式被称为"红寺堡移民安置模式"，在2003年三峡移民工作会议上被予以推广，得到了中央的认可和支持，对全国各种形式的移民搬迁安置产生了积极的影响。

在实施各类保证移民的合法权益并使他们生活水平等同或超过以前水平的好政策的同时，十余年来，红寺堡区委、政府以实际行动带领群众调整产业结构，加快社会各项事业建设发展步伐，积极争取国家、自治区大力支持，投入了大量资金用于移民开发各类基础项目建设，努力开创干事兴业的良好氛围，使移民在离开生产生活条件艰苦的宁夏南部山区之后，在较短时间内走上了富裕之路，实现了移民"一年搬迁，两年定居，三年温饱，五年脱贫，十年致富"的目标。

树立了各民族团结互助和谐发展的典范。红寺堡有回族、满族、蒙古族、东乡族等14个少数民族，其中回族是主体，因而决定了红寺堡在全区民族宗教工作格局中的地位。十余年开发建设，民族团结的思想根植于红寺堡人民的血脉之中，各族群众荣辱与共、和睦相处，红寺堡民族团结进步事业始终走在全区

壹加壹养殖基地

前列,多次受到自治区党委、政府的表彰奖励,为全区民族团结进步积累了经验,作出了贡献。在移民开发的大潮中,红寺堡不断继承和发扬民族团结的光荣传统,像爱护自己的眼睛一样珍惜民族团结,牢固树立"三个离不开"的思想,彰显"共同繁荣发展、共同团结进步"的主题,坚决贯彻落实党的民族宗教政策,扎实推进民族团结进步活动,巩固和发展民族团结、宗教和顺、社会和谐的大好局面,为创建全区民族团结先进县区积累了新经验、作出了新贡献,从而对全国范围内

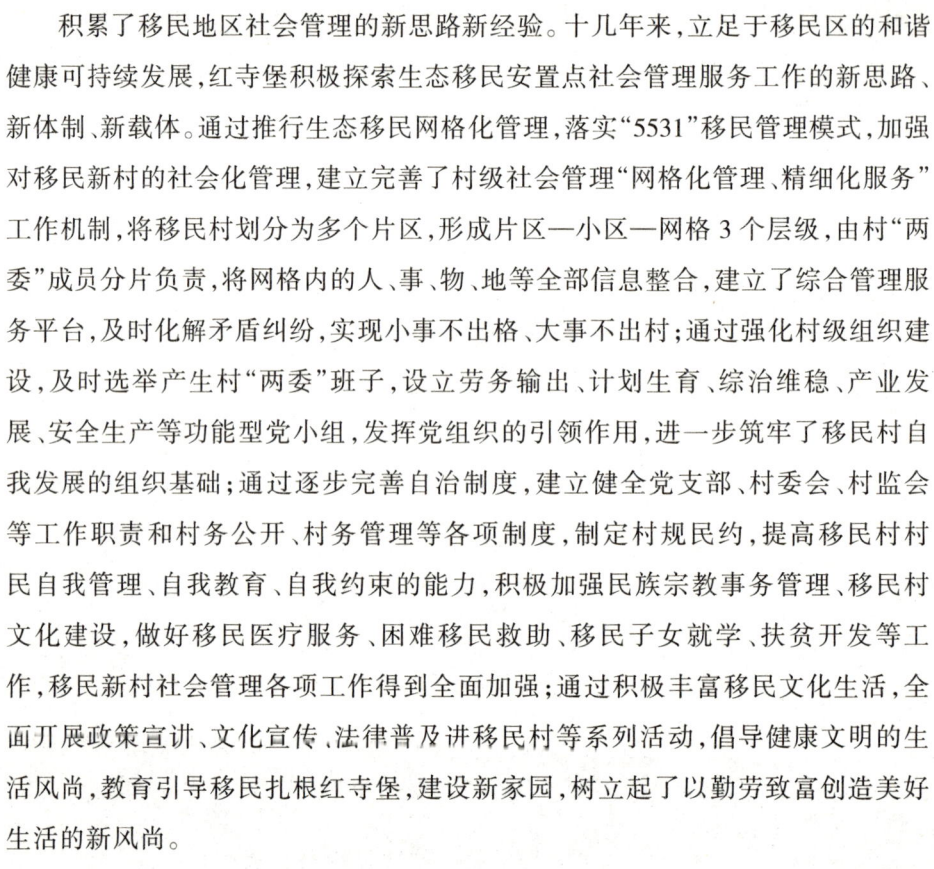

的移民扶贫开发工作产生了广泛而深远的影响。

积累了移民地区社会管理的新思路新经验。十几年来，立足于移民区的和谐健康可持续发展，红寺堡积极探索生态移民安置点社会管理服务工作的新思路、新体制、新载体。通过推行生态移民网格化管理，落实"5531"移民管理模式，加强对移民新村的社会化管理，建立完善了村级社会管理"网格化管理、精细化服务"工作机制，将移民村划分为多个片区，形成片区—小区—网格3个层级，由村"两委"成员分片负责，将网格内的人、事、物、地等全部信息整合，建立了综合管理服务平台，及时化解矛盾纠纷，实现小事不出格、大事不出村；通过强化村级组织建设，及时选举产生村"两委"班子，设立劳务输出、计划生育、综治维稳、产业发展、安全生产等功能型党小组，发挥党组织的引领作用，进一步筑牢了移民村自我发展的组织基础；通过逐步完善自治制度，建立健全党支部、村委会、村监会等工作职责和村务公开、村务管理等各项制度，制定村规民约，提高移民村村民自我管理、自我教育、自我约束的能力，积极加强民族宗教事务管理、移民村文化建设，做好移民医疗服务、困难移民救助、移民子女就学、扶贫开发等工作，移民新村社会管理各项工作得到全面加强；通过积极丰富移民文化生活，全面开展政策宣讲、文化宣传、法律普及讲移民村等系列活动，倡导健康文明的生活风尚，教育引导移民扎根红寺堡，建设新家园，树立起了以勤劳致富创造美好生活的新风尚。

红寺堡开发建设的历程，是一部自强不息、开拓进取的创业史。十余年来，面对恶劣的自然环境和无数接踵而至的困难，务实进取的红寺堡建设者和拓荒者不自卑、不退缩、不犹豫、不言败，战戈壁荒漠，兴扬黄伟业，投身开发建设，用坚实的脚步走出了一条极其艰难的探索之路。20多万回汉儿女万众一心，白手起家，脚踏实地，不畏艰辛，顽强拼搏，苦干实干，攻坚克难，在困境中寻找方向，在挫折中总结经验，在创造中体现价值，在奋斗中成就事业，以敢教日月换新天的魄力和勇气在红寺堡这片处女地上拓荒垦殖、播绿收获，创造了中国扶贫史上的奇迹，红寺堡发生了翻天覆地的历史性巨变。这种攻坚克难的力量源泉就是"自力更生、艰苦创业、务实苦干、开拓创新"的红寺堡精神。这种精神，是红寺堡干部群众优良传统和作风的体现，是红寺堡人民崇高品质和伟大情怀的体现，无论过去、现在，还是将来，都是干部群众在各项建设中取得胜利的强大精神动力。

红寺堡移民是个庞大的系统工程,它的开发建设融扶贫开发和区域开发、生态移民于一体,集解决温饱、脱贫致富和生态建设于一身,无论工程建设、移民搬迁安置、土地开发、产业培育、生态治理等方面都探索出成功的经验。实践证明,红寺堡的生态移民开发建设,对于彻底改变干旱荒漠地区的基本生产条件,改善生态环境起到积极的促进作用,不仅对解决移民温饱、脱贫致富提供了条件,而且为中部荒漠化治理,为宁夏经济可持续发展起到积极的作用。

参考文献

1.(汉)司马迁:《史记》,北京:中华书局,1959年。

2.(南朝宋)范晔:《后汉书》,北京:中华书局,1965年。

3.(唐)房玄龄:《晋书》,北京:中华书局,1974年。

4.(宋)欧阳修:《新唐书》,北京:中华书局,1975年。

5.(明)胡汝砺:《嘉靖宁夏新志》,银川:宁夏人民出版社,1982年。

6.宁夏通志编纂委员会编:《宁夏通志》(社会卷),北京:方志出版社,2010年。

7.《红寺堡之光》编委会编著:《红寺堡之光——红寺堡历史文化研究文集》,银川:宁夏人民出版社,2009年。

8.《见证——红寺堡开发建设之路》编委会编:《见证》(上、中、下卷),银川:宁夏人民出版社,2014年。